BIBLIOTHÈQUE DES MERVEILLES

PUBLIÉE SOUS LA DIRECTION

DE M. ÉDOUARD CHARTON

LES NAINS ET LES GÉANTS

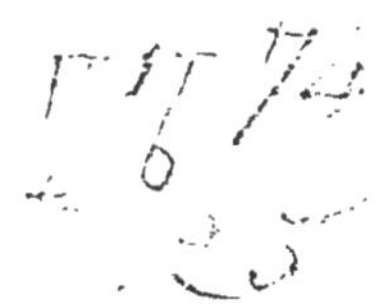

9299 — PARIS, IMPRIMERIE A. LAHURE
9, Rue de Fleurus, 9

BIBLIOTHÈQUE DES MERVEILLES

LES NAINS ET LES GÉANTS

PAR

ÉDOUARD GARNIER

OUVRAGE

ILLUSTRÉ DE 42 VIGNETTES PAR L'AUTEUR

PARIS
LIBRAIRIE HACHETTE ET Cie
79, BOULEVARD SAINT-GERMAIN, 79

1884

NAINS ET GÉANTS

LIVRE I

LES NAINS

I

Les peuples nains

Est-il vrai que des peuples nains aient existé et existent encore? Cette question, pendant si longtemps controversée, a été, dans ces dernières années, résolue d'une façon définitive, grâce aux savantes observations des hardis explorateurs du centre de l'Afrique.

Le R. Kraff, et après lui, Harris, MM. Hartmann, du Chaillu et, plus particulièrement, Schweinfurth et le colonel Chaillié Long-Bey, ont donné des renseignements précis sur ces races de *Pygmées*[1] que les anciens avaient entrevus et dont leurs écrivains avaient fait des récits merveilleux, qui, jusqu'à nos jours, avaient été généra-

1. Du grec πυγμή (*poing fermé*), mesure de longueur qui valait un pied olympique plus un huitième; suivant notre système métrique, la pygme équivaudrait à 0,347.

lement considérés comme des fables ou des légendes fantastiques.

Homère, d'après des croyances et des traditions qui lui sont certainement de beaucoup antérieures, fait mention des Pygmées au début du troisième chant de l'*Iliade* :

« .... Ainsi monte jusqu'au ciel la voix éclatante du peuple aîlé des grues, lorsque fuyant les frimas et les torrents célestes, elles traversent à grands cris l'impétueuse mer, et portant la destruction et la mort à la race des Pygmées, livrent, en descendant des airs, un combat terrible.... »

Après lui, la plupart des poëtes grecs et latins ont rapporté cette fable du combat des grues et des Pygmées en l'augmentant de toutes les exagérations que leur suggérait leur imagination naturellement portée au merveilleux, et de tous les faits surprenants qui leur semblaient propres à amuser ou à intéresser leurs lecteurs.

Ovide, dans les *Fastes*, dit : « Le Latium ne connaissait pas encore l'oiseau de la riche Ionie, ni celui qui savoure le sang des Pygmées[1]; » et quand il décrit dans les *Métamorphoses* les sujets représentés sur la toile tissée par Pallas lors de sa lutte contre Arachné, qui refusait de reconnaître les leçons qu'elle avait reçues d'elle et avait osé la défier, il est plus explicite encore : « Dans un autre, c'est la destinée déplorable de la mère des Pygmées. Junon, qu'elle avait provoquée, la vainquit, la changea en grue, et la condamna à faire la guerre à ses sujets[2].... »

Nous citerons également Juvénal (*Sat.* XIII) : « Quand le nuage sonore des oiseaux de Thrace vient à fondre subi-

1. « Nec Latium norat, quam prœbet Iona dives,
Nec quæ Pygmæo sanguine gaudet avem.... »
(*Les Fastes*, liv. VI, v. 175.)

2. « Altera Pygmææ fatum miserabile matris
Pars habet; hanc Juno victam certamine jussit
Esse gruem; populisque suis indicere bellum... »
(*Métamorphoses*, liv. VI, v. 90.)

tement, le Pygmée, muni de ses petites armes, court au combat; mais, incapable de résister à l'ennemi, bientôt l'impitoyable grue l'enlève dans les airs entre ses ongles recourbés. Si l'on voyait chez nous un pareil spectacle, on en rirait; chez eux, où le plus grand de la cohorte n'a pas plus d'un pied de hauteur, personne n'en rit quoique la même scène se répète souvent[1]; » puis Stace (*Sylves*, l. VI), qui, honteux sans doute de voir des hommes si petits qu'ils soient, battus par des oiseaux, donne aux

Fig. 1. — Pygmées combattant les grues, d'après la peinture d'un Rhyton grec.

Pygmées tout l'avantage dans leurs combats contre leurs ennemis :

« Casuræque vagis grues rapinis
Mirantur pumilos ferociores.... »

et enfin Athénée (l. IX) d'après lequel leurs chars étaient traînés par des perdrix[2].

Mais ce sont là des fantaisies de poètes auxquels de tout temps tout a été permis et on ne doit pas y attacher plus d'importance qu'à la fable d'Hercule, endormi sur les sables de la Lybie après avoir vaincu Antée et assailli par

1. Juvenal, trad. Dussaulx.

2. Milton, dans son *Paradis Perdu* (v. 575), reproduit aussi, d'après les poètes anciens la fable des Pygmées combattant les grues :

« .... that small infantry
Wared on by cranes..... »

(Cette petite armée faisant la guerre aux grues.....

une armée innombrable de Pygmées « qu'il secoue en esclattant de rire au beau milieu du danger. Car empoignant tous ces vaillans champions, il vous les serre et amoncelle dans sa peau de lyon et les emporte (comme ie croy) à Euristhée[1] ».

Il n'en est pas de même des relations que nous ont laissées sur ce sujet les historiens, les naturalistes et les géographes de l'antiquité; plusieurs d'entre eux ont traité de l'existence des Pygmées à différents points de vue, et ce qu'ils en ont dit mérite parfois d'être sérieusement étudié; on trouve, du reste, beaucoup moins de fables qu'on ne l'imagine dans Hérodote, Ctésias et autres auteurs anciens qui ont avancé bien des faits qui nous semblent extraordinaires et, jusqu'à un certain point, incroyables et que, cependant, les relations des voyageurs modernes ont souvent confirmés.

C'est ainsi qu'Hérodote, sans leur donner le nom de Pygmées, a parlé d'une nation de petits hommes habitant au delà des déserts de la Lybie. Il rapporte (liv. II, § 32), qu'Étéarque, roi des Ammoniens, ayant demandé à des pèlerins de Cyrène s'ils savaient quelque chose de remarquable sur les déserts de la Lybie, ils lui avaient raconté le fait suivant : « Quelques Nasamons[2] eurent, disaient-ils, des enfants d'un caractère naturellement hardi. Parvenus à l'âge viril, ces jeunes gens avaient imaginé, parmi un grand nombre d'entreprises singulières de désigner par le sort cinq d'entre eux pour visiter les déserts de la Libye et pénétrer plus loin que tous ceux qui, jusque-là, s'étaient le plus avancés.

1. *Les Images ou Tableaux de platte peinture des deux* Philostrates, *sophistes grecs*, mises en françois par Blaise de Vigenère (in-fol.; 1614).

2. Peuple de Libye, sauvage et puissant, qui habitait primitivement les bords de la Grande Syrte (golfe de Sidra), mais fut repoussé dans l'intérieur par les Grecs de la Cyrénaïque et ensuite par les Romains.

Ceux qu'entre les jeunes gens du même âge le sort avait désignés, munis de vivres et d'eau, traversèrent d'abord le pays habité, ensuite la contrée sauvage et entrèrent enfin dans le désert, où ils firent route en se dirigeant vers le couchant. Après avoir marché plusieurs jours dans des sables profonds, ils aperçurent des arbres qui s'élevaient au milieu d'un champ; ils s'en approchèrent et mangèrent des fruits que portaient ces arbres. A peine avaient-ils commencé à en goûter qu'ils furent surpris par un grand nombre d'hommes d'une stature fort inférieure à la taille moyenne, qui les saisirent et les emmenèrent avec eux. Ils parlaient une langue inconnue aux Nasamons et n'entendaient pas la leur. Ces hommes conduisirent les cinq jeunes gens, à travers un pays coupé de grands marécages, dans une ville dont tous les habitants étaient noirs et de même stature que leurs conducteurs. Auprès de cette ville coulait un fleuve considérable dont le cours était du couchant à l'orient et l'on y trouvait des crocodiles[1]. »

« Malgré la brièveté de ce récit, dit M. de Quatrefages[2], il concorde trop bien avec les découvertes modernes pour que l'on en puisse mettre en doute la réalité. On sait que les zones géographiques indiquées par les Nasamons se retrouvent encore et que le fleuve dont ils ont révélé l'existence est notre Djoliba ou Niger, que l'on a cru tour à tour être le Nil lui-même ou un affluent du lac Tchad, avant que Mungo-Park, Caillé, Clapperton, les frères Lauder, etc., nous en eussent fait connaître le véritable cours.... C'est entre le premier et le quatrième degré de longitude occidentale que les Nasamons rencontrèrent le Niger, mais on ne saurait préciser davantage la position de la ville habitée par les nègres où furent conduits les hardis voyageurs. »

1. Hérodote, trad. Miot, t. I, p. 246.
2. *Journal des Savants*, février 1881.

Nous reviendrons plus loin sur les renseignements transmis par Hérodote relativement à cette race de petits hommes qui sont évidemment ceux que Miani et Schweinfurth ont découverts récemment, bien que la position géographique qu'ils occupent actuellement ne soit pas la même que celle mentionnée dans le récit de l'historien grec.

Ctésias, voyageur grec contemporain de Xénophon, dans sa *Description de l'Inde,* dont Photius, patriarche de Constantinople au neuvième siècle, nous a conservé des extraits dans le *Myrobiblion*, parle également, et avec assez de détails, des Pygmées qu'il place dans les Indes : « Il y a, dit-il, au milieu de l'Inde des hommes noirs qu'on appelle Pygmées. Ils parlent la même langue que les Indiens et sont très petits. Les plus grands n'ont que deux coudées; la plupart n'en ont qu'une et demie. Leur chevelure est très longue; elle leur descend jusqu'aux genoux et même encore plus bas. Ils ont la barbe plus grande que tous les autres hommes; quand elle a pris toute sa croissance, ils ne se servent pas de vêtements; leurs cheveux et leur barbe leur en tiennent lieu. Ils sont camus et laids. Leurs moutons ne sont pas plus gros que des agneaux; leurs bœufs et leurs ânes le sont presque autant que des béliers. Leurs chevaux, leurs mulets et toutes leurs autres bêtes de charge ne le sont pas plus que des béliers. Les Pygmées accompagnent le roi de l'Inde; il en a trois mille à sa suite. Ils sont très justes et se servent des mêmes lois que les Indiens. Ils vont à la chasse du lièvre et du renard. Au lieu de chiens, ils se servent pour cette chasse de corbeaux, de milans, de corneilles et d'aigles[1]. »

Aristote croyait également à l'existence des Pygmées; mais bien qu'il en parle à propos de l'histoire naturelle

1. Édouard Charton, *Les Voyageurs anciens et modernes,* t. I, p. 160

des grues, il n'ajoutait pas foi aux prétendues luttes qui ont fourni à Homère son terme de comparaison et qui ont été si souvent racontées après lui. Comme Ctésias, il leur donne des animaux en rapport avec leur taille, mais il les place dans l'Afrique centrale (lib., VIII, c., 12) :

« Les grues passent des plaines de la Scythie aux marais de la Haute Égypte, vers les sources du Nil. C'est ce canton qu'habitent les Pygmées dont l'existence n'est point une fable. C'est réellement, comme on le dit, une espèce d'hommes de petite stature, et leurs chevaux sont petits aussi. Ils passent leur vie dans des cavernes. »

Aristote, on le voit, laisse bien loin derrière lui les exagérations d'Homère, et ses hommes de petite stature ne ressemblent aucunement à ces races d'êtres minuscules chez lesquelles les grues allaient porter *la destruction et la mort;* mais, ainsi que nous l'avons remarqué dans le récit d'Hérodote, l'endroit où il place l'habitat de ses Pygmées diffère d'une façon assez sensible de celui où Schweinfurth a découvert les peuples nains dont nous parlerons plus loin.

Pline, beaucoup plus crédule, rapporte toutes les fables qui avaient cours de son temps, et nous retombons avec lui dans les exagérations et les incertitudes. Il place les Pygmées, tantôt dans la Thrace près de la côte du Pont-Euxin : « Gérania, où l'on rapporte qu'était jadis la nation des Pygmées; les Barbares les appellent Cattuzes et croient qu'ils ont été mis en fuite par les grues[1]; »... tantôt en Carie, dans l'Asie mineure : « Seleucie ou Antioche, baignée par l'Eudon, traversée par le Thébaïs (quelques-uns rapportent que là fut le séjour des Pygmées)[2]....; » puis, ainsi que l'avait fait Ctésias plusieurs siècles avant lui, il leur donne, à deux reprises diffé-

1. Pline, *Histoire naturelle*, trad. Littré, t. I, p. 191.
2. *Ibid.*, p. 227.

rentes, l'Inde comme lieu d'habitation[1] : « .... Dans l'Inde, immédiatement après la nation des Prasiens, dans les montagnes desquelles sont, dit-on, les Pygmées, on trouve l'Indus[2]....;» et, plus loin : « .... au delà, à l'extrémité des montagnes, on parle des Trispithames et des Pygmées qui n'ont pas plus de trois spithames de haut, c'est-à-dire à peu près 27 pouces ($0^{m},753$); ils ont un ciel salubre, un printemps perpétuel, défendus qu'ils sont par les montagnes contre l'aquilon.... On dit que portés sur le dos des béliers et des chèvres et armés de flèches, ils descendent tous ensemble sur le bord de la mer et mangent les œufs et les petits des grues; que cette expédition dure trois mois; qu'autrement ils ne pourraient pas résister à la multitude croissante des grues; que leurs cabanes sont construites avec de la boue, des plumes et des coquilles d'œufs. Aristote dit que les Pygmées vivent dans les cavernes; il donne pour le reste les mêmes détails que les autres[3].... »; enfin, et comme Hérodote, il en peuple également certaines contrées de l'Afrique : « Des auteurs ont aussi rapporté que la nation des Pygmées était entre des marais qui seraient l'origine du Nil[4].... »

Il est difficile de comprendre pour quelle raison Pline et les traditions sur lesquelles il s'appuie avaient placé les Pygmées dans l'Asie mineure et dans la Thrace. « Dans ces contrées, dit M. de Quatrefages[5], l'histoire de l'homme, pas plus que celle des animaux, ne présente aucun fait qui, dénaturé par l'ignorance ou par l'amour

1. Aulu-Gelle, célèbre grammairien latin qui vivait vers l'an 13 après J.-C., plaçait également les Pygmées dans l'Inde: « Apud extrema Indiæ. .. Pygmæos quoque haud longe ab iis nasci, quorumqui longissimi sint, non longiores esse quam pedes duo et quadrantem. » (...Près d'eux habitent les Pygmées dont les plus grands n'ont pas plus de deux pieds et un quart.) — (Aulu-Gelle, lib. IX, cap. iv.)

2. Pline, *Hist. nat.*, p. 250. — 3. *Ibid.*, p. 283. — 4. *Ibid.*, p. 271.

5. *Loc. cit.*, p. 97.

du merveilleux, ait pu servir de base aux légendes dont il s'agit. Peut-être, comme l'a fait observer M. Maury, trouverait-on l'explication de ces erreurs dans un fait général. « L'habitation des êtres plus ou moins étranges dont l'existence était admise par les anciens, était toujours placée par eux aux confins du monde connu sans qu'ils se préoccupassent d'un point précis ou d'une direction déterminée. De là résultent, quand il s'agit de cette géographie fantaisiste, le vague et les contradictions si souvent signalées et dont l'histoire des Pygmées fournit un exemple frappant. »

Pomponius Méla, géographe contemporain de Pline, bien qu'assez exact d'ordinaire et peu enclin au merveilleux, avait ajouté foi à la légende des combats entre les grues et les Pygmées, mais il croyait que ces derniers avaient disparu : « Dans l'intérieur des terres (au delà du golfe Arabique), on vit autrefois les Pygmées, race d'hommes d'une très petite stature, qui s'éteignit dans les guerres qu'elle eut à soutenir contre les grues pour la conservation de ses fruits[1]. »

Fig. 2. — Pygmées combattant les grues, d'après une pierre antique.

Des écrivains de l'antiquité, Strabon est le seul qui ait nié l'existence des peuples nains, ou, du moins, qui ait cherché à expliquer scientifiquement ce qui avait pu donner lieu à cette croyance si généralement répandue. « On sait, dit-il, que toute contrée reléguée aux extrémités de la terre habitée, par cela seul qu'elle touche à cette zone inclémente que l'excès de la chaleur ou du froid rend inhabitable, se trouve vis-à-vis

1. Pomponius Mela, *De situ orbis*, lib. III, c. viii.

de la zone tempérée dans un état de désavantage ou d'infériorité marquée. Or, cette infériorité ressort avec la dernière évidence des conditions d'existence de la nature éthiopienne et du dénûment dans lequel elle est pour toutes les choses nécessaires à la vie de l'homme. La plupart des Éthiopiens, en effet, mènent une vie misérable; ils vont nus et sont réduits à errer de place en place à la suite de leurs troupeaux. Le bétail qui compose ces troupeaux est lui-même de très petite taille et cela est vrai des brebis aussi bien que des chèvres.... A la rigueur, on pourrait croire que c'est ce rapetissement propre aux races de l'Éthiopie qui a donné l'idée de la fable des Pygmées, car il est notoire qu'aucun voyageur digne de foi n'a parlé de ce peuple comme l'ayant vu[1]. »

Enfin, un siècle plus tard, Ptolémée (liv. IV, ch. VIII) plaçait également en Éthiopie, entre le fleuve Astopodis et les monts Garbates, une race d'hommes de petite stature qu'il appelle *Péchiniens*, sur lesquels il donne peu ou point de détails, mais qui ne seraient autres que les Pygmées entrevus avant lui.

Tout ce qui avait été écrit dans l'antiquité sur les populations naines de l'Afrique et des Indes ne trouva que peu de créance auprès des voyageurs et des écrivains du moyen âge, assez portés cependant à ajouter foi aux légendes merveilleuses. Et plus tard, malgré les relations de quelques hardis explorateurs qui affirmaient avoir vu sur les côtes d'Afrique de petits hommes qu'on leur avait dit appartenir à des races naines habitant l'intérieur des terres, les écrivains du seizième et du dix-septième siècle nièrent toujours l'existence de ces peuples, alors qu'ils acceptaient sans contrôle et avec une sorte de complaisance les récits exagérés que leur faisaient sur les géants patagons, les compagnons de

1. STRABON, *Géographie*, l. XVII, c. II, trad. Amédée Tardieu.

Magellan. Il leur répugnait sans doute d'admettre cette sorte de dégénérescence de l'espèce humaine et la plupart prétendaient que ce que les voyageurs avaient pris pour des nains n'étaient, en réalité, que des singes dont les différentes espèces étaient alors peu connues et sur lesquels on racontait des histoires surprenantes.

C'était ainsi, du reste, que Marco-Polo, le plus célèbre voyageur du moyen âge, avait expliqué la *fabrication* des prétendus nains que l'on faisait voir de son temps en Europe et dans tout l'Orient[1] : « Je veux aussi vous prévenir que ces petits hommes de l'Inde qu'on vous fait voir n'en sont nullement; mais on les fait dans ce pays (l'île de Sumatra, qu'il désigne sous le nom d'île de Java-la-petite), et voici comment. Il y a en cette île une espèce de singes moult petits et ayant le visage de l'homme. On les prend et on les pelle tout entiers, en ne leur laissant de poils que pour la barbe et sur la poitrine, puis on les fait sécher et on les prépare avec du camphre ou autre chose, de sorte qu'on les fait passer pour de petits hommes; mais c'est un mensonge, car nulle part, dans l'Inde ni ailleurs, nous n'avons vu d'hommes d'aussi petite taille[2]. »

Avant Marco-Polo, du reste, Albert le Grand[3] avait émis cette opinion que les Pygmées d'Aristote n'étaient en réalité, que les singes d'Afrique, opinion partagée plus tard par un grand nombre d'auteurs.

Un écrivain, dont les œuvres ne sont pas assez souvent consultées, Louis Guyon, médecin qui vivait à la fin du seizième siècle[4], a résumé tout ce qui avait cours de son temps à propos de l'existence des nains :

1. Édouard Charton. *Les Voyageurs anciens et modernes*, t. II, p. 389.

2. On fabriquait également ainsi, au moyen âge, des sirènes, des mandragores, etc. (*Ibid.*)

3. *Hist. animal.*, l. I.

4. Blaise de Vigenère, secrétaire du roi Henri III, parle également

« *Qu'il n'y a aucune région où il y aye des Pigmées, c'est-à-dire des hommes de la hauteur d'une coudée, si a bien des pays où habitent des géants.* — On dit bien vray que les petits, tant en sçavoir, doctrines, qu'en autres choses, ne font pas tous seuls beaucoup de fautes, mais aussi les grands et ceux qu'on estime les plus sçavants et très-entendus aux choses naturelles. Ie dy ceci par ce qu'il se trouve pas escrit dans Aristote, Homère, Platon, Pline, Pomponius Mela, et autres, qu'il y a des peuples qui sont Pigmées, c'est-à-dire hommes n'ayant de hauteur qu'une coudée d'homme. Mais combien c'est chose fabuleuse, ie le veux démontrer, d'autant que tant de cosmographes et autheurs qui en ont escrit ne disent les avoir veuz, ny autres encore moins fréquentés : aussi sont-ils tous différens en quelle partie du monde ils habitent, ny ne s'accordent de leur grandeur et de l'aage qu'ils peuvent vivre. Et pour ce qu'il y a tant d'incertitudes en leurs opinions, telles choses ne doivent être tenues pour véritables. Tous les autheurs cosmographes ou la plus part, les appellent hommes de la grandeur de trois palmes. Pline dit qu'ils ne sont seulement grands que comme trois fois le travers d'une main avec le poulce dessus au rang des autres doigts....

« *Diverses opinions de leur habitation.* — Quant à l'habitation de ce peuple, ils les établissent en divers endroits, fort esloignez les uns des autres, car Aristote les fait habiter environs les paluds du Nil; et ceux qui y ont demeuré de notre temps, gens curieux, n'y en ont point

des croyances de son époque au sujet des races de petite taille, dans l'*annotation* qui accompagne le tableau représentant *Hercule parmy les Pygmées* des *Images et Tableaux de Platte Peinture des deux Philostrates :* « Qu'il n'y ait des nains, cela est trop comun et vulgaire pour en douter.... mais de faire une contrée et nation à part des Pygmées, tout ainsi qu'à l'opposite les navigations des Espagnols en font des géants, cela est un peu plus chatouilleux; veu que tous les découvre- mens des modernes qui ont revisité très-soigneusement le pourpris de la terre habitable, n'en disent mot. »

veu ; et moins encore que les grues volans en Scythie viennent les guerroyer pour ce qu'elles gastent leurs bleds et les Pigmées les en ont empeschés. Pomponius Mela les met au bout de l'Affrique....

« *A gens trop crédules on donne des bourdes.* » — Pigafeta[1], chevalier de l'ordre de Saint-Jean de Hierusalem, qui fit le tour du monde dans le navire *la Victoire* avec Magellan, racontait devant gens de peu de valeur, pour passer le temps, que sur la mer de Sur et de l'austre part du détroit, se trouvaient en une isle certains hommes Pigmées, mais toutefois différents aux autres et formez autrement; car ils avoyent les oreilles si grandes qu'ils se pouvoient coucher sur l'une d'icelles et se couvrir de l'autre, et qu'ils estoyent fort prompts à courir et qu'encore qu'il ne les eust veus, pour ce qu'il s'estoit éloigné et escarté du chemin qu'il fallait tenir, le bruit néantmoins en estoit commun par toutes les autres isles et que les mariniers en donnoyent témoignage. Ces choses furent racontées au Pape, avec lequel il n'y avoit pas long temps qu'il avait rendu conte de son voïage, de quoy il se print à rire et luy dit qu'il en avait baillé et bailleroit de belles à aucuns trop crédules avant qu'il partist de Rome.

« *Erreur de Mela.* — Pomponius Méla les met par delà le sein Arabique, qui est le royaume de Barvagas, ayant esgard à la petitesse d'aucunes bestes naissant dans les solitudes d'Ethiopie dont aucuns commentateurs sur ses œuvres ont voulu tirer en conséquence que les hommes y sont aussi de petite stature : mais l'argument est fort imbécille, iaçoit (bien que) que les pays chauds ne nourrissent pas de si grands hommes que ceux qui sont exposés au froid.

« *Ny en Affrique, ny en Septentrion, point de Pigmées.*

1. Pigafetta (Francisco-Antonio), voyageur italien, né à Vicence en 1491, mort après 1534. Il servit comme volontaire dans la grande expédition commandée par Magellan en 1519.

— D'autres ont dit que les Pigmées se tenoyent aux Indes par dessus le Gange, mais ils s'abusent en cest endroit, d'autant qu'il ne leur faudroit batailler contre les gruës qui ne font pas là leurs nids et n'y sont guières fréquentes en aucune saison de l'année : et aussi ils seroient fortifiés contre elles veu qu'ils vivent dans des spelonques, grottes ou cavernes. Ceux qui ont escrit de nostre temps, voire quelques scolastiques, ont suivy l'erreur de plusieurs du temps passé, disans pareillement que ces petits hommes se tiennent au septentrion, en quelque région d'Asie ou de la Scythie où les gruës repaissent : mais en cela ils rendent leur cause mauvaise, aussi bien que les premiers, d'autant qu'aux lieux froidureux naissent et sont les grands hommes : attendu que vers les deux pôles, c'est chose asseurée que le froid est plus grand : néantmoins les hommes s'y voient si grands et plus qu'en nulle autre partie du monde et n'avez garde de voir ceux qui sont soubz l'équateur ou entre les deux tropiques approcher en corpulence aux habitants susdits. Il n'y a point de doute qu'il n'y a région soubz lesdits pôles, ny soubz l'Equateur ny ailleurs qu'il ne s'y trouve de petits hommes et de petites femmes qui sont presque monstres de nature, tels comme on en voit à la cour des Princes et grands seigneurs de France, d'Italie, d'Allemagne, d'Espagne et ailleurs, lesquels ne sont amenez des païs tant lointains comme on nous veut figurer des Pigmées, mais sont nez ausdites provinces et ont iugement, intelligence et âme raisonnable comme les aultres hommes[1]. »

Cette sorte de parti pris qui empêchait de croire à l'existence des races naines subsista pendant tout le dix-septième siècle ; certes ce que Louis Guyon rapporte, d'après Pigafetta qui le tenait lui-même d'un vieux pilote, sur cette race de nains qui pouvaient se couvrir

1. *Les Diverses Leçons* de LOVYS GVYOT, sieur de la Nauche, 3 vol. in-8°, Lyon, 1625, t. I, l. V, chap. VI, p. 792.

entièrement avec une de leurs oreilles alors qu'ils se couchaient dans l'autre, n'était nullement digne de foi, même pour cette époque, où on était généralement tout disposé à admettre les faits les plus extraordinaires et les plus merveilleux; il en était de même évidemment des écrits de John Mandeville qui, deux siècles auparavant[1], avait affirmé le plus sérieusement du monde l'existence d'une nation de petits hommes dont la hauteur ne dépassait pas trois palmes, qui se mariaient à l'âge de trois ou quatre ans, ne vivaient pas plus de six à sept années et chez lesquelles un homme de huit ans était considéré comme un vieillard extraordinaire. « D'apparence agréable et de jolie figure, ce sont, dit-il les meilleurs tisseurs d'étoffes de soie et de coton qui existent sur la terre; ils méprisent les hommes de grande taille, les asservissent et les forcent à labourer leurs champs. » Il cite également parmi d'autres races de nains, « des êtres chez qui la bouche est remplacée par un petit trou rond, par lequel ils aspirent leur nourriture au moyen d'une sorte de chalumeau, qui n'ont pas de langue et qui ne peuvent converser ensemble qu'au moyen de signes et de sifflements. »

Mais à côté de ces récits fantastiques faits par des voyageurs menteurs ou trop crédules, il en est d'autres qui offraient une plus grande apparence de sincérité, et l'on s'explique difficilement le peu de cas qu'en ont fait, même jusqu'en ces derniers temps, des hommes sérieux qui accordaient d'ailleurs une certaine valeur scientifique aux autres assertions de leurs auteurs.

1. Jean de Mandeville, médecin anglais, né à St-Alban, voyagea et résida en Asie et en Afrique de 1327 à 1356. Il écrivit à son retour une relation de ses voyages curieuse à plus d'un titre, bien qu'elle soit pleine d'erreurs et de faits incroyables qui semblent inventés à plaisir; on la trouve dans le *Recueil* de Bergeron, publié à La Haye en 1735. Il mourut à Liège le 17 novembre 1372.

Purchas, dans ses *Pilgrims* publiés en 1625, rapportant les aventures d'André Battell[1], le courageux et infortuné voyageur qui avait passé de si longues années au centre de l'Afrique, parmi les Jagos, avait signalé l'existence, au nord-est du pays du *Mani-Kesoch*, d'une sorte de petit peuple appelé *Matimbas*.

« Ces Pygmées, dit-il, ne sont pas plus grands que des enfants de douze ans, mais ils sont très robustes. Ils ne vivent que de la chair des animaux qu'ils tuent dans les bois avec leurs arcs et leurs flèches. Ils payent tribut au *Mani-Kesoch* et lui apportent toutes leurs dents et toutes leurs queues d'éléphant. Ils n'entrent jamais dans les habitations des Marambas et ne souffrent pas non plus que ceux-ci viennent chez eux. Si par hasard un Maramba ou un homme de Loango vient à passer dans un lieu qu'ils habitent, ils abandonnent la place et vont demeurer ailleurs. Les femmes manient l'arc et la flèche aussi bien que les hommes. Un seul d'entre eux courant les bois peut tuer un *pongo* de ses flèches empoisonnées[2] ».

D'après M. le docteur Hamy[3], le pays du Mani-Kesoch dans la dépendance duquel Battell faisait vivre les petits nègres qu'il décrivait ainsi, paraît correspondre aujourd'hui au bassin de la Seette, qui se jette dans l'Atlantique, à moins de 2° au-dessous du cap Lopez. La contrée au nord-est de cette rivière était encore inexplorée il y a quelques années à peine.

1. André Battel était un marin anglais qui fut pris par les Portugais en 1589 et conduit au Congo où il resta en captivité pendant dix-huit ans.

2. *The Strange Adventures of Andrew Battell, of Leigh in Essex, sent by the Portugals prisoner to Angola, who lived there and in the adjoining Regions.* (Purchas, *Pilgrims.* Londres, 1625, in-fol., l. VII, c. III, p. 983.)

3. Cf. *Essai de coordination des matériaux récemment recueillis sur l'Ethnologie des Négrilles ou Pygmées de l'Afrique équatoriale*, par M. le Dr Hamy, in-8°, Paris, 1879. (Extrait des *Bulletins de la Société d'anthropologie de Paris*, séance du 5 février 1879.)

Olivier Dapper, dans sa *Description de l'Afrique,* traduite en français en 1686, signalait également au centre du Loango l'existence des *Mimos* ou *Bakke-Bakkes,* nains comme les Matimbas, chasseurs d'éléphants comme eux et comme eux aussi dispersés à l'intérieur des forêts :

« On voit dans le même endroit (le royaume de Macoco, au nord de la rivière de Zaire, derrière le royaume du Congo) des nains qui ont la tête extraordinairement grosse et portent une peau serrée avec une corde en forme de bonnet. Les nègres assurent qu'il y a une province pleine de forêts où l'on ne trouve que de ces nains et que ce sont eux qui tuent le plus d'éléphants. On appelle ces petits hommes *Bakke-Bakke* ou *Mimos*[1]. »

Et plus loin il ajoute :

« Les Jagos tirent les dents d'éléphant de certains petits hommes nommez *Mimos* ou *Bakke-Bakke,* sujets du grand Macoco. Les Jagos assurent que ces nains savent se rendre invisibles, lorsqu'ils vont à la chasse et qu'ainsi ils n'ont pas grand peine à percer de traits ces animaux dont ils mangent la chair et vendent les défenses. Au reste, toutes les dents que les Mimos vendent ne sont pas des éléphants qu'ils ont tués eux-mêmes; car toutes les années, durant la sécheresse, ils mettent le feu à des brossailles pour y chercher les défenses de ces animaux morts et ils en trouvent souvent qui sont à demi gâtées, qu'ils ne laissent pas de bien vendre[2]. »

Par une inconséquence assez singulière, alors que la plupart des écrivains niaient l'existence de ces peuples retrouvés récemment par des explorateurs dont les relations confirment les données des deux vieux auteurs dont nous venons de parler, les cartographes confiants dans la

1. Dapper, *Description de l'Afrique,* traduite du flamand (Amsterdam, 1686). — *Du royaume de Lovango ou terre des Bramas,* p. 332.
2. *Ibid,* p. 338.

véracité tant de fois établie des récits de Battell[1], ou dans l'exactitude et le discernement ingénieux de Dapper, bien que ce dernier n'ait jamais visité les pays qu'il a décrits, mentionnaient sur leurs cartes les Matimbas et les Bakke-Bakke.

Quelques auteurs cependant parlaient timidement de certains peuples de petite taille habitant l'Ethiopie « et qui pouraient bien être les *Péchiniens* de Ptolémée ». Thévenot, dans son *Recueil de voyages*, avait dit que c'était parmi eux qu'on prenait tous les nains qu'on voyait dans les cours du Levant, et l'abbé Banier, dans un *Mémoire* lu à l'*Académie des inscriptions et belles lettres*, le 1er février 1724, citant Photius (*Bibliotheca*, n° 3) qui rapportait que Nonnosus, ambassadeur de Justinien, avait trouvé en Éthiopie des hommes de très petite taille et tout couverts de poils, pense que ce ne pouvaient être que « les Péchiniens, que M. de Lisle place dans sa carte d'Afrique, sous le nom de Bakkes, entre la mer Rouge et l'Océan, près du mont Garbate et du fleuve Astaboras, qu'on croit être un des bras du Nil, ainsi qu'on peut le voir dans Ptolémée. »

Plus tard l'abbé Lyonnois disait également dans son *Traité de la Mythologie*, à l'article *Pygmées* : «.... Ce n'est autre chose qu'une imagination de poètes qui, sachant qu'il y avait en Éthiopie un peuple extraordinairement petit par rapport aux autres hommes, ont été charmés d'en faire un contraste avec les géants. Ainsi les Péchiniens sont les véritables Pygmées d'Homère; les grues se retirant pendant l'hiver dans leur pays, ont donné lieu de feindre qu'elles leur faisoient la guerre[2]. »

Mais ce sont là de rares exceptions et tous les auteurs

1. WALCKENAER, dans son *Histoire générale des voyages*, t. XIII, p. 12 (in-8°, 1828), dit « qu'il y a peu de voyages qui portent autant de caractères de vérité dans leur source que ceux d'Andrew Battell. »

2. *Traité de la Mythologie*, par M. l'abbé LYONNOIS (3e édition, 1788, p. 154).

se rangèrent à l'opinion de Buffon qui reprit pour expliquer la fable des Pygmées d'Homère la théorie d'Albert le Grand. Voici ce qu'il dit à ce propos dans son *Histoire naturelle des oiseaux* en parlant des grues :

« Ces fables anciennes sont absurdes, dira-t-on, et j'en conviens : mais accoutumés à trouver dans ces fables des vérités cachées et des faits qu'on a pu mieux connaître, nous devons être sobres à porter ce jugement trop facile à la vanité et trop naturel à l'ignorance; nous aimons mieux croire que quelques particularités singulières dans l'histoire de ces oiseaux donnèrent lieu à une opinion si répandue dans une antiquité qu'après avoir si souvent taxée de mensonge, nos nouvelles découvertes nous ont forcés de reconnaître instruite avant nous. On sait que les singes qui vont en grandes troupes dans la plupart des régions de l'Afrique et de l'Inde, font une guerre continuelle aux oiseaux; ils cherchent à surpendre leurs nichées et ne cessent de leur dresser des embûches. Des grues, à leur arrivée, trouvent ces ennemis, peut-être rassemblés en grand nombre pour attaquer cette nouvelle et riche proie avec plus d'avantages; les grues, assez sûres de leurs propres forces, exercées même entre elles aux combats, et naturellement assez disposées à la lutte, comme il paraît par les attitudes où elles se jouent, les mouvements qu'elles affectent, et à l'ordre des batailles, par celui même de leur vol et de leur départ, se défendent vivement; mais les singes acharnés à enlever les œufs et leurs petits, reviennent sans cesse et en troupes au combat; et comme par leurs stratagèmes, leurs mines et leurs postures, ils semblent imiter les actions humaines, ils parurent être une troupe de petits hommes à des gens peu instruits, ou qui n'aperçurent que de loin, ou qui, emportés par l'amour de l'extraordinaire, préférèrent de mettre ce merveilleux dans leurs relations. Voilà l'origine et l'histoire de ces fables.

« Ce n'est pas la première fois que des troupes de

singes furent prises pour des hordes de peuplades sauvages.... Alexandre, pénétrant dans les Indes, allait tomber dans cette erreur et envoyer sa phalange contre une armée de pongos, si le roi Taxile ne l'eût détrompé en lui faisant remarquer que cette multitude qu'on voyait suivre les hauteurs, était des animaux paisibles, attirés par le spectacle, mais, à la vérité moins déprédateurs et moins sanguinaires que les déprédateurs de l'Asie[1]. »

A la même époque Haller, le célèbre physiologiste bernois, exprimait également cette opinion : « Il n'existe, aucune nation de nains et la taille des habitants de l'Abyssinie (*oræ Habeshicæ*), dit-il, où l'antiquité avait placé les Pygmées n'est pas petite.... Il est probable que c'était à des singes que les anciens avaient donné le nom de Pygmées[2] ».

Buffon cependant n'était pas très éloigné de croire à l'existence de ces fameux *Kymos* ou *Quimos* de Madagascar, dont on avait fait grand bruit au siècle dernier, et auquel il a consacré un chapitre entier dans son *Histoire naturelle de l'homme.* « On a débité nouvellement, dit-il, qu'il se trouvait dans le centre de l'île, dont les terres sont les plus élevées, un peuple de nains blancs. M. Meunier, médecin, qui a fait séjour dans cette île, m'a rapporté ce fait, et j'ai trouvé dans les papiers du feu M. Commerson la relation suivante :

« .... Je veux parler de ces demi-hommes qui habitent « les hautes montagnes de l'intérieur dans la grande île « de Madagascar et qui y forment un corps de nation « considérable appelée *Quimos* en langue madécasse. « Otez-leur la parole ou donnez-la aux singes, grands et « petits, ce serait le passage insensible de l'espèce hu-

1. Buffon. *Œuvres*, t. VI, p. 393 (Ed. Leroux).
2. « *Simias fuisse quos vetustas Pygmaeos dixit non est improbabile....* » (Haller, *Physiologia*, t. VIII, pars secunda, §. xviii, p. 45.)

« maine à la gent quadrupède. Le caractère naturel et « distinctif de ces petits hommes est d'êtres blancs ou « du moins plus pâles en couleurs que tous les noirs « connus; d'avoir les bras très-allongés, de façon que « la main atteint au-dessous du genou sans plier le « corps.... Quant aux facultés intellectuelles, ces Qui- « mos le disputent aux autres Malgaches que l'on sait être « fort spirituels et fort adroits, quoique livrés à la plus « grande paresse. Mais on assure que les Quimos beau- « coup plus actifs sont aussi plus belliqueux; de façon « que leur courage, étant, si je puis m'exprimer ainsi, « en raison double de leur taille, ils n'ont jamais pu être « opprimés par leurs voisins. Ils se sont toujours battus « courageusement et maintenus libres dans leurs ro- « chers, leur difficile accès contribuant sans doute beau- « coup à leur conservation. Ils y vivent de riz, de diffé- « rents fruits, légumes et racines et élèvent un grand « nombre de bestiaux.

« A trois ou quatre journées du fort Dauphin qui est « presque dans l'extrémité du sud de Madagascar, les « gens du pays montrent avec beaucoup de complaisance « une suite de petits mondrains, ou tertres de terre élevés « en forme de tombeaux, qu'ils assurent devoir leur ori- « gine à un grand massacre de Quimos défaits en plein « champ par leurs ancêtres; ce qui semblerait prouver « que nos braves petits guerriers ne se sont pas tou- « jours tenus cois et rencognés dans leurs hautes mon- « tagnes, qu'ils ont peut-être aspiré à la conquête du « pays, et que ce n'est qu'après cette défaite calami- « teuse qu'ils ont été obligés de gagner leurs âpres de- « meures.... »

Bien que Commerson affirme plus loin avoir eu à son service une femme haute de trois pieds sept pouces à peine qu'on lui avait dit être une *Quimose* âgée de trente ans, et qu'il voulait ramener en France, mais qui mourut au bout de deux mois, il est obligé d'avouer qu'il ne sait rien de plus sur ce peuple de nains, « que personne ne les a vus et qu'un individu qui s'était proposé pour aller explorer les montagnes sur le sommet desquelles ils devaient habiter a abandonné son monde et ses bagages dès le début de sa mission. »

La croyance à une race naine qui aurait peuplé dans le principe l'île de Madagascar remontait du reste à une époque éloignée. Flacourt, le célèbre voyageur auquel, depuis l'année 1658, il faut sans cesse avoir recours pour tout ce qui a rapport à la grande île malgache, en parle à plusieurs reprises : « Quelques-uns ont voulu faire accroire qu'il y avoit des géants et des Pygmées : je m'en suis informé exprès, ce sont des fables que racontent les joüeurs d'*herranou*. I'ay veu un indroit proche d'Itapère où il y a grande quantité de pierres plantées debout, où l'on m'a dit que c'estoit des Pygmées qui y estoient enterrez. Ces Pygmées estoient venus en grand nombre du païs d'Anossi dont ils furent repoussez jusqu'à la rivière d'Hapapère, laquelle n'ayant peu passer faute de batteaux, ils furent tous mis à mort, et pour marque de victoire, les victorieux les enterrèrent tous, et dressèrent ces pierres. »

Cette légende relative à une population naine a cours encore de notre temps, ainsi que l'a constaté dernièrement M. le docteur Henry Lacaze dans ses *Souvenirs de Madagascar*. « Un Malgache intelligent, gouverneur de Tamatave, qui a été en Europe, me disait que d'après une tradition conservée dans l'Emirne, les premiers venus à Madagascar, les Sakalaves y auraient trouvé un peuple de nains ayant des petites têtes et des voix d'enfants. Les Sakalaves les auraient détruits.... » Le même auteur rapporte également une croyance d'après laquelle « les Malgaches, dans une certaine région, se disent les descendants des *Babakoutes*; du moins, ils établissent des relations d'amitié, de service et de bon voisinage entre leurs ancêtres et ces animaux; ils ont même encore un certain respect pour eux. Le Babakoute, du genre *Indris brevicaudatus*, ressemble à une maque sans queue; il est de taille assez élevée et peut avoir, debout, un mètre et demi de haut. On l'a souvent appelé *homme des bois*; sa tête est petite et ses cris, dans les forêts, ressemblent à des voix d'enfants qui se plaindraient. On n'en rencontre plus que dans l'intérieur de l'île et les grandes forêts. Ce sont peut-être les Babakoutes que les Salakaves auraient détruits sur la côte ouest où ils séjournaient. »

Certains auteurs, M. Lacaze entre autres, ont pensé que les Kymos, s'ils ont jamais existé, pouvaient appartenir à la même race que les Boschimens rencontrés par plusieurs voyageurs à Mozambique et dans les terres occupées par les Boërs. A vrai dire les Boschimens ne sont pas des nains, bien que leur taille soit de beaucoup inférieure à celle des Hottentots avec lesquels ils ont une certaine analogie, mais la légende a pu facilement les confondre et, en passant à travers les âges, exagérer leur petitesse.

Bien que la plupart des géographes de la première moitié de notre siècle aient traité de fables tout ce qui avait été rapporté sur les races naines du continent africain, il se produisait encore néanmoins de temps à autre quelques timides allégations de voyageurs qui avaient entrevu des individus isolés appartenant à ces petites populations, ou auxquels on avait raconté des faits se rapportant à leur existence, mais ces récits passaient presque toujours inaperçus et on ne leur accordait aucune importance. C'est ainsi que dans une édition d'Hérodote datée de 1822 nous trouvons la note suivante. « Il a effectivement existé dans l'intérieur de l'Afrique une race de nègres d'une taille très petite et les voyageurs modernes en ont trouvé des restes qui subsistent encore aujourd'hui. Voici un extrait du voyage de M. G. Mollien fait en 1818 et qui semble confirmer pleinement l'observation contenue dans le récit d'Hérodote : «... Les habitants du village de Féran sont « remarquables par la petitesse de leur taille, la faiblesse

« de leurs membres et la douceur de leur son de voix ; ce « sont réellement les *Pygmées de l'Afrique*[1]. »

Plus tard, en 1848, le docteur Kraft dans son voyage au pays d'Ousambara (Afrique centrale) entendit raconter par son guide qu'il y avait dans le pays des Ouséri (tribu de Djagga) un petit peuple nommé *Ouabilikimo* dont les individus n'ont pas plus de trois pieds et demi de haut. « Ils portent de longs cheveux qui leur tombent sur les épaules, disait ce guide qui affirmait les avoir vus, ils sont venus du nord-ouest dans l'Ousoueri, vendant du fer en échange de verroteries blanches. » Et le docteur Kraf ajoute : « Ceci s'accorderait assez avec ce qu'on dit dans le Choa des Pygmées du Doko. »

Un autre voyageur, M. du Chaillu, a pu, vers 1860, constater l'existence d'une race naine dont la hauteur ne dépasse pas $1^{m},40$, et sur laquelle il a donné d'assez curieux renseignements dans son livre *L'Afrique sauvage*[2].

C'est dans le pays des Ashangos, près de Niembouai, par 1° 58′ 54″ latitude sud et 11° 56′ 38″ longitude est, qu'il a rencontré une tribu entière de ce petit peuple dont il a pu étudier à peu près les mœurs nomades. Déjà, il avait vu en se dirigeant vers Yengué une sorte de village abandonné composé d'un groupe de cabanes d'une petitesse extraordinaire : « Je les pris d'abord, dit-il, pour des maisons de fétiches et j'allais passer outre quand je me rappelai que je devais rencontrer par là quelques villages d'une tribu de nains disséminée, dans les pays d'Ishogo et d'Ashango et plus loin encore du côté de l'est.

« J'avais entendu parler de cette race de nègres pendant mon premier voyage chez les Apingis. On leur donnait là le nom d'Ashoungas ; mais ici on les appelle des Abon-

1. *Voyage dans l'intérieur de l'Afrique, aux sources du Sénégal*, etc., fait en 1818, par G. Mollien.

2. P. du Chaillu, *L'Afrique sauvage* (édit. française). — Paris, 1868.

gos[1] (ou Obongos). D'après les descriptions vagues et exagérées que l'on m'en avait faites, je doutais fort de l'existence de cette tribu naine et je n'avais pas trouvé que ces bruits valussent la peine d'être mentionnés dans une première relation. Mais ce que j'aperçus en cette circonstance m'inspira autant de curiosité que d'intérêt; car c'était réellement un village de nains. J'y courus dans l'espoir d'y rencontrer au moins quelques habitants; mais ils s'étaient enfuis à notre approche et se cachaient dans les jungles voisines. Les cabanes étaient très basses, de forme ovale comme des tentes de bohémiens. La partie la plus élevée au-dessus de l'entrée avait quatre pieds de haut, la plus grande longueur était aussi de quatre pieds. De chaque côté on voyait trois ou quatre petits morceaux de bois propres à servir de couchette à un couple de Lilliputiens. Les cabanes étaient construites avec des branches d'arbres flexibles, courbées en berceaux et fixées en terre à chaque bout; elles étaient recouvertes de grandes feuilles. Partout où j'entrai, je vis les restes d'un feu allumé par terre au milieu de la cabane.

« Ce fut pour moi un vif désappointement que cette occasion perdue de voir de près une population si curieuse. Nous battîmes les environs à une assez grande distance, mais nous ne trouvâmes aucune trace de nos petits fuyards[2]. »

Il devait être plus heureux quelque temps après : « J'avais ouï dire, écrit-il, qu'il y avait dans le voisinage de Niembouai un village d'Obongos ou nains sauvages.

1. Chez les *Apingis* ou *Apindjis* et chez les peuples qui habitent la rive méridionale de l'Ogooué, le terme *Bongo* s'applique à divers objets de faible dimension et signifie tantôt une *petite pirogue*, tantôt un *petit banc;* par extension il sert à désigner les petits hommes qui vivent à l'état plus ou moins pur dans les forêts voisines et avec lesquels ils contractent quelquefois des alliances. (Cf. Hamy, *Essai de coordination des matériaux recueillis sur l'ethnologie des Négrilles ou Pygmées de l'Afrique équatoriale*, p. 19.)

2. Du Chaillu, p. 223.

L'un de mes premiers soins en arrivant fut, comme on le pense bien, de m'informer du lieu où je pourrais trouver ces singuliers êtres. Ils viennent fréquemment, à ce qu'il paraît, dans le village de mes hôtes, mais ils ne se souciaient pas d'y paraître tant que j'y séjournerais moi-même. Les Ashangos, loin de mettre obstacle à mon désir, offraient de m'accompagner chez les Obongos. Ils me conseillèrent cependant de ne prendre que très peu de monde avec moi, afin de faire le moins de bruit possible. On me donna deux guides et j'emmenai trois de mes hommes. Nous partîmes le matin; au bout de vingt minutes de marche nous étions parvenus à l'endroit désigné. Dans un coin de la forêt se cachent une douzaine de petites huttes où demeure cette étrange tribu. Elles sont disséminées sans ordre et n'occupent dans leur ensemble qu'un espace fort étroit. La forme de ces huttes est la même que j'ai déjà décrite lorsque nous rencontrâmes près d'Yengué un village d'Obongos abandonné par ses habitants. De même ici nous n'aperçûmes en avançant aucune espèce de créatures vivantes et, en effet, le village était désert. Les cabanes sont si légères et les habitants d'humeur si changeante que ceux-ci sont toujours prêts à se déplacer. Les habitations nous parurent horriblement sales; tandis que mes hommes et moi, nous nous occupions d'en visiter l'intérieur, nous nous sentîmes tout à coup assaillis par une telle armée de puces qu'il fallut bien vite battre en retraite. Si les habitants avaient déserté leurs logis, c'est, à coup sûr, qu'ils en avaient été chassés par ces insectes.

« Laissant là les cabanes abandonnées, nous poursuivîmes notre chemin à travers la forêt et bientôt, à la distance d'un quart de mille environ, nous rencontrâmes un autre village d'Obongos, composé comme le premier d'une douzaine de huttes mal construites et disposées au hasard sur la surface d'une petite clairière. Ces demeures étaient bâties depuis peu, car les branches d'arbres dont elles étaient faites, avaient encore leurs feuilles toutes fraîches. Les petits trous qui leur servaient de portes étaient bouchés par des branches d'arbres récemment détachées avec leur feuillage et plantées en terre. Nous prîmes les plus grandes précautions pour nous approcher afin de ne pas effaroucher les timides habitants. Mes guides ashangos tenaient à la main un cordon de perles en signe de leurs dispositions amicales. Mais tant de soins furent perdus : car les hommes au moins étaient déjà décampés avant notre arrivée. Nous courûmes aux huttes, où nous découvrîmes trois vieilles femmes avec un tout jeune homme, qui n'avaient pas eu le temps de s'enfuir comme les autres, sans compter quelques enfants cachés dans l'une des cabanes.

« Mes guides Ashangos firent tout ce qu'ils purent pour apaiser les frayeurs de ces tremblantes créatures, disant que je n'étais pas venu pour leur faire du mal, mais pour leur apporter des perles. Si je parvins enfin à m'approcher d'elles, c'est que la terreur avait paralysé leurs mouvements. Je leur donnai des perles et je leur fis dire par mes guides que nous reviendrions le lendemain avec une provision de perles plus considérable, afin d'en distribuer à toutes les autres femmes et qu'il fallait qu'elles fussent là pour nous recevoir. Au bout de quelques instants, une des vieilles avait perdu toute sa sauvagerie et commençait même à se moquer des hommes qui s'étaient enfuis à notre approche : « Timides, nous dit-elle, comme les écureuils « des forêts qui crient : *qué! qué!* » Et en imitant ces cris, elle tortillait son petit corps avec des contorsions à mourir de rire.

« Quand je pris mon ruban de toile pour la mesurer, ses frayeurs recommencèrent. Elle s'imaginait peut-être voir une espèce de serpent que je voulais enrouler autour d'elle, et elle se mit à trembler de tous ses membres. J'avais beau lui dire que je n'avais pas l'intention de la tuer, il fallut lui faire un nouveau présent pour la calmer une seconde fois. A la fin, je pus venir à bout de mon opération. Je mesurai aussi le jeune homme; c'était un adulte et probablement un bel échantillon de sa race.... Le lendemain je retournai à leur village et je n'y trouvai, cette fois, qu'une seule femme et deux enfants. Je n'étais pas venu d'assez bonne heure, les oiseaux étaient dénichés. Heureusement, la femme était une de celles que j'avais vues la veille... La mère des enfants était cachée dans la hutte près de laquelle ils se trouvaient blottis. Mes Ashangos l'appelèrent en lui disant de ne pas s'effrayer. On m'apprit alors qu'elle avait perdu son mari quelques jours auparavant, quand elle habitait encore le village abandonné que j'avais trouvé sur mon chemin Elle avait sur le front une large raie d'ocre jaune. Je donnai quelques perles à la pauvre femme et je m'en allai.

« A ma visite suivante, je trouvai le village complètement désert; pas plus de femmes cette fois que d'hommes, ou du moins les femmes en nous entendant venir, étaient allées se blottir au fond de leurs cabanes. Quand j'entrai dans le village on n'entendait pas le moindre bruit; des branchages étaient placés au seuil de toutes les cabanes pour nous faire croire que les habitants étaient tous allés dans les bois. Mon guide Ashango se mit alors à crier : « Nous avons des perles à vous donner, où êtes-vous? » Pas une voix, pas un souffle ne répondit. Il n'y avait pas cependant à s'y méprendre puisque nous avions vu de loin les femmes courir aux huttes. Je me dirigeai donc vers celle de la vieille que je connaissais déjà, j'écartai les branchages et appelai. Pas de réponse. L'obscurité était si épaisse à l'intérieur que je ne pouvais rien voir. J'entrai et je trébuchai sur la vieille. Se voyant découverte elle se hâta de sortir, en prétendant qu'elle dormait profondément et que je l'avais réveillée. Puis elle appela les autres femmes : « Ce n'était pas, leur dit-elle, un léopard

« qui devait les manger, elles ne devaientpas s'effrayer. »

« Je fis plusieurs visites successives à ce village et parvins à mesurer cinq femmes : une seule me laissa prendre mesure de son visage. Cette opération ne fut pas possible avec les autres. Je voulais d'abord, pour calmer leurs frayeurs, mesurer devant elles un de mes guides Ashangos, mais celui-ci s'y refusa avec presque autant de crainte que les femmes. La moyenne de la taille des femmes que j'ai mesurées est de quatre pieds, cinq pouces anglais (1^{m},34).

« La couleur de ces Obongos est d'un jaune sale; leurs yeux ont une expression farouche dont je fus vivement frappé. Leur extérieur, leur mine, leur couleur, leurs habitations, tout chez eux diffère essentiellement des Ashangos au milieu desquels ils vivent. Ces derniers, du reste, ont grand soin de renier toute parenté avec eux. Il ne se conclut pas de mariage entre les deux tribus; mais il est certain que les Obongos se marient entre eux, les frères avec les sœurs, pour conserver leur race autant que possible. Leur petit nombre et l'isolement dans lequel ces pauvres créatures sont condamnées à vivre légitiment ces unions consanguines, mais, en même temps, par un entraînement fatal, cette obligation qui leur est imposée par leur situation devient la cause de leur dégénérescence physique....

« Les Obongos sont doués d'une dextérité remarquable pour prendre les bêtes fauves au piège et pour pêcher dans les rivières. Ils vendent à leurs voisins le gibier et le poisson qui excèdent leur consommation personnelle et reçoivent en échange des bananes, des outils de fer, des ustensiles de cuisine et tous les articles fabriqués et ouvragés dont ils ont besoin. La forêt qui avoisine leurs villages est pleine de trappes et de traquenards; aussi est-il fort dangereux de s'y aventurer; dans les sentiers mêmes il y avait des trappes pour les léopards, les cochons sauvages et les antilopes.

« Les Obongos sont un peuple essentiellement nomade qui se transporte d'un endroit dans un autre à mesure que le gibier devient rare. Pourtant ils ne s'aventurent pas très loin et ne franchissent pas le territoire d'Ashango. On les appelle les Obongos d'Ashango, comme ceux qui demeurent au milieu des N'javis s'appellent les Obongos N'javis; de même pour les autres tribus. On dit qu'il y a des Obongos à l'est, aussi loin que s'étendent les connaissances géographiques des Ashangos. Pareille aux Bohémiens d'Europe, cette race se distingue toujours des populations parmi lesquelles elle campe, bien qu'elle soit souvent confinée entre les mêmes limites pendant une suite de générations. Les Obongos ne font pas de plantations; leur nourriture végétale dépend de ce qu'ils trouvent dans les bois : racines, baies, noix ou fruits sauvages. Mais leur appétit pour la nourriture animale est plutôt d'une bête carnassière que d'une créature humaine. Un jour, une vieille femme, dont j'avais gagné le cœur par des cadeaux de perles, se décida à venir à Niembouaï sur la simple promesse que je lui fis de lui donner un os de chèvre; je lui avais demandé si elle avait faim et sans me répondre elle avait exhalé un souffle profond de son estomac pour me faire comprendre qu'il était vide[1]. »

Outre cette population naine entrevue par Du Chaillu, il existe dans l'intérieur de l'Afrique une autre sur laquelle nous possédons des renseignements beaucoup plus précis, celle des petits nègres *Akkas* qui habitent le bassin du Nil; ce sont là les vrais Pygmées d'Homère et de toute l'antiquité, retrouvés par les courageux voyageurs modernes, MM. Des Avranchers, d'Abbadie, Krapf, Marnö, Schweinfürth, le colonel Chaillé Long et Miani. A dire vrai, ils habitent un pays situé plus au sud (huit degrés environ) et plus à l'ouest (dix degrés) que celui

1. Du Chaillu, *L'Afrique sauvage*, ch. xvi, p. 266 (édit. française).

qu'Hérodote nous dit avoir été visité par les Nasamons, mais il est permis d'admettre, ou bien que la petite race humaine vue par les Nasamons existe encore au nord du Niger, mais n'a pas été découverte jusqu'ici, ou bien qu'elle a disparu de ces régions, refoulée vers le sud et l'ouest par des peuples plus forts et plus puissants.

« Sans vouloir en rien préjuger de l'avenir, dit M. de Quatrefages[1], cette dernière hypothèse me semble avoir pour elle une certaine probabilité. Peut-être même faut-il l'appliquer aux autres pays où les anciens ont placé leurs Pygmées. Les Égyptiens connaissaient les Akkas sous le nom qu'ils portent encore, car M. Mariette-Bey l'a lu à côté du portrait d'un nain sculpté sur un monument de l'ancien empire. Or, tout en leur accordant qu'ils ont pu explorer le bassin du Nil fort au delà des barrières qui nous arrêtaient naguère, rien, je crois, ne permet de supposer qu'ils se fussent portés à l'ouest et eussent franchi le seuil qui sépare ce bassin de celui de l'Ouellé. Il me paraît bien plus rationnel d'admettre qu'au temps d'Hérodote, les tribus Akkas remontaient beaucoup plus au nord, occupaient tout au moins les territoires arrosés par quelque affluent du Nil et arri-

Fig. 5. — Nain égyptien. Bas-relief du musée de Boulacq.

1. *Loc. cit.*, p. 105.

vaient peut-être jusqu'à la région marécageuse du grand fleuve.... »

C'est le Dr Georges Schweinfürth qui, le premier, dans la relation si complète et si savante de son second voyage en Afrique (1868-1871)[1], a donné des détails précis sur cette petite nation des Akkas dont il avait pu examiner et étudier à loisir plusieurs individus. Nous citerons les passages les plus intéressants de son livre : «.... D'après nos Nubiens, dit-il, le Nil qu'on voyait s'élargir à mesure que nous le remontions, sortait de l'Océan, dont l'Afrique est entourée. Il devait nous conduire au pays où, de même que les grues, nous aurions des nains à combattre. Plusieurs de mes gens avaient vu de leurs propres yeux les Pygmées et ne se lassaient pas de raconter ce qu'ils en savaient : connaissances que leur auraient enviées Hérodote et Aristote.

« Au sud du pays des Niams-Niams, disaient-ils, habitent des hommes de trois pieds de haut, et dont la barbe est si longue qu'elle atteint leurs genoux. Ils ajoutaient que ces nains, armés de lances, se glissaient sous les éléphants, les éventraient, et que, par leur agilité qui les rendait insaisissables, ils échappaient à la trompe du colosse. On assurait que la traite de l'ivoire

1. *Au cœur de l'Afrique* (1868-1871), *voyages et découvertes dans les régions inexplorées de l'Afrique centrale.* (Trad. par Mme H. Loreau, 2 vol. in-8°, Paris, librairie Hachette, 1875). « Le voyage du Dr Schweinfürth, dit M. de Quatrefages, est un des plus remarquables parmi ceux qui ont si rapidement fait progresser nos connaissances sur l'intérieur de l'Afrique. Il a duré des premiers jours de juillet 1868 aux premiers jours de novembre 1871. La plus grande partie avait été accomplie dans des contrées jusque-là absolument inexplorées par les Européens. Le voyageur avait recueilli de riches collections de toutes sortes, de très nombreuses observations, des notes, des dessins, des cartes. Presque toutes ces richesses scientifiques ont péri dans un incendie. On comprend la profonde douleur du savant réduit à raconter ses voyages presque uniquement avec ses souvenirs. Son travail n'en est pas moins des plus précieux pour la connaissance de régions jusque-là entièrement inconnues. »

leur devait une partie importante de ses approvisionnements. Ils étaient connus sous le nom de *Chebbers-Dighintous*, nom qui s'applique dans le pays aux gens à grande barbe. Notons à ce sujet qu'au Soudan, toutes les fois qu'il est question d'un nain on se le représente, comme nous le faisons nous-mêmes, avec une barbe démesurée.

« .... Pendant mon séjour dans les Zéribas où abondaient les nouvelles du sud, j'entendais sans cesse raconter sur les Pygmées des détails qui finirent par me persuader que les narrateurs avaient vu ce dont ils parlaient. Ceux qui étaient allés chez les Niams-Niams ne manquaient jamais, en décrivant l'entourage des princes du pays, de citer les nains qui jouaient à la cour de ces rois cannibales le rôle de bouffons. Malgré les embellissements dont chacun à l'envi brodait son histoire, il était évident qu'il y avait là un fait réel; Speke lui-même avait donné le portrait du nain de Kamrasi, nain qui s'appelait *Kiménya*[1]. Seulement je crus qu'il s'agissait de phénomènes pathologiques recherchés par les princes à titre de curiosités; il ne m'entra pas dans l'esprit qu'il pouvait y avoir une série de tribus dont la taille était bien inférieure à celle des autres peuples.

« Nous arrivâmes chez Mounza[2]; plusieurs jours s'écoulèrent sans que je visse aucun des petits personnages dont il avait été question. Mes serviteurs affirmaient pourtant qu'ils en avaient rencontré. Je leur reprochai de ne pas m'avoir amené un de ces êtres curieux; ils me répondirent que les petits hommes étaient trop timides pour venir au camp.

1. Cf. *Les Sources du Nil, journal du voyage de Speke*, p. 497. Paris, librairie Hachette, 1864). Nous reparlerons plus loin de ce nain.

2. Roi du pays des Momboutlons, à peu près par 3° de latitude nord, au sud du pays des Niams-Niams.

« Mais un matin, j'entends des exclamations ; je m'informe et j'apprends qu'Abd-ès-Sâmate s'est emparé d'un nain de la suite du roi et qu'il me l'apporte. Malgré la vive résistance du capturé, je vois en effet arriver Sâmate ayant sur l'épaule une étrange petite créature dont la tête s'agite convulsivement et qui jette partout des regards pleins d'effroi (fig. 4). Il dépose son fardeau sur le siège d'honneur ; l'interprète royal s'approche. J'ai enfin sous les yeux une incarnation vivante de ce mythe qui date de milliers d'années.

« Sans perdre de temps, je commence son portrait. C'est à grand'peine qu'on le fait rester tranquille : je n'y parviens qu'en étalant devant lui en toute hâte la masse de présents qu'il doit avoir. Je le presse de questions, mais l'interroger est plus facile que d'obtenir la réponse. Dans ma crainte fiévreuse de ne pas retrouver pareille occasion, je gagne l'interprète pour qu'il le rassure. Nous y arrivons si bien qu'au bout de deux heures le Pygmée est esquissé, mesuré, festoyé, comblé de cadeaux et soumis à un minutieux interrogatoire.

« Son nom est *Adimokoû* ; il est chef d'une petite colonie établie à une demi-lieue de la résidence royale. J'apprends de lui-même que le peuple auquel il appartient s'appelle *Akka*.

« J'ai su plus tard que ce peuple habite, au sud des Mombouttous, une grande province située à peu près entre le premier et le deuxième degré de latitude nord. Une partie de la nation reconnaît l'autorité de Mounza qui, jaloux d'accroître la splendeur de sa cour par tous les moyens possibles, a contraint plusieurs familles d'Akkas à venir demeurer près de lui.

— Où est ton pays ? demandai-je à Adimokoû par l'entremise de nos Niams-Niams et de l'interprète du roi qui me traduisent ses paroles mot pour mot.

— Un jour de marche, répond-il en montrant le sud-sud-est, et l'on est chez Moûmméri ; le second jour on

Fig. 4. — *Abd-ès-Sâmate* apporte un akka au Dr Schweinfürth.

passe le Nâlobé; et le troisième on arrive au premier village des Akkas.

— Comment s'appellent les rivières de ton pays?

— Le Nâlobé, le Kamérîka et l'Eddoûpa.

— Y en a-t-il d'aussi grandes que l'Ouellé?

— Non, toutes nos rivières sont petites et vont rejoindre l'Ouellé.

— Ne formez-vous qu'un seul peuple ou êtes-vous divisés en tribus?

« Adimokoû répond d'abord par un geste circulaire, indiquant une vaste contrée; puis il fait l'énumération des tribus qui habitent ce territoire au nombre de huit.

— Combien avez-vous de rois?

— Neuf, dit-il; mais je ne peux tirer de lui d'autres noms que ceux de Gâlima, Beddê, Tîndaga et Mazêmbé.

« Je tâche ensuite de savoir s'il connaît d'autres peuples nains dont mes prédécesseurs ont fait mention et qui doivent habiter cette partie de l'Afrique centrale. Les réponses que je reçois à cet égard sont tellement obscures, tellement vagues, qu'il ne servirait à rien de les rapporter et je n'obtiens plus un seul détail intéressant.

« Tout à coup, ennuyé de la séance, le petit chef exécute un bond prodigieux qui le place hors de la tente; mais il tombe au milieu des Nubiens et des Bongos dont la foule curieuse nous entoure. On l'arrête; de nouvelles cajoleries triomphent de son impatience, et nous finissons par obtenir quelques figures de sa danse guerrière. Il porte le vêtement d'écorce et le bonnet à plumes des Mombouttous; une lance, un arc et des flèches en miniature complètent son équipement. Sa taille est d'un mètre cinquante centimètres; c'est la stature la plus élevée que m'aient offerte les gens de sa race.

« La danse guerrière des Niams-Niams m'a frappé d'étonnement et d'admiration; cette fois la surprise n'est pas moins grande; mais l'effet produit est une hilarité irrésistible. En dépit de son gros ventre, de ses jambes courtes et arquées, en dépit de son âge, car il paraît vieux, Adimokoû fait preuve d'une agilité qui surpasse tout ce qu'on peut dire; et je me demande si les grues pourraient jamais lutter avec de pareils êtres.

« Les bonds du petit chef et sa pantomime, d'une vivacité inouie, sont à la fois si variés et si burlesques que tous les spectateurs s'en tiennent les côtes. L'interprète me dit que les Akkas traversent les grandes herbes en bondissant à la manière des sauterelles; qu'ils s'approchent de l'éléphant, lui mettent leur flèche dans l'œil, et, comme le racontaient mes Nubiens, vont l'éventrer d'un coup de lance.

« Adimokoû s'en alla chargé de cadeaux. Je lui avais fait comprendre que je verrais avec plaisir tous les gens de sa race; qu'ils pouvaient venir et que je les récompenserais royalement. Il en arriva deux le lendemain : ceux-là étaient jeunes.

« Une fois la glace rompue, j'eus des Akkas tous les jours. Dans le nombre se trouvèrent des hommes d'une taille plus élevée; mais j'ai toujours fini par découvrir que c'étaient des métis, provenant de mariages entre Akkas et Mombouttous.

« Malheureusement notre départ de chez Mounza se fit d'une manière subite, avant que j'eusse profité complètement de l'occasion qui m'était offerte d'étudier ce peuple curieux. Je regrette surtout de n'avoir pas vu une seule femme[1] de la tribu et d'avoir remis de jour en jour à visiter son village, d'avoir attendu jusqu'à ce qu'il fût trop tard.

« Une rencontre que je fis de plusieurs centaines de guerriers Akkas ne sortira jamais de ma mémoire et me

1. M. Marnö a observé depuis deux femmes Akkas, une de quinze ans, haute de 1m,01, et une autre de vingt à vingt-cinq ans, dont la taille était de 1m,36. (Cf. E. Marnö, *Mittheil. der Anthropolog. Gesellsch. in Wien.* — 1875.)

Fig. 5. — L'akka *Bômbi*.

permit de faire de ces guerriers un long examen. Moûmméri, dont les Pygmées sont tributaires, était venu déposer aux pieds du roi le produit d'une nouvelle expédition chez les Mômvous. Parmi les gens de sa suite, qui était fort nombreuse, figurait un régiment d'Akkas. J'ignorais son arrivée; et j'étais allé ce jour-là faire une très longue course. Le soir, comme je passais près de la demeure royale pour rentrer chez moi, je me vis entouré d'une foule de petits bonshommes qui me parurent jouer aux soldats et que je pris pour des gamins d'une rare insolence. Ils avaient l'arc tendu et me visaient d'un air qui me fit éprouver une certaine iritation. « Ce sont des « *Tikitîkis*[1], me dirent mes Niams-Niams. Tu les prends « pour des enfants; ce sont bel et bien des hommes, et des « hommes qui savent se battre. »

« L'arrivée de Moûmméri, qui vint me saluer, mit fin à la scène et m'empêcha d'étudier davantage son petit régiment. Ce sera pour demain, pensais-je; mais je comptais sans mon hôte : le soleil n'était pas levé, que déjà Moûmméri avait disparu avec ses Pygmées; disparu comme un songe, replongeant pour moi dans les ténèbres ce peuple si voisin et néanmoins insaisissable.

« Toutefois si je n'ai pas eu sous les yeux un grand nombre d'Akkas, celui que me donna Mounza[2] en échange d'un de mes chiens m'a fourni l'occasion d'une étude constante qui n'a pas duré moins de dix-huit mois. Sans cesse en ma présence, ne recevant d'autres soins que les miens, il eut pour ma personne l'attachement d'un fils. Pour l'habituer à son nouveau sort, je m'étais

1. C'est ainsi que les Niams-Niams appellent les Akkas.

2. Depuis que Mounza a appris la valeur des Akkas comme objets de curiosité, il en donne de temps à autre aux gros traitants d'ivoire qui viennent le trouver chaque année. C'est ainsi qu'un individu de cette race est arrivé à Khartoum, envoyé au gouverneur du Soudan par Emin-Bey (docteur Schnitzer). Il a été décrit par M. Vossion, vice-consul de France. (De Quatrefages, *loc. cit.*, p. 703.)

départi de la règle que je m'étais imposée de manger seul et lui avais permis de prendre ses repas à ma table; privilège qui ne fut jamais accordé à aucun autre indigène. Je voulais qu'il se portât bien et qu'il fût content; pour cela je me pliai sans murmure aux habitudes et aux caprices de sa race; j'acceptai ses défauts. Les Nubiens ne s'expliquaient pas mon faible pour cet être bizarre. A Khartoum, je le fis revêtir de si beaux habits qu'il avait l'air d'un petit pacha. Quand il se promenait avec moi dans la rue, on se le montrait au doigt en s'écriant : « Voilà le fils du Khavâga ! » parce qu'il avait le teint clair. Personne ne paraissait se douter de son âge, ni connaître la tradition des Pygmées. Dans les Zéribas où son peuple était célèbre, on le regardait avec bien plus d'intérêt.

« J'espérais l'amener sain et sauf en Europe; mais en dépit de toute ma sollicitude, il mourut à Berber d'une dyssenterie prolongée, causée bien moins par le changement de climat ou de manière de vivre, que par une gloutonnerie impossible à combattre.

« Il allait avoir dix-sept ans : son nom était Nsévoué. Pendant les six derniers mois de son existence, il ne grandit pas d'un millimètre; ce qui me fait présumer qu'il n'aurait jamais eu plus d'un mètre trente-quatre centimètres, chiffre de la mesure qui fut prise à sa mort. C'était l'un des types les mieux caractérisés de sa race.

« Les Akkas semblent appartenir à une série de peuples nains qui offrent tous les caractères d'une race aborigène, et qui, sous l'équateur, se rencontrent d'un rivage à l'autre. Ce ne sont pas des Pygmées dans le sens de l'ancien mythe; pas davantage des nains difformes pareils à ceux qu'on exhibe chez nous pour de l'argent. Tous les voyageurs qui se sont dirigés vers le centre de l'Afrique ont reçu de nombreux témoignages relatifs à l'existence de ces petits peuples.

« La couleur des Akkas est d'un brun mat assez clair,

celui du café brûlé.... Entre les Akkas et les Mombouttous, leurs voisins immédiats, il y a peu de différence quant à la couleur de la peau : je peux dire toutefois qu'en général les Akkas ont le fond du teint d'une nuance un peu terne. Tous ceux que j'ai vus avaient peu de barbe et la chevelure courte et laineuse. Sous le rapport de la teinture, leurs cheveux peuvent être comparés à la filasse d'un vieux câble; et, pour la couleur, ils sont à peu près de la même nuance que celle de la peau.... D'après les spécimens que j'ai eus sous les yeux et parmi lesquels mon petit Nsévoué, je le répète, offrait l'un des types les plus purs de la race, les Akkas ont la tête grosse et hors de toute proportion avec le cou mince et faible qui la supporte. Chez eux la forme de l'épaule diffère étrangement de ce qu'elle est chez la plupart des nègres, ce qui tient sans doute au développement anormal de l'omoplate. Les bras sont longs ainsi que le corps qui est d'une longueur disproportionnée. La poitrine, plate et resserrée dans le haut, va s'élargissant jusqu'à l'énorme panse qui fait ressembler les Akkas, si âgés qu'ils soient, aux enfants égyptiens ou arabes. Le dos est fortement arrondi; l'épine dorsale est tellement souple, qu'après un repas copieux le centre de gravité se déplace, la partie lombaire de l'échine se creuse et alors, vu de profil, ce dos figure à peu près la courbe d'un C[1]. Les genoux sont

1. Cette conformation a donné naissance à une singulière méprise qui a entraîné bien des discussions. Dans une communication faite à l'Institut égyptien, Schweinfürth avait comparé, — ainsi qu'il l'a répété dans le passage de son livre que nous citons, — la courbure de la colonne vertébrale à un C. L'éminent voyageur n'avait évidemment voulu parler que de la portion inférieure de cette colonne et entendait bien que la concavité du C était placée en arrière. Mais sous l'influence d'idées préconçues et dans l'espoir de trouver chez les Akkas ce chaînon entre l'homme et le singe, après lequel on court depuis si longtemps, quelques esprits aventureux admirent qu'il s'agissait de la colonne vertébrale entière, que la concavité du C était tourné en avant et que, par conséquent, les Akkas ressemblaient sous ce rapport aux singes anthropomorphes. Avant même

gros et noueux, les autres articulations de la jambe saillantes et anguleuses et les pieds tournés plus en dedans que ceux des autres Africains. L'allure serait difficile à qualifier : c'est un balancement accompagné de soubresauts qui se propagent dans tous les membres; Nsévoué n'a jamais pu porter un plat sans en répandre plus ou moins le contenu. En revanche, les mains sont d'une délicatesse remarquable, sans être effilées comme celles des héroïnes de romans. Ce que j'admirais le plus chez mon pauvre Nsévoué c'étaient ses jolies mains; et je l'ai si longuement étudié que le moindre détail de sa petite personne est resté gravé dans ma mémoire.

« Mais ce qui surtout caractérise la race, c'est la tête; forme et physionomie. Bien que dans l'histoire on n'ait jamais vu la dégénération d'un peuple entraîner comme conséquence la diminution de la taille, il est possible néanmoins que les particularités signalées plus haut soient le résultat de modifications apportées à la manière de vivre. Mais ce qu'il serait difficile d'admettre, c'est que les conditions d'existence — climat, nourriture et autres — pussent faire rétrograder la forme du crâne. Ce dernier est large, presque sphérique et présente un creux profond à la racine du nez. La mâchoire se projette en museau d'autant plus accusé que le menton est fuyant.... Ils ont l'œil bien fendu et largement ouvert et d'énormes oreilles, contrairement aux autres peuplades de cette région qui se font remarquer par la petitesse et la forme élégante des leurs.... Le jeu des sourcils, l'extrême vivacité des yeux, les gestes rapides des mains et des pieds, dont s'accompagnent toutes les paroles, et des hochements de

d'avoir vu les photographies, M. de Quatrefages avait combattu à la *Société d'Anthropologie* et ailleurs cette interprétation incompatible avec le mode de locomotion de l'homme et avec l'agilité que tous les renseignements attribuent aux Akkas. (De Quatrefages, *loc. cit.*, p. 707).

tête perpétuels contribuent à rendre l'aspect de notre petit peuple infiniment drôle.

« Je ne peux rien dire du langage des Akkas, ayant perdu les notes que j'avais prises à cet égard. Je me rappelle seulement son inarticulation et la difficulté que ceux qui l'emploient éprouvent à parler une autre langue. Pendant un an et demi qu'il a passé avec nous, mon petit Nsévoué n'a jamais pu apprendre quatre mots d'arabe, tandis que les gens des autres nations acquéraient en peu de mois un vocabulaire abondant. Il ne fut guère plus heureux avec les dialectes du pays et n'alla pas au delà de quelques phrases bongos, balbutiées d'une manière inintelligible pour tout autre que moi et mes serviteurs[1].

« Mais sous le rapport de l'acuité des sens, de la dextérité et de la ruse, les Akkas sont bien au-dessus des Mombouttous. Leur finesse toutefois n'est que la manifestation d'un mouvement intérieur qui leur fait trouver du plaisir dans la méchanceté. Nsévoué aimait à voir souffrir : il torturait les animaux. L'un de ses amusements particuliers était, pendant la nuit, de lancer aux chiens ses flèches dangereuses. Lors de la guerre que nous firent les Niams-Niams, tandis que nos Nubiens étaient sous le coup d'une épouvante qui les mettait hors d'eux-mêmes, il jouait avec les têtes des Obongos décapités; et lorsqu'il me vit faire bouillir ces crânes, sa joie n'eut plus de bornes. Il courait et gambadait en criant : *Bakinda nova?* (Bakinda est un surnom dérisoire) *Bakinda hi hê koto!* « Où est Bakinda? Bakinda est dans la marmite! » Un peuple chez lequel se rencontrent de telles dispositions excelle naturellement dans l'art

1. Ceci concorde avec ce que dit le Dr Hartmann dans son livre *les Peuples de l'Afrique* : « On connaît très peu les langues des Abongos, des Akkas et des autres peuples Pygmées. » Cependant, et ainsi que nous le verrons plus loin, les Akkas peuvent recevoir une instruction assez développée.

d'inventer et de placer des pièges, de surprendre le gibier et de le poursuivre.

« De même que les Obongos et les Bushmen, les Akkas, sont d'une timidité farouche à l'égard des étrangers.

« En fait d'animaux domestiques ils ne possèdent que des volailles[1]; et j'ai été frappé, en regardant au musée de Naples, une mosaïque de Pompéi qui représentait un village de Pygmées, de voir toutes les demeures de ces nains entourées de poules.

« Les Akkas vivent en bonne intelligence avec leurs puissants voisins qui les regardent plutôt comme des êtres bienfaisants. Mais cette bonne entente est due à l'absence du bétail. Si les Mombouttous avaient des troupeaux, leurs bêtes deviendraient le gibier des Akkas, le but des javelines et des flèches de ce petit peuple dont cette chasse ferait la joie, et il aurait dans les pasteurs des ennemis implacables.

« En résumé, tous ceux qui s'occupent d'ethnologie doivent de la gratitude au roi des Mombouttous, pour les soins dont il entoure les précieux débris de cette race primitive qui va s'éteignant, race dont il a permis de constater l'existence en attirant auprès de lui une de ses tribus, et en la conservant jusqu'au jour où l'on a pu pénétrer au cœur de l'Afrique. »

Nous avons cru devoir reproduire ici, la plus grande partie des détails si intéressants donnés par le docteur Schweinfürth sur cette race des Akkas, inconnue avant lui. Ainsi que nous l'avons vu plus haut, il s'était attaché au jeune Nsévoué qui lui avait été donné en échange d'un chien et qui fut pris, quand il quitta son pays, d'un violent accès de désespoir. « Ce n'était pas, dit le docteur, le chagrin de quitter son lieu natal ou de se sé-

1. Les vaches leur sont tout à fait inconnues et quand plus tard, Nsévoué en vit traire une, il fut pris d'un fou rire et déclara qu'il n'avait jamais rien vu de pareil.

parer de ses amis, car il ne savait pas où était sa famille, et ses compagnons venus simplement par curiosité, se moquaient de lui pour seul adieu ; sa douleur n'était que de l'épouvante : il se croyait à la veille d'être mangé. Les Mombouttous ne font pas commerce d'esclaves ; il est extrêmement rare qu'ils cèdent aux Nubiens, même un prisonnier de guerre ; et pourquoi m'aurait-on fait présent d'une créature humaine, sinon pour alimenter ma cuisine ? La tunique de soie dont je l'avais paré, si brillante qu'elle fût, ne calmait pas l'effroi de mon Akka ; mais des friandises l'apaisèrent. Tout ce qu'il y avait de meilleur dans le pays lui fut donné et quelques jours de ce bon régime lui firent oublier ses angoisses : il mit de côté toute inquiétude et fut heureux comme un petit prince. »

Pendant tout le voyage, il ne quitta pas un instant le docteur Schweinfürth, qui se prit bientôt pour lui d'une vive affection et qui voulait le ramener en Allemagne. Malheureusement il mourut à Berber, peu de temps avant l'époque où le docteur devait s'embarquer pour l'Europe. Déjà, à Khartoum, il avait eu une attaque de dyssenterie causée probablement par le changement de manière de vivre et aggravée par un régime trop copieux. Le mal avait grandi de jour en jour ; tous les soins furent inutiles, aucun remède ne produisit d'effet et il s'éteignit au bout de trois semaines, complètement épuisé.

« Jamais, dit le docteur Schweinfürth, je n'ai fait de perte qui me fût plus sensible ; le chagrin m'avait tellement affaibli que je pouvais à peine me tenir sur les jambes, marcher une demi-heure me causait une extrême fatigue. Deux ans se sont écoulés depuis lors et je ne peux pas y songer sans que la blessure se rouvre. »

Une intéressante communication faite au Congrès international des sciences géographiques, à Paris, dans la séance du 5 août 1875, par M. le comte Miniscalchi-

Erizzo, et le récit du voyage du colonel Chaillé-Long, nous serviront à compléter les renseignements donnés par le docteur Schweinfürth sur les Akkas.

Un courageux voyageur italien, Miani, dont le nom a été trouvé sur un arbre marquant les limites auxquelles n'était encore arrivé aucun voyageur venant d'Égypte, et qui, épuisé par les fatigues et le climat, mourut victime de son dévouement à la science, avait, comme le docteur Schweinfürth, recueilli au pays des Mombouttous deux jeunes Akkas qu'il avait échangés, l'un contre un veau, l'autre contre un chien. Avant de mourir, il les confia à Hussein-el-Denkani, sergent d'un régiment nubien, qui l'avait accompagné dans son voyage, et qui les conduisit à Khartoum et de là au Caire, d'où l'éminent professeur Panceri les fit conduire à Rome. La Société géographique italienne les remit au comte Miniscalchi-Erizzo, qui voulut bien se charger de leur entretien et du soin de leur éducation.

Quand ils arrivèrent en Italie, ils avaient l'un et l'autre un développement et un ballonnement considérables de l'abdomen; M. de Quatrefages, consulté à ce sujet, pensa avec raison que ce caractère, assez commun chez les jeunes Africains, pouvait provenir de la mauvaise qualité de la nourriture, et, effectivement, après quelques semaines de séjour à Vérone, où le comte Miniscalchi les avait installés chez lui, et grâce à une alimentation saine et régulière, l'abdomen reprit son état normal.

Ces deux jeunes Akkas étaient timides, intelligents et très honnêtes; ils étaient passionnés pour la musique, la chasse, la pêche et les jeux enfantins; ils manifestaient un goût très prononcé pour l'étude, avaient un très vif désir d'apprendre et firent de si rapides progrès que leur protecteur put montrer, au Congrès géographique, des lettres qu'il avait reçues d'eux pendant son séjour à Paris et dont une, surtout, était bien écrite. Ils avaient conservé de leur pays natal un souvenir horrible et manifestaient la plus légitime répulsion pour y retourner. Le plus jeune, en effet, avait été fait prisonnier par les Niams-Niams avec ses parents et son frère; ce dernier ainsi que leur père avaient réussi à s'échapper, mais lui et sa mère, moins heureux, furent conduits dans un village voisin où la pauvre femme avait été égorgée, rôtie et mangée sous les yeux de son enfant. Cette scène et beaucoup d'autres dont ils avaient été témoins étaient souvent présentes à leur esprit et ils racontaient de la part de leurs puissants voisins, les Niams-Niams et les Mombouttous, des faits horribles confirmés par le sergent nubien, Hussein, qui les avait accompagnés jusqu'à Vérone. Quand on apporta au comte Miniscalchi, qui l'ouvrit devant eux, le livre du Dr Schweinfürth, ils reconnurent sans aucune hésitation le portrait du roi Mounza et s'écrièrent : « Voilà Mounza, mais il n'a pas sa queue rouge! » Les Mombouttous et les Niams-Niams, probablement de la même race, portent en effet, comme ornement, une queue d'animal, ce qui sans doute a été l'origine de la croyance, si répandue, il y a trente ans, à l'existence d'une population d'hommes à queue.

Ils s'étaient acclimatés facilement, et sauf quelques rhumes de cerveau et quelques accès de toux facilement guéris, ils avaient supporté sans trop en souffrir le climat un peu rude en hiver du nord de l'Italie[1].

M. de Quatrefages a donné dans *le Journal des savants* (décembre 1882), des renseignements qui viennent compléter la communication faite par le comte Miniscalchi.

« Le caractère général des deux Akkas, dit-il, est resté impressionnable, mobile et rappelle celui de nos enfants. Ils aiment à jouer; leurs mouvements sont prompts; quand ils se promènent ils vont volontiers au pas de course.

1. Cf. *Congrès international des sciences géographiques* du 1er au 11 août 1877. — *Comptes rendus des séances* (tome Ier, p. 300).

« *Tebo* est plus affectueux, plus appliqué à ses devoirs; sa conduite a toujours été excellente. *Chairallah*, plus intelligent, a laissé voir quelques instincts de haine et de vengeance. Toutefois ils n'ont jamais eu de querelles avec leurs jeunes compagnons et ils s'aiment tendrement.

« Tous deux ont été baptisés et montrent une certaine dévotion dans les pratiques religieuses, mais leur directeur spirituel ne paraît pas regarder leurs convictions comme bien profondes.

« Tous deux ont complètement oublié leur langue maternelle et presque entièrement l'arabe. Ils parlent parfaitement l'italien, mais ont eu, dans le principe, beaucoup de peine à prononcer les mots où se rencontrent deux *z* (*bellezza*, *carezza*).

« Tous deux éprouvent vivement le sentiment de l'émulation. Dans leurs classes, ils se sont montrés supérieurs à leurs compagnons d'études européens âgés de dix à douze ans. Les notes de leurs professeurs prouvent qu'ils s'étaient remarquablement bien tirés des épreuves qu'ils avaient subies en composition, en arithmétique, en analyse grammaticale et en dictée.

« La comtesse Miniscalchi a donné des leçons de musique à Tébo et cet Akka jouait sur le piano, avec assez de sentiment et beaucoup de précision, deux morceaux d'une certaine difficulté.

« Malheureusement l'éducation de Tébo et de Chairallah a été interrompue et ils font aujourd'hui partie de la domesticité dans la famille Miniscalchi. Tébo a été moulé et son buste est au Muséum d'histoire naturelle, à Paris.

« Une femme Akka nommée Saïda a été également amenée en Italie. Elle est restée servante et n'a appris ni la lecture, ni l'écriture. Elle parle couramment l'italien et un peu l'allemand qui est la langue de sa maîtresse; elle est parfois capricieuse et aime à jouer avec les enfants.

« En résumé, malgré leur petite taille, leurs bras relativement longs, leur gros ventre et leurs jambes courtes, les Akkas sont bien de véritables hommes et ceux qui avaient cru trouver en eux des demi-singes doivent être aujourd'hui pleinement désabusés. »

Un Anglais qui fut longtemps au service de l'Égypte, le colonel Chaillé Long, dans le voyage qu'il fit au centre de l'Afrique pendant les années 1874-75, eut également l'occasion de voir des Akkas, entre autres une femme âgée de vingt-cinq ans environ, dont la taille atteignait à peine quatre pieds anglais (1m,21) et qui était presque aussi large que haute. « Sa vue, dit-il, me frappa d'étonnement et de stupeur; jamais je n'avais rien vu de semblable. Elle aussi me regardait en dessous, d'un air à moitié effrayé, car j'étais le premier homme blanc qu'elle eût jamais aperçu. Comme elle parlait un peu l'arabe, je lui demandai si elle voulait venir avec moi. — « Oui, me répondit-elle, mais j'ai peur que vous me mangiez ». — Et pendant plusieurs jours en effet elle s'abstint de prendre aucune nourriture, donnant pour raison que, bien certainement, si elle commençait à engraisser, l'homme blanc la mangerait, ce qui prouve que ces tribus sont encore anthropophages et que chez elle la graisse est considérée comme un véritable régal. » Cette malheureuse petite femme, qui n'avait aucun vêtement, se familiarisa peu à peu, grâce à quelques cadeaux que lui fit le colonel, et elle lui raconta bientôt qu'elle avait été prise comme esclave et envoyée à Mounza, roi des Mombouttous, qui l'avait cédée à son fils. Elle lui donna quelques renseignements sur les Akkas ou Ticki-Ticki, dont le roi se nommait Gongon, mais qui étaient tributaires de Mounza auquel ils devaient fournir des esclaves et de l'ivoire. M. Chaillé Long donne sur les Ticki-Ticki des renseignements qui corroborent ceux rapportés par le Dr Schweinfürth, mais il y ajoute cette particularité que les individus sont des fumeurs passionnés; ils ne fument pas comme nous le faisons en Europe, mais suivant une mode qui est particulière à toutes les tribus qui habitent cette contrée, et qui consiste à remplir le récipient de tabac et de boue, quelquefois même d'un mélange plus suspect; ils aspirent alors la fumée nauséabonde que produit cet étrange amalgame jusqu'à ce qu'ils tombent engourdis ou qu'ils éprouvent de violents maux de cœur; c'est même, paraît-il, à ce dernier résultat qu'ils visent plus spécialement[1].

Toutes ces races naines de l'Afrique équatoriale que nous venons d'étudier présentent un caractère particulier qui les distingue du type classique des nègres africains; tandis que ces derniers sont tous, à quelques exceptions près, *dolicocéphales*, c'est-à-dire à *tête longue*, les Dokos, les Akoas, les Obongos, les Akkas, etc., ont tous la tête ronde. Un savant observateur, M. le docteur Hamy, a reconnu que ce caractère céphalique coïncide avec un amoindrissement considérable de la taille et, se fondant non seulement sur cette forme si remarquable du crâne, mais aussi sur ce que l'on sait des mœurs et des habitudes de ces populations pygméennes, il les a réunies dans une unité ethnique à laquelle il a proposé de donner le nom de *Négrilles*. « Ce diminutif du mot nègre, dit-il dans un travail qu'il a lu à la Société d'anthropologie le 5 février 1879[2], me semble avoir, dans son application aux demi-nains de l'Afrique équatoriale, un double avantage : il rappelle le plus frappant des caractères communs à toutes leurs peuplades; il ressemble en outre à celui qui désigne aujourd'hui dans la nomenclature ethnologique la généralité des tribus qui représentent dans le sud-est de l'Asie et de l'Océanie occi-

1. Cf. Chaillé Long, *Central Africa, naked truth of naked people*, in-8°. Londres, 1876, p. 264.

2. *Essai de coordination des matériaux récemment recueillis sur l'ethnologie des Négrilles ou Pygmées de l'Afrique équatoriale*, par M. le Dr E-T. Hamy.

dentale un élément ethnique parallèle à l'élément *négrille*, l'élément *négrito.* »

La branche orientale ou mélanésienne du tronc nègre présente en effet bien des caractères qui sont la répétition exacte de ceux que l'on remarque dans l'ensemble de la race africaine. Comme elle, elle se partage en deux rameaux, le rameau *papoua*, et celui auquel M. de Quatrefages a donné le nom de rameau *négrito*. Le premier renferme des populations de taille élevée et de constitution souvent athlétique, le second des races de petite taille et de complexion grêle. Ce dernier, très intéressant au point de vue ethnologique, et malheureusement peu connu, semble former deux groupes distincts, l'un continental, l'autre insulaire, et encore celui-ci consiste-t-il en témoins isolés, plutôt qu'il ne forme une aire continue. Le premier occupe la presqu'île de Malacca; le deuxième est répandu depuis le golfe de Bengale — îles Andamans — dans la Mélanésie et la Micronésie.

Du reste, ces races qui tendent chaque jour à disparaître, détruites qu'elles sont par des populations plus énergiques, ne peuvent pas être considérées tout à fait comme des races naines, la moyenne de leur taille étant de 1^{m},50 à peu près.

Nous nous bornerons à signaler, d'après M. Rousselet[1], l'existence d'une race offrant tous les caractères des populations naines qui ont jadis couvert les rivages de la baie de Bengale et qui occupe bien évidemment le dernier rang de l'espèce humaine, autant par sa petite taille que par l'état de barbarie et, pour ainsi dire, de bestialité dans lequel elle vit.

« Me trouvant au mois de mars 1867, dit M. Rousselet, dans la vallée de la Sône, au sud de Rewah et au nord

1. *Sur un négrito des forêts de l'Inde centrale*, communication faite par M. Rousselet, dans la séance du 6 juin 1872 à la *Société d'Anthropologie de Paris* (*Bull. de la société*, 2e série, tome VII, 1872).

du plateau de l'Amarkantak, j'appris que parmi les Gounds assemblés en grand nombre dans un village voisin pour les battues que nous faisions avec le roi de Rewah, se trouvait un homme des montagnes de Sirgoudja.

« D'après les rapports des indigènes, cet homme appartenait à une race sauvage qui habite les parties les plus inaccessibles de la chaîne des Vindhyas, entre la Sône et la Nerbouda. Ces sauvages sont généralement désignés sous le nom de *Bandralokn*, littéralement *peuples de singes*. Ils vivent sur les arbres ou dans des tanières de feuillages et n'ont aucun rapport avec les tribus des vallées ni même avec leurs voisins Gounds ou Sontals.

« Depuis mon entrée dans la région des Vindhyas, j'avais entendu mille fois les villageois s'entretenir de ces curieux habitants de la forêt et je dois avouer que, comme bien d'autres voyageurs, j'avais cru avoir affaire à quelques tribus de singes hunoumans telles qu'on les rencontre dans les Aravellis. On sait que ces singes vivent par groupes et paraissent obéir à une certaine organisation.

« Je me hâtai donc de profiter du hasard qui allait me mettre à même de juger de l'exagération des descriptions qu'on m'avait faites de ces sauvages, et le lendemain même on m'amenait le représentant des Bandras.

« C'était un homme d'une trentaine d'années, d'une laideur hideuse et d'un aspect repoussant. Sa petite taille, ses bras démesurément longs et maigres, sa physionomie bestiale justifiaient bien l'épithète que lui avaient décernée les indigènes.

« Le front était caché par des boucles épaisses d'une chevelure d'un aspect dur et laineux; les yeux petits et enfoncés, les pommettes assez saillantes, le nez écrasé à la naissance et épais à l'extrémité, les narines larges et relevées, la lèvre inférieure pendante, le menton décharné; mais ce qui donnait à cette face un aspect encore plus hideux, c'étaient des rides nombreuses et profondes qui, partant des angles de la bouche, venaient sillonner verticalement les joues. Le corps lui-même était d'une maigreur effrayante; la peau noire (chocolat foncé), semblable à un cuir tanné, retombait en plis le long des membres; l'abdomen rentré et comme desséché portait au centre une grosseur informe.

« La présence d'un Européen et la curiosité importune des Indiens avaient considérablement troublé le malheureux sauvage, et, quoique parlant l'idiôme gounda, nous ne pûmes tirer de lui que quelques mots rauques et entrecoupés.

« Un des Gounds qui l'accompagnaient nous donna les quelques renseignements qu'il tenait de l'homme lui-même. Il appartenait à une tribu peu nombreuse vivant dans les forêts du Sirgoudja. Le nom de la race serait *Djangâ* ou *Djangal;* mais ce nom, qui veut dire *habitant de la jungle*, est sans signification spéciale. Il avait quitté la tribu, chassé par la famine qui désolait le pays après la sécheresse de 1866. Je dus me contenter de ces renseignements. »

Malheureusement, en effet, le petit individu entrevu par M. Rousselet et dont nous avons, d'après lui, rapporté le portrait peu flatteur, s'enfuit pendant la nuit, terrifié par le commencement d'étude dont il était l'objet, et les quelques voyageurs anglais qui ont pu examiner les rares représentants de ce type primitif qui subsistent encore à l'état de pureté, mais seulement dans les lieux les plus inaccessibles et les plus insalubres, n'ont recueilli que bien peu de détails. Ils ont pu néanmoins en photographier quelques-uns[1].

1. Cf. Justin Campbel. *The ethnology of India* (*Journal of the Asiatic Society*, t. XXXV, p. 2, supplément); Dalton. *Descriptive ethnology of Bengal;* Fryer, *A few words concerning the Hill-people*

L'étude de toutes ces petites races nègres suggère une dernière réflexion.

« En parlant de leurs Pygmées, dit M. de Quatrefages[1], les anciens avaient mêlé à des faits vrais bien des exagérations et des fables. La science moderne, parfois égarée par sa sévérité, s'est longtemps arrêtée uniquement à ce qu'il y avait d'inacceptable dans ce que la tradition rapportait des petits hommes d'Asie ou d'Afrique et a rejeté le tout en bloc. Nous venons de voir qu'elle avait eu tort et de là même on peut tirer un enseignement.

« Quand il s'agit des traditions et des légendes de peuples moins savants que nous, et surtout de peuples sauvages, quelque étranges ou bizarres qu'elles nous paraissent, il est bon de les étudier de près. Bon nombre de ces récits renferment des faits intéressants et très réels, masqués par des superstitions, par des méprises, par des habitudes de langage, par de simples interprétations erronées. La tâche de l'homme de science devient alors semblable à celle du mineur qui sépare l'or de sa gangue. Bien souvent, lui aussi, avec un peu d'étude et de sage critique, retirera de cet amas d'erreurs quelque importante vérité. »

inhabiting the forests of the Cochin state (*Journal of the Asiatic society*, 2e série, t. III). Ces diverses publications sont accompagnées de planches reproduisant des photographies faites d'après nature.

1. *Loc. cit.*, p. 478.

II

Du nanisme au point de vue pathologique

Les différentes populations naines que nous avons étudiées dans le chapitre précédent constituent ce qu'on peut appeler les *nains naturels*, c'est-à-dire ceux dont la petite taille tient à une conformation physiologique particulière, présentant à l'observateur un immense intérêt au point de vue ethnologique et anthropologique, mais ne constituant pas réellement une anomalie dans l'espèce humaine, puisqu'ils forment des races entières parfaitement distinctes.

Il existe malheureusement une autre sorte de *nanisme* qui se rencontre chez tous les peuples, dans toutes les races, et qui tient à une cause pathologique qui n'a pas encore été bien nettement définie par les savants. Les individus qui sont atteints de cette maladie ou de cette conformation toute spéciale sont relativement assez communs, ils offrent des particularités physiques et morales assez remarquables, et quelques-uns même ont joué dans l'histoire des mœurs un rôle assez important à différentes époques, pour mériter une étude approfondie.

On donne le nom de *nains* à tous les êtres organisés, et plus spécialement aux individus de l'espèce humaine, dont la taille est de beaucoup inférieure à la taille moyenne de leur espèce, mais seulement quand cette exiguité de la taille porte sur l'ensemble de l'organisme et dépend de la diminution du volume de toutes les parties du corps, tenant à un arrêt de développement[1].

Cette diminution du volume ou cet arrêt de développement sont produits, dans certains cas, par des causes particulières et généralement indéterminées qui ont précédé la naissance de l'enfant et, dans d'autres, par cette maladie trop commune qui se manifeste sous des formes extrêmement variées et que les médecins désignent sous le nom de *rachitis*. Nous n'avons pas, du reste, à rechercher ici les diverses causes, encore peu connues, à la vérité, qui peuvent produire le *nanisme;* une pareille étude rentrerait plus spécialement dans le domaine de l'embryologie, de la pathologie ou même de la tératologie pure et sortirait par conséquent du cadre de notre travail.

On peut diviser les nains en deux espèces bien caractérisées : 1°, ceux qui, remarquables par leur extrême petitesse lorsqu'ils viennent au monde, présentent à toutes les époques de leur vie une taille de beaucoup au-dessous de celle des individus de leur âge; — c'est à ces derniers surtout que le nom de *nains* convient dans son sens le plus étendu; ils naissent nains, restent nains pendant leur enfance et sont encore nains dans l'âge adulte ; — 2°, ceux qui, nés dans des conditions normales, subissent à un certain âge un arrêt dans leur accroissement et restent pendant toute leur vie d'une taille très inférieure à celle de l'adulte.

Suivant qu'ils appartiennent à l'une ou à l'autre de ces deux espèces, les nains présentent entre eux au phy-

1. Les individus monstrueux, dont le tronc a les dimensions ordinaires mais repose immédiatement ou presque immédiatement sur le sol et chez lesquels la petitesse de la taille résulte de l'absence plus ou moins complète des membres inférieurs, ne sont pas des nains, quoique l'usage ait abusivement étendu ce nom jusqu'à eux. Les véritables nains ne doivent être confondus ni avec les culs-de-jatte, ni avec les bossus de petite taille; ce sont des êtres arrêtés dans leur développement, plutôt que contrefaits, et mal venus, plus que difformes.

sique aussi bien qu'au moral des différences très caractérisées et sur lesquelles il importe d'autant plus d'insister qu'elles ont été le plus souvent méconnues. Bien que les auteurs anciens aient fréquemment parlé des nains et que ces pauvres petits êtres aient de tout temps excité la curiosité publique et l'intérêt des savants, c'est seulement à une époque assez rapprochée de nous que l'on a commencé à les étudier d'une façon véritablement scientifique et à substituer des faits exacts aux fables empreintes de merveilleux dont la crédulilé publique s'était plu à envelopper leur existence : c'est surtout dans la dernière moitié du dix-huitième siècle qu'un grand nombre de recherches et d'observations ont été faites, principalement en France et en Angleterre, sur ce sujet, non parce que les nains était plus communs à cette époque qu'ils ne l'avaient été dans les siècles précédents, mais parce que l'attention était alors plus spécialement appelée sur eux à la suite des communications faites à l'Académie des sciences à propos de *Nicolas Ferry* si connu sous le nom de *Bébé*, nain du roi Stanislas, dont nous raconterons plus loin la courte existence avec tous les détails que mérite la célébrité qu'il avait acquise. Bébé a été, évidemment, un des types les plus remarquables, mais non le type unique, des conditions physiques et intellectuelles des nains; jusqu'en ces dernières années, on l'a cité partout et toujours comme le modèle du genre, et les déductions que l'on a tirées des observations nombreuses qui ont été publiées sur son compte sont en réalité fort peu favorables aux individus de son espèce, que l'on a fait, un peu trop légèrement peut être, descendre généralement au rang des êtres inintelligents et souvent même des idiots.

D'après l'ensemble des faits et des observations que nous avons pu recueillir, les différences, au point de vue de la structure physique, nous paraissent extrêmement tranchées entre les deux espèces de nains que nous avons signalées plus haut. Ceux qui appartiennent à la seconde, c'est-à-dire ceux qui, nés dans des conditions normales, sont arrêtés dans leur développement après un certain nombre d'années, ont généralement la tête grosse, le torse et les bras longs, les jambes courtes et souvent

Fig. 6. — Le nain de la comtesse d'Arundel, d'après le tableau de Rubens, à la *Pinacothèque* de Munich.

même un peu cagneuses; leur physionomie a quelque chose de désagréable. C'est le type qui est reproduit dans un grand nombre de monuments anciens et de tableaux de maîtres dont nous parlerons plus loin, depuis les peintures et les statuettes des hypogées de l'ancienne Égypte et de la Grèce, jusqu'aux œuvres de Raphaël, de Véronèse, du Dominiquin, de Vélasquez, de Rubens et tant d'autres.

Ceux de la première espèce, qui naissent nains et restent nains pendant toute leur vie sont bien souvent au contraire admirablement proportionnés dans leur petitesse et quelques-uns peuvent être, à juste titre, regardés comme des réductions parfaites, des miniatures de l'espèce humaine. Telle était certainement cette petite naine, morte en 1653, qui *appartenait*, selon l'expression employée par les auteurs du temps, à Mademoiselle d'Orléans, et que Loret, dans sa *Muze historique*, décrit comme :

« Une mignonne incomparable
Qui passoit pour choze admirable
. . . .
Et ne pezoit qu'un louis d'or[1]. »

Bébé, dont il existe au Musée de la Faculté de médecine de Paris, une statue en cire qui accompagnait le *Mémoire* présenté en 1764 par Morand à l'Académie des Sciences, était également bien proportionné, quoique sa tête paraisse un peu grosse, ce qui tient surtout à la grande saillie du front ainsi qu'on peut le voir d'après son squelette qui est aujourd'hui au Muséum d'histoire naturelle.

Nous citerons également *Babet Schreier* née à Piégelsbach, près Manheim, le 31 octobre 1810, qui n'avait en naissant que $0^{m},166$ de hauteur et pesait à peine une livre et demie. Ses parents qui étaient de simples laboureurs ne voulurent jamais, malgré leur pauvreté, consentir à la faire montrer en public, mais ils recevaient volontiers les visites, surtout celles des médecins. Des différentes observations qui ont été publiées sur son compte, il résulte que Babet qui grandit d'une façon régulière jusqu'à ce qu'elle eût atteint une hauteur de $1^{m},62$, était d'une constitution parfaite; « c'était, dit un des savants qui l'ont examinée, une belle miniature

1. Nous reviendrons plus loin sur cette petite merveille.

humaine; sa taille était bien prise et ses membres admirablement proportionnés ».

Il en est de même d'un nain dont on a beaucoup parlé dans le monde savant il y a deux ans à peu près; il fut présenté le 11 octobre 1881 à l'Académie de médecine par M. le baron Larrey et quelques jours après à la Société d'anthropologie par M. le docteur Magitot qui a publié le résultat de ses observations dans la *Gazette hebdomadaire de médecine et de chirurgie* à laquelle nous empruntons les lignes suivantes :

« Edouard P...., aujourd'hui âgé de quatorze ans, est l'un des plus petits nains qui aient été observés, car il ne mesure que 0^m,93 de hauteur.

« Il est né le 11 novembre 1867 aux environs d'Angoulême, et son père et sa mère, bien conformés, avaient l'un et l'autre vingt-sept ans au moment de sa naissance. Il est le troisième enfant de la famille : l'un de ses frères, aujourd'hui âgé de dix-sept ans, est tout à fait normal; son autre frère, mort dans les premiers jours de sa naissance, était également de taille normale, et, aussi loin que l'on peut remonter dans les antécédents de la famille, on ne retrouve aucun fait d'anomalie quelconque.

« Au moment de sa naissance, il était d'un si petit volume qu'il put être enveloppé dans un mouchoir de poche; toutefois il ne fut ni mesuré ni pesé. On le confia aux soins d'une nourrice, et sa première enfance ne présenta rien de particulier si ce n'est une chute qui produisit une luxation incomplète du genou droit en dehors, luxation non réduite et qui explique la claudication dont il reste aujourd'hui atteint.

« A l'égard de la forme extérieure, Édouard P.... est en général bien proportionné et l'on peut dire qu'il y a, à peu près, équilibre entre les différentes parties du corps. Toutefois, la hauteur de sa tête, comparée à la taille totale, donne, suivant le *canon* des statuaires, six têtes à six têtes et demie, tandis que la proportion normale, pour un enfant bien conformé du même âge, serait de cinq têtes à cinq têtes et demie.

« Une autre disproportion se remarque, c'est le volume extraordinaire du nez[1].... La coloration de la peau chez notre nain est assez foncée mais sans dépasser la teinte ordinaire des enfants de la campagne. La chevelure est châtain foncé, abondante et lisse.... La longueur du petit doigt relativement à l'annulaire est telle que son extrémité n'atteint pas tout à fait le niveau de la dernière articulation phalangienne, comme cela a lieu chez un individu normal. Les anthropologistes ont accordé une grande importance à ce fait de raccourcissement du petit doigt qui, réduit à la moitié de l'annulaire, devient un caractère simien. Édouard P.... cependant n'a pas les plis palmaires propres au chimpanzé et à l'orang.... Les membres inférieurs n'offrent rien de particulier, si ce n'est une absence complète de mollet[2]; malgré sa claudication et bien que la jambe soit grêle l'enfant est très agile et assez adroit.... Il est doué d'une moyenne intelligence qui rappelle à peu près celle d'un enfant d'une dizaine d'années, il sait un peu lire et écrire, ce qu'on ne lui a appris, du reste, que tout récemment; il a une grande mémoire et a retenu le nom de tous les chefs-lieux des départements de la France. Quand il n'est pas intimidé, il répond très lucidement à toutes les questions qu'on lui pose et son esprit ne présente aucune lacune ni aucune aberration; il chante diverses romances de son pays : sa voix est forte, bien que notablement nasonnée....

1. Bébé, ainsi qu'on peut le voir sur le portrait que nous en donnons plus loin, avait également le nez très proéminent; il en était de même de Babet Schreier dont « le nez était long, saillant, arqué au milieu » et nous avons pu constater le même fait, d'une façon peut-être un peu moins prononcée, chez un nain américain que l'on montrait à Londres en 1882, et à Paris, à la salle Valentino, au commencement de l'année 1883.

2. Cette particularité est assez fréquente chez les nains et a été signalée plusieurs fois.

En réalité, son état psychique peut être assimilé à celui d'un enfant plus jeune que lui assurément, mais d'un enfant ordinaire. »

Ce que dit M. le docteur Magitot concernant la petitesse de la tête d'Édouard P.... relativement à celle des autres enfants de son âge confirme les observations que nous avons pu faire d'après l'ensemble des renseignements que nous nous sommes procurés sur les nains de naissance. Il semble, en effet, que, chez eux, la durée de la vie soit proportionnée à la petitesse de leur taille : ils vieillissent vite et meurent jeunes. A cinq ans, Bébé examiné par le médecin de la duchesse de Lorraine était « formé comme un jeune homme de vingt ans et dès lors on put prévoir qu'il ne grandirait plus ». A quinze ans, sa santé déclina rapidement, les traits de son visage perdirent ce qu'ils avaient de gracieux, les signes d'une vieillesse prématurée ne tardèrent pas à se manifester et il mourut à peine âgé de vingt-deux ans et demi. Dans les *Philosophical transactions* de 1751, nous trouvons un exemple encore plus frappant rapporté par Browning dans une *Lettre concernant un nain.* A quinze ans, ce nain, nommé *Hopkins*, n'avait pas plus de deux pieds sept pouces anglais (environ 0^{m},783) et ne pesait que douze à treize livres; mais déjà il présentait tous les signes de la vieillesse. Il était courbé, un peu contrefait, affecté d'une toux sèche et fatigante. L'ouïe et la vue étaient devenues mauvaises, et ses dents étaient presque toutes gâtées. Il était très maigre et dans un tel état de faiblesse qu'il ne pouvait se tenir debout sans un soutien. D'après le rapport de ses parents, il avait été vif, gai et bien portant jusqu'à l'âge de sept ans. A cet âge aussi il était bien fait et bien proportionné et pesait dix-neuf livres, c'est-à-dire, six livres de plus qu'à quinze ans; il était aussi grand, peut-être plus qu'au moment où Browning l'examina. Mais à partir de cette époque, il dépérit graduellement, et devint de plus en plus faible et maigre.

Ses parents étaient de taille ordinaire et jouissaient d'une bonne santé. Nous le retrouverons plus tard à Bristol et à Londres où on le montra en public. Il mourut de *vieillesse* et de *décrépitude*, le 19 mars 1754, âgé de dix-sept ans et deux mois.

Chez les individus, au contraire, qui deviennent nains pour ainsi dire accidentellement et sous l'influence d'une cause pathologique, les exemples de longévité ne sont pas rares; quelques nains même ont vécu plus d'un siècle.

Une gravure qui paraît dater de 1650 à 1670 représente le portrait d'un nain « haut de deux pieds et quatre pouces (0^m,776) nommé *Gomme Lapon, habitant des frontières des sauvages*, très bien fait et bien proportionné, *joli de figure* et âgé d'à peu près *cent dix ans;* » la tête est grosse, dégarnie de cheveux, le front largement développé; la barbe, blanche, a plus d'un pied de long.

On lit dans l'*Annual Register* de 1784, que le 5 août de cette même année, mourut à Matlock, dans le comté de Derby, *Annes Clowes*, âgée de *cent trois ans*, dont la taille n'était que de trois pieds neuf pouces (environ 1^m,137, mesure anglaise,) et qui pesait quarante-huit livres. Elle s'était fait construire une petite maison qui n'avait qu'une seule chambre de huit pieds carrés et dont le mobilier était approprié à sa taille.

Enfin le docteur Mathieu Guthrie, dans son ouvrage sur les *Antiquités de la Russie*, parle ainsi d'une naine qui devait avoir bien près de cent ans : « J'ai vu, dit-il, dans la maison d'un vénérable gentilhomme par qui j'eus l'honneur d'être souvent reçu, une petite femme autrefois attachée à la personne de Pierre le Grand et qui attira particulièrement mon attention. L'empereur avait pris un grand plaisir à voir près de lui cette naine et l'appelait habituellement sa *poupée*, ce que la petite créature était fière de raconter. D'après la légende qui se trouve au bas d'un portrait d'elle, que possède son maître actuel, il paraîtrait qu'elle fut faite prisonnière dans la guerre de

Pologne, par le prince Mentchikoff. Après la disgrâce de ce dernier, elle passa dans les mains de la princesse de Hesse-Hombourg, et quand celle-ci mourut, le général Betskoy, un de ses héritiers, la prit dans sa part d'héritage. D'après cette inscription elle doit avoir bien près de cent ans. Elle est encore vive, gaie, ayant l'usage de ses yeux, de ses jambes et de ses dents; sa voix est enfantine quand elle crie; il lui arrive souvent de parler des modes de l'ancienne cour qu'elle regrette vivement. En la voyant par derrière, on la prendrait pour une enfant de cinq à six ans dont elle a, du reste, la stature. Aujourd'hui (15 octobre 1794) elle n'a aucune des infirmités de son âge, après un séjour de quatre-vingts ans en Russie. »

Parmi les autres nains qui ont atteint un âge avancé nous citerons *Borulawski* dont nous raconterons plus loin la vie accidentée et qui atteignit l'âge respectable de quatre-vingt-dix-huit ans et *William Emerson* qui mourut à quatre-vingt-douze ans, en 1575 : il n'avait, paraît-il, qu'un pied et trois pouces de hauteur (environ $0^{m},379$) et un poète avait dit de lui :

Under a tea-cup he might lie,
Or creased like dog's ears in a folio.

(Il peut être caché sous une tasse à thé ou, comme la corne d'une page, plié dans un livre). Sarrett, dans sa *Peinture de Londres*, dit qu'il existait au manoir de Southwark une très petite figure sculptée dans la pierre et admirablement exécutée représentant ce nain, à moitié enveloppé dans une sorte de linceul, d'une maigreur extrême, et couché sur une natte.

Le peintre anglais, *Richard Gibson*, communément appelé le *nain* pour le distinguer de son neveu William Gibson, mourut en 1690 âgé de soixante-quinze ans. Il avait trois pieds dix pouces de haut (environ $1^{m},162$ mesure anglaise). Nous parlerons plus loin, et avec détails, de ce peintre nain, un des types les plus intéres-

Fig. 7. — *Mme Bébé*, d'après une lithographie faite pour le théâtre Comte.

sants du petit monde dont nous nous occupons ici. Sa femme, qui avait exactement la même taille que lui, mourut âgée de quatre-vingt-deux ans.

Catherine-Hélène Stoberin, originaire de Nuremberg, qui n'avait que deux pieds quatre pouces de haut (environ $0^m,776$), mourut âgée de soixante-dix ans. Son portrait gravé par Nilson en 1775 la représente debout sur une table auprès d'une fenêtre ouverte; les cheveux assez longs sont noués avec un ruban.

Nous pourrions multiplier ces exemples à l'infini, mais ceux que nous avons cités suffisent pour prouver que, contrairement à l'assertion généralement émise, les nains, au moins ceux de la seconde espèce, rentrent dans les conditions normales de l'existence humaine. Thérèse Souvray (fig. 7), que Virey, dans son *Dictionnaire des sciences médicales*, cite comme un exemple extraordinaire de longévité parmi les nains, n'était donc pas une exception. Quand on la montra en 1819 au théâtre de M. Comte, *physicien du Roi*, elle avait soixante-treize ans, et mesurait exactement 32 pouces de haut ($0^m,864$); elle avait été fiancée à Bébé en 1761, et bien que ce dernier fût mort avant que le mariage ait pu être célébré, elle n'en portait pas moins, sur les affiches de Comte, le nom de *Madame Bébé;* elle était accompagnée de sa sœur Barbe, plus âgée qu'elle de deux ans, et dont la taille était de 39 pouces ($1^m,053$). Malgré leur âge avancé, ces deux petites femmes, d'une figure assez avenante, étaient remplies de vivacité et de gaieté, surtout Thérèse qui dansait et chantait encore assez agréablement des chansons de son pays : elles étaient nées dans les Vosges de parents d'une taille ordinaire.

Nous devons nous élever également contre l'assertion trop souvent reproduite du manque d'intelligence chez les nains; ici encore on a trop généralisé. Bébé et les autres nains de son espèce sont restés pendant toute leur courte existence d'une intelligence au-dessous de la moyenne, cela est évident; mais nous croyons que cela tient surtout à leur décrépitude précoce; les soins excessifs que réclame pour ces pauvres petits êtres la faiblesse de leur organisation, les ménagements que l'on est obligé de prendre pour les élever, ne permettent pas de cultiver beaucoup leur intelligence. Comme chez la plupart des enfants, l'instinct d'imitation est surtout développé chez eux — nous en verrons de fréquents exemples, — et ils restent enfants pendant toute leur vie puisque leurs facultés intellectuelles commencent à baisser en même temps que leurs forces vitales s'affaiblissent.

Les nains de la seconde famille, au contraire, ressemblent sous le rapport de l'intelligence à la moyenne des autres hommes et, chez beaucoup même, des facultés spéciales se sont développées à un haut degré. Nous avons parlé plus haut de Richard Gibson qui fut un artiste de quelque mérite; nous pouvons citer également un autre peintre, *Jacob Lehnen*, mort en 1847, *Wybrand Lolkes*, mécanicien et horloger remarquable, *Jeffrey Hudson*, *Borulawski*, *Mathias Gullia*, *Akeneil* et tant d'autres dont nous raconterons plus loin l'existence; il en est, comme le petit *Moreau*, qui furent acteurs, et acteurs intelligents, et Dangeau parle d'un nain qui était un bon maître d'école. Quelques-uns même furent des hommes d'État, témoin ce *duc d'Altamira*, marquis d'Astorga, « l'homme le plus petit que j'aie jamais vu en société, dit lord Holland[1], *encore plus petit que bien des nains qu'on montre pour de l'argent*; il était président de la Junta et se promenait suivi de gardes comme un personnage royal. On l'appela *Rey Chica*, nom donné autrefois à un roi de Grenade, et c'était par allusion à ce sobriquet que le club dont j'ai parlé prit le nom de *Junta*

1. *Souvenirs des cours de France, d'Espagne, de Prusse et de Russie*, écrits par Henri-Richard, Lord Holland. (Coll. F. Barrière, p. 109.)

Chica. » En Angleterre, à la fin du siècle dernier, un autre nain, M. *Hay*, riche gentilhomme du comté de Sussex, siégeait parmi les membres du Parlement. Il a laissé quelques poésies qui n'eurent pas beaucoup de succès et un *Essai sur la difformité* (*Essay on deformity*), dans lequel il énumère, en y apportant cependant quelques ingénieux palliatifs, les désavantages qui résultent d'un extérieur disgracieux. « Une difformité corporelle est très rare, dit-il, et je puis dire qu'une personne aussi disgraciée que je le suis est comme un individu qui aurait tiré le mauvais numéro à la loterie contre mille gagnants. Parmi les 558 gentlemen de la Chambre des Communes, je suis le seul qui soit ainsi fait : je remercie donc vivement mes éminents électeurs qui n'ont jamais fait aucune objection relativement à ma personne, et j'espère ne jamais leur donner l'occasion de me reprocher ma conduite. »

Malgré les différences nombreuses et importantes qui existent entre les nains que nous venons de signaler, il est quelques conditions organiques qui sont constantes à leur égard ou du moins communes à un si grand nombre d'individus de leur espèce, qu'il importe de les indiquer. En général et quand ils jouissent d'une bonne santé, les nains sont vifs, turbulents et irascibles; il est reconnu, du reste, que les hommes de petite taille sont plus vifs et se mettent plus facilement en colère que les hommes de haute stature. Horace, qui sans être un nain, était cependant petit — Auguste l'appelait « un petit homme très agréable (*lepidissimum homunciolum*), » — a dit de lui-même « qu'il était prompt à s'irriter, mais facile à apaiser » :

> Corporis exigui, præcanum, solibus aptum,
> Irasci celerem tamen ut placabilis essem.

Les psychologues ont cherché l'explication de ce fait dans le sentiment, commun à tous les êtres infirmes ou disgraciés de la nature, de leur infériorité vis-à-vis des autres hommes, et les physiologistes dans la rapidité avec laquelle le sang revient d'autant plus promptement au cœur que le centre de la circulation est plus circonscrit. Nous n'avons pas à nous prononcer sur cette question toute spéciale.

Nous verrons plus loin que, à plusieurs reprises, en manière de passe-temps ou poussés par une curiosité malsaine, quelques souverains ont marié des nains entre eux, espérant sans doute se procurer ainsi, pour eux ou leurs successeurs, des instruments de distraction ; les expériences tentées par Catherine de Médicis, par la sœur du czar Pierre le Grand et par la femme de Joachim-Frédéric, électeur de Brandebourg, n'ont pas réussi ; il ne s'ensuit pas, cependant, que les nains soient fatalement condamnés à ignorer les douceurs de la paternité. Là encore, il faut tenir compte des différences de constitution. Wybrand Lolkes, qui avait épousé une femme de taille ordinaire eut trois enfants dont l'un, à l'âge de vingt-trois ans avait cinq pieds sept pouces de hauteur ; en 1738, on montrait à Londres, dans Charing-Cross, au *Café du jeune homme* (*Young man's coffee house*) « un petit homme âgé de cinquante ans n'ayant que deux pieds neuf pouces de haut (environ 0m,905, mesure anglaise) et père de huit enfants.[1] » Une naine Allemande que l'on exhibait sous le nom de la *Naine de l'Univers*, en 1700, et qui avait à peu près 0m,90, était mère de deux enfants ; « elle est aussi droite que quelque femme que ce soit, disait l'annonce, elle chante et danse incomparablement bien et a eu l'honneur d'être montrée devant les rois, les princes et la plus grande noblesse ; on la conduit dans une petite boîte à la résidence de toutes les personnes qui le désirent ». Plus tard, une autre annonce nous apprend qu'elle avait alors quarante-neuf ans.

1. *Daily advertiser*, mars 1738.

Nous trouverons plus loin beaucoup d'exemples semblables, entre autres celui de Gibson, le peintre; bien qu'ayant épousé une naine qui, ainsi que nous l'avons vu, était exactement de la même taille que lui, il eut neuf enfants, dont cinq arrivèrent à l'âge d'homme et furent de taille ordinaire. Nous pouvons citer aussi deux nains, *Robert* et *Judith Kinner*, mariés à Londres, et qui eurent quatorze enfants, tous bien faits et d'une bonne santé. Tout récemment enfin, les journaux de l'Ouest (janvier 1883), annonçaient ainsi la mort d'une naine : « La petite *Nine* est morte ces jours derniers aux Sables-d'Olonne. Son véritable nom était *Marie-Louise Bichot.* Elle était mariée au sieur Callias depuis trois ans; sa taille ne dépassait pas 0m,80. Cette petite femme avait un tempérament de fer; elle menait une vie assez irrégulière et a vu la mort de près plusieurs fois, entre autres à la suite de couches difficiles où elle dut subir une terrible opération qu'elle supporta très bien, ce qui ne l'empêcha pas par la suite d'avoir plusieurs enfants... Elle avait avec son mari de fréquentes disputes. On dit même que, pour avoir raison de ce dernier, quand tous les deux étaient ivres, elle montait sur une chaise, et croyez bien que ce n'était pas le mari qui avait le dessus. Les sabots de la petite *Nine* voltigeaient et le mari était obligé de s'éclipser pour ne pas être écharpé. »

En résumé, si les nains de la première espèce diffèrent, sous beaucoup de rapports, des autres hommes dont ils sont, pour ainsi dire, des réductions vivantes, ceux qui constituent la seconde, peuvent, à quelques exceptions près, rentrer dans la moyenne générale de l'espèce humaine dont ils ne se distinguent le plus souvent que par une diminution de volume; ils ont les mêmes besoins, les mêmes aptitudes et les mêmes ambitions que le commun des mortels : ils en ont également, hélas! les défauts et les vices.

III

Les Nains dans l'histoire

Les nains en titre d'office chez les souverains, les princes et les grands seigneurs.

Dans tous les temps et dans tous les pays, les nains ont eu le triste privilège d'exciter la curiosité des « grands de la terre » ; à toutes les époques, même les plus reculées, on les trouve à la cour des souverains en compagnie des bouffons et, comme ces derniers, ils y servent de passe-temps, de distraction et de jouet. Le plus souvent, surtout en Orient et dans l'Europe du moyen âge, on les choisissait parmi les plus laids et les plus disgraciés de leur espèce, comme si on avait voulu, par une singulière aberration du goût, rendre un culte à la laideur et à la difformité, dans la personne de ces petits êtres honteusement vendus à l'amusement de leurs semblables. Peut-être aussi se mêlait-il à l'attrait de curiosité qui les faisait ainsi rechercher un sentiment de joie égoïste et cruelle : les belles dames et les altières princesses pensaient sans doute briller d'un plus vif éclat et faire davantage ressortir leur beauté, en s'entourant de ces magots, ridiculement accoutrés, qui les servaient à table ou soutenaient la traîne de leurs robes, et dans les regards outrageants de pitié que les augustes spectateurs daignaient abaisser sur ces pauvres pygmées, on aurait peut-être pu saisir l'expression muette de cette pensée : Je songe à ce que je suis en voyant ce que tu es!

Plus tard, il est vrai, on devint plus difficile dans le choix des nains, on s'attacha davantage à la beauté des formes et, surtout, on les entoura d'un peu d'affection; on reconnut qu'ils étaient parfois intelligents, capables d'éprouver des sentiments de reconnaissance, et on leur donna une place plus élevée que celles que leurs devanciers avaient occupées autrefois : néanmoins ils furent toujours regardés comme des objets de curiosité, dont leurs possesseurs tiraient vanité, et qu'ils montraient à leurs familiers, un peu comme des animaux savants, des objets d'art et des plantes rares.

I

Les nains dans l'antiquité.

Nous avons dit que la coutume d'avoir des nains remontait à la plus haute antiquité; on a trouvé, en effet, dans les tombes de l'ancienne Égypte, même dans celles qui datent de la période memphite (plus de 3500 ans avant notre ère) des monuments qui ne laissent aucun doute à cet égard. Le plus ancien et le plus curieux est la statue en pierre trouvée à Saqqarah et qui fait partie aujourd'hui du musée de Boulaq (fig. 9). Cette statue, haute de 0m 30, et qui a figuré en 1878, à l'exposition organisée au Trocadéro par le savant Mariette-Bey, représente un nain désigné au catalogue sous le nom de *Chef des Cuisiniers*[1]; elle a été publiée depuis cette époque dans les *Monuments de l'art antique*, par M. Maspéro, qui a accompagné cette publication d'une intéressante notice donnant sur les nains de l'Égypte ancienne des renseignements

1. *La galerie de l'Égypte ancienne au Trocadéro*, p. 51, n° 2.

précieux et à laquelle nous empruntons les lignes suivantes :

« Le joli personnage que cette statue représente est connu depuis l'Exposition de 1878 sous le nom de *chef des cuisiniers*, mais le titre qu'il porte dans l'inscription

Fig. 8. — Le nain *Khnoumhotpou*. — Musée de Boulaq.

du socle indique plutôt un intendant de la garde-robe. Il eut sans doute quelque notoriété de son vivant, car il avait pour lui seul une des belles tombes de Saqqarah, mais on ne sait rien de son histoire. Il portait le nom de *Khnoumhotpou* qu'illustra plus tard un prince de Minièh, sous la XIIe dynastie ; la place que son hypogée occupe dans la nécropole nous prouve qu'il naquît vers la fin de la Ve ou le commencement de la VIe dynastie.

« Il était nain et nain assez petit. Sa statue mesure à peine 30 centimètres de hauteur et les dimensions de la tête montrent qu'elle était probablement de demi-grandeur naturelle. L'artiste à qui Khnoumhotpou avait confié le soin de perpétuer son image a rendu avec beaucoup de fidélité la tournure et la physionomie du modèle. On trouverait difficilement ailleurs une œuvre qui reproduisît plus exactement, sans les exagérer, les caractères propres aux nains. La tête assez grosse, comme il convient, est allongée et flanquée de deux grandes oreilles. L'expression de la figure est lourde et niaise, l'œil ouvert étroitement et relevé vers les tempes, la bouche mal fendue. La poitrine est forte et bien développée, mais le torse n'est point en proportion avec le reste du corps. L'artiste a eu beau s'ingénier à en dissimuler la partie inférieure sous le couvert d'une vaste jupe blanche, on sent malgré tout qu'il est trop long pour les bras et les jambes. Le ventre est porté en avant et les hanches se rejettent en arrière pour faire contre-poids au ventre. Les cuisses n'existent guère qu'à l'état rudimentaire, et l'individu entier, porté qu'il est sur de petits pieds contrefaits, semble être hors d'aplomb et prêt à tomber face contre terre. Les chairs étaient peintes en rouge, la chevelure en noir, mais la couleur s'est écaillée ou effacée par places....

« La statue de Khnoumhotpou est jusqu'à présent la seule statue de nain grand seigneur que les tombeaux nous aient rendue. Les nains ne manquaient pas cependant en Égypte, mais ils appartenaient presque tous à la classe des jongleurs et des bouffons. Les Pharaons et les princes de leur cour avaient pour ces êtres difformes la même affection que les rois et les nobles du moyen âge chrétien ou musulman, et leur maison n'aurait pas été complète s'ils n'y avaient pas attaché un ou plusieurs nains d'aspect plus ou moins grotesque. Ti en avait un qu'il a fait peindre avec lui dans son tombeau : le pauvre hère tient dans sa main droite une sorte de grand sceptre en bois, terminé en forme de main humaine, et conduit en laisse un lévrier presque aussi haut que lui. Ailleurs le nain est représenté accroupi sur un tabouret, auprès du maître, à côté du singe ou du chien préféré. Les tableaux de Beni-Hassan nous en ont fait connaître deux qui étaient attachés à la personne du prince de Miniêh : l'un deux est assez bien proportionné dans sa petitesse, mais l'autre joint à l'exiguité de la taille l'avantage d'être pied-bot.

« Le *ciel* égyptien n'échappait pas plus que les Pharaons à la manie courante et contenait plusieurs nains dont deux au moins avaient un rôle important, *Bisa* qui présidait aux armes et à la toilette, et le *Phtah* qu'on a longtemps appelé sans raison le Phtah embryonnaire.

« Peut-être Khnoumhotpou joignait-il à sa fonction d'intendant de la garde-robe la charge de bouffon de cour, peut-être était-il de haute naissance et préservé par son origine des ennuis auxquels leur difformité exposait les nains de basse extraction[1]. »

La coutume d'avoir des nains passa bientôt dans les différentes contrées de l'ancien monde; les Sybarites leur donnèrent une place importante et nous les trouvons à Rome dès les premiers temps de l'Empire. Les Romains en étaient grands admirateurs; c'était chez eux un luxe, une rareté, et c'est à grands frais qu'ils les faisaient venir des pays d'Orient, notamment de l'Égypte et de la Syrie.

Marc-Antoine en avait rapporté un dont la taille atteignait à peine deux pieds de haut et auquel il avait, dit-on, donné par dérision le nom de *Sisyphe;* cette coutume de donner en moquerie aux nains des noms de héros et de demi-dieux renommés pour leur force ou leur haute stature devait être assez répandue. Juvénal nous apprend,

1. *Monuments de l'art antique,* publiés sous la direction de M. Olivier Rayet, 3e livr., pl. XIV. — Paris, Quantin, éditeur.

en effet (*Sat.* VIII, v. 32), que l'on disait quelquefois d'un nain : c'est un *Atlas;* de même qu'on appelait une fille laide et contrefaite *Europe*, et un Éthiopien un *cygne :*

> .... Nanum cujusdam Atlanta vocamus ;
> Æthiopem cycnum ; parvam extortamque puellam
> Europen....

Auguste, passionné pour les spectacles, à ce point qu'il contraignait les jeunes gens de la plus grande naissance à combattre les bêtes féroces et à se montrer dans l'arène et sur le théâtre, exhiba en public le jeune *Lucius*, d'une naissance honnête et qui était d'autant plus curieux à voir qu'il n'avait pas deux pieds de haut, ne pesait que dix-sept livres et avait une voix d'une étendue prodigieuse[1]. Ce jeune Lucius devait être un nain d'une figure agréable et bien proportionné dans sa petite taille, puisque Suétone nous apprend plus loin qu'Auguste, contrairement à l'engouement de l'époque, détestait les nains et les enfants contrefaits, qu'il « regardait comme des avortons de la nature et des objets de mauvais présages[2]. »

Si nous en croyons le témoignage de Pline, un nain haut de deux pieds et une palme ($0^{m},809$) nommé *Conopas*, fit les délices de Julie, petite-fille d'Auguste, ainsi qu'une naine, *Andromède*, affranchie de Julia-Augusta. Le même auteur parle de deux chevaliers romains, *Marius Maximus* et *Marcus Tullus* qui, d'après Varron, n'avaient que deux coudées de haut ($0^{m},883$) et dont il affirme avoir vu les corps conservés dans de riches sépultures[3].

1. « Postea nihil sane, præterquam adolescentulum Lucium, honeste natum, exhibuit, tantum ut ostenderet quod erat bipedali minor, librarum septemdecim, ac vocis immensæ. » — (Suétone, lib. II, c. XLIII.)

2. « Nam pumilos atque distortos, et omnes generis ejusdem, ut ludibria naturæ, malique ominis, abhorrebat. » — (*Ibid.*, c. XXXXIII.)

3. « Et ipsi vidimus in loculis asservatos. » — (Pline, lib. VII, c. LXVI.)

Tibère, « ce prince bateleur », suivant l'expression de Montaigne, avait un nain dont il faisait grand cas et auquel il permettait de s'immiscer dans les affaires de l'État. On lit dans Suétone qu'un « homme consulaire rapporte dans ses mémoires qu'il avait assisté à un repas nombreux dans l'île de Caprée, où le nain de Tibère, qui était là avec d'autres bouffons, lui demanda tout haut pourquoi Paconius, accusé de lèse-majesté, vivait si longtemps; que Tibère lui imposa silence, mais que peu de jours après il écrivit au Sénat qu'il eût à juger promptement Paconius[1]. »

Il en était de même de Domitien qui assistait aux spectacles des gladiateurs ayant toujours à ses pieds un nain vêtu d'écarlate, avec lequel il causait beaucoup et quelquefois sérieusement; on l'entendit un jour demander à son nain « s'il savait pourquoi le gouvernement d'Égypte serait donné à Métius Rufus[2] ».

Il avait trouvé plaisant de rassembler une certaine quantité de nains et d'en former une troupe de gladiateurs, qui combattaient sérieusement et se faisaient des blessures profondes, si l'on en croit le récit que nous a laissé Stace d'une fête donnée par ce prince aux jours des Saturnales[3] : « Ensuite s'avance d'un pas fier un ba-

1. « Annalibus suis, vir consularis inferuit, frequenti quondam convivio, cui et ipse adfuerit, interrogatum eum subito et clari a quodam nano adstante mensæ inter copreas, cur Paconius, majestatis reus, tamdiu viveret, statim quidem petulantiam linguæ objurgasse, ceterum post paucos dies scripsisse senatui ut de pœna Paconii quamprimum statueret. » — (SUÉTONE, lib. III, c. LXI.)

2. « Ac per omne gladiatorum spectaculum anti pedes ejus stabat puerulus coccinatus, portentoso parvoque capite, cum quo plurimum fabulatur, nonnunquam serio. Auditus est certe, dum ex eo quærit, ecquid sciret cui sibi visum esset ordinatione proxima Œgypto præficere Metium Rufum. » — (SUÉTONE, lib. XII, c. IV.)

3. Hic audax subit ordo pumilorum
Mos natura brevi statu peractos,
Nodorum semel in globum ligavit, etc.... »

4. Cf. STACE, *Silves*, lib. I, c. VI, *Kalendæ decembres* (*Saturnales*). Il s'agit ici d'une fête saturnale donnée par l'empereur le 1er jour de

taillon de nains que la nature, achevant son œuvre à la hâte, a noués pour toujours dans leur courte épaisseur. Le sang coule, les épées se croisent. Dieux! quels bras pour donner la mort! Mars et la Valeur, amis du carnage, rient de leurs fureurs, et les grues que vont tout à l'heure se disputer tant de mains avides[1], admirent les fils des Pygmées, plus braves que leurs aïeux. »

Plusieurs auteurs du seizième siècle, s'appuyant sur le témoignage de quelques historiens du Bas-Empire, ont rapporté que Domitien s'amusait à faire combattre publiquement contre des femmes de la plus grande beauté cette troupe de gladiateurs nains et que l'une d'elles eut un si grand dégoût d'être aux prises avec un de ces monstres qu'elle le saisit avec rage et le lança avec tant de violence qu'il fut se briser contre les énormes rouleaux mobiles qui empêchaient les animaux furieux de s'élancer aux gradins destinés aux spectateurs; nous avons cherché attentivement aux sources qu'ils avaient indiquées, nous avons lu et comparé les textes avec beaucoup de soin et nous devons avouer que, nulle part, nous n'avons trouvé aucune trace de ce raffinement de cruauté; Stace, Xiphilin et, après eux, Juste-Lipse disent bien que cet empereur faisait descendre des femmes dans l'arène, mais elles devaient combattre les unes contre les autres, ce qui était déjà assez atroce, et non contre des nains.

Nous devons faire la même réserve au sujet d'un nain de l'empereur Commode qui aurait pris et communiqué à Marcia une liste sur laquelle se trouvaient inscrits les noms des courtisans qui lui portaient ombrage et dont il

décembre. Les vraies Saturnales étaient célébrées à partir du 16 décembre et duraient cinq jours.

1. Cela s'explique par une distribution d'oiseaux vivants qu'on lança ensuite des étages supérieurs, sans doute après avoir pris des précautions pour les empêcher de s'enfuir. — (Note de l'édition de Stace, collection Nisard.)

avait résolu la mort; Marcia s'étant vue en tête de la liste fatale prévint les desseins de l'empereur en le faisant assassiner. Hérodien qui rapporte ce fait parle bien d'un enfant, aimé de Commode, —*philocommodus*— et du genre de ceux qui se trouvaient dans les maisons des riches patriciens de Rome où ils se promenaient nus et couverts de bracelets et de colliers d'or, mais rien ne prouve, ou n'indique même que ces enfants fussent des nains; il est à présumer au contraire que c'étaient de jeunes esclaves beaux et bien faits que l'on faisait venir d'Orient à grands frais. Du reste, quand les auteurs latins parlent d'un nain, ils le désignent toujours par les mots *nanus* ou *pumilio*, ou emploient une périphrase qui ne laisse subsister aucun doute. Properce, dans ses *Élégies*, racontant une fête de nuit, dit :

Nanus et ipse suos breviter concretus in artus
Jactabat truncas ad cava buxa manus....

(Un nain au corps ramassé promenait ses doigts écourtés sur un flageolet de buis).

Les nains devinrent bientôt tellement à la mode qu'ils figuraient parmi les plus recherchés et les plus rares objets dont on faisait des présents au moment des étrennes ou que l'on mettait en loterie pendant les *Saturnales*. Dans les *Devises en distiques* que Martial a composées pour accompagner les nombreux cadeaux dont il donne complaisamment la liste, nous trouvons le distique suivant relatif au cadeau d'un nain :

317. — *Pumilio*

Si solum spectes hominis caput, Hectora credas,
Si stantem videas, Astyanacta putes.

(Si vous ne regardez que la tête de l'individu, vous croirez voir Hector; si vous le voyez debout, ce n'est plus qu'Astyanax).

Plus les nains étaient petits et plus ils étaient rares et, par conséquent, d'un prix élevé; aussi employait-on pour les empêcher de grandir un moyen atroce et qui infligeait une cruelle torture à ces pauvres êtres, déjà si malheureux cependant; nous avons à ce sujet le témoignage de Longin[1] : «.... De même, dit-il, que ces boîtes où l'on enferme les pygmées, vulgairement appelés nains, les empêchent non seulement de grandir, mais les rendent même plus petits par le moyen de cette bande dont on les entoure par tout le corps, ainsi la servitude, je dis la servitude le plus justement établie, est une espèce de prison où l'âme se rapetisse en quelque sorte[2]. »

Alexandre-Sévère, ce jeune prince qui avait fait graver au frontispice de son palais ces belles paroles, fondement de la morale sociale : « Fais à autrui ce que tu voudrais qu'on te fît à toi-même, » prit les nains en pitié. Outré de voir des êtres humains faire l'objet d'un trafic honteux et cruel, il s'efforça, par tous les moyens qui étaient en son pouvoir, d'abolir la coutume, si généralement répandue, de posséder des nains domestiques. Malheureusement, on ne détruit pas facilement le mal, et les pauvres pygmées devaient être, pendant bien longtemps encore, des objets de risée et de moquerie.

Nous en retrouvons, en effet, la preuve plus d'un siècle après, dans Ausone qui fit sur Faustulus, le nain de son ami Anicius, Probinus, l'épigramme suivante : « Faustulus, monté sur une fourmi comme sur un gros éléphant, se laisse choir et tombe le nez contre terre. Puis meurtri et mourant sous le talon de l'animal, l'infortuné put à peine retenir assez de souffle pour exhaler ces paroles : « Pourquoi ris-tu, méchant envieux? Parce que

1. *Traité du sublime*, cap. XLIII. — LONGIN, philosophe et grammairien grec distingué vivait au troisième siècle de notre ère; il jouissait parmi ses contemporains d'une très grande réputation et l'on disait de lui qu'il était une *bibliothèque vivante*.

2. Si l'on en croit le savant égyptologue EBERS, cette pratique cruelle était usitée également dans l'ancienne Egypte. — (Voir à ce sujet *Ouarda*, tome Ier.)

« je suis tombé? Phaéton n'est pas tombé autrement[1]. »

Plus tard encore, au cinquième siècle, les barbares eux-mêmes empruntent aux Romains leur amour pour les nains. Priscus, savant grec, attaché à la mission que Maximin remplit près d'Attila, en 449, par ordre de Théodose II, a raconté l'apparition que fit dans un banquet donné aux ambassadeurs, un nain nommé Zercon, qui avait appartenu à Bléda, frère du roi des Huns. Ce curieux récit qui nous a été conservé dans l'intéressante compilation des *Ambassades romaines* a été reproduit tout au long par M. Amédée Thierry dans son *Histoire d'Attila* : « A ce moment, entra le maure Zercon et tout aussitôt la salle retentit d'éclats de rire et de trépignements capables de l'ébranler. C'était un intermède dont les convives étaient redevables à l'imagination d'Edécon[2]. Le maure Zercon, nain bancal, camus ou plutôt sans nez, (*naribus adeo depressis ut nasum inter eas vix apparetur*), bègue et idiot, circulait depuis près de vingt ans d'un bout à l'autre du monde et d'un maître à l'autre comme l'objet le plus étrange qu'on pût se procurer pour se divertir. Les Africains l'avaient donné au général romain Aspar qui l'avait perdu en Thrace dans une campagne malheureuse contre les Huns; conduit près d'Attila, qui refusa de le voir, Zercon avait trouvé un meilleur accueil chez Bléda. Bientôt même le prince hun s'engoua tellement de son nain qu'il ne pouvait plus s'en passer; il l'avait à sa table, il l'avait à la guerre où il lui fit fabriquer une armure, et son bonheur était de le voir se pavaner, une grande épée au poing, et prendre grotesquement des attitudes de héros. Un jour pourtant Zercon

1. « *Faustulus incidens formicæ ut magno elephanto*, etc.... (Ausone, *Épigramme* CXXII : *In Faustulum staturæ brevis Anicii Probini*). On retrouve la même idée dans une épigramme grecque de Lucillius. (*Anthologie*, lib. II.)

2. Edécon, Hun de naissance, favori d'Attila et officier supérieur dans ses gardes, fut envoyé en ambassade à Constantinople, en 449

s'enfuit sur le territoire romain et Bléda n'eut pas de repos qu'on ne l'eût repris ou racheté ; la chasse fut heureuse et on le lui ramena chargé de fers. A l'aspect de son maître irrité, le Maure se mit à fondre en larmes et confessa qu'il avait commis une faute en le quittant ; mais cette faute, disait-il, avait une bonne excuse : « Et « laquelle donc? s'écria Bléda. — C'est, répondit le « nain, que tu ne m'as pas donné de femme[1]. »

« L'idée de cet avorton réclamant une femme provoqua chez Bléda un rire inextinguible ; non seulement il lui pardonna, mais il lui fit épouser une des suivantes de la reine, disgraciée pour quelque grave méfait. Après la mort de Bléda, Attila envoya Zercon au patrice Aëtius qui s'en défit en faveur de son premier maître Aspar ; Edécon l'ayant rencontré à Constantinople lui avait persuadé de venir en Hunnie redemander sa femme. Profitant donc de l'occasion de la fête, Zercon entra dans la salle et vint adresser sa requête à Attila, mêlant dans son verbiage la langue latine à celle des Huns et des Goths d'une façon si burlesque que nul ne put s'empêcher de rire, et les joyeux éclats se faisaient encore entendre lorsque les Romains, pensant qu'ils avaient assez bu, s'esquivèrent au milieu de la nuit, tandis que la compagnie fit bonne contenance jusqu'au jour[2]. »

Tout en louant les ambassadeurs romains de leur sobriété, nous ne pouvons nous empêcher de regretter que Priscus n'ait pas eu la curiosité de savoir quel avait été le résultat de la requête du pauvre nain venant ainsi réclamer la femme à laquelle il avait été uni et qui l'aimait peut-être malgré sa difformité.

1. « *Ille vero respondit se quidem peccasse, quod fugisset, sed se peccati causam habere, quod nulla uxor sibi data fuisset.* » — (PRISCUS, p. 67.)

2. AMÉDÉE THIERRY, *Histoire d'Attila*, tome Ier, p. 115.

II

Les nains en Orient.

La mode des nains qui avait pris naissance en Orient y subsista pendant toute la période du moyen âge. Un écrivain du seizième siècle, que nous avons déjà cité, Louis Guyon, sieur de la Nauche, dans ses *Diverses Leçons*, recueil un peu trop dédaigné aujourd'hui et qui contient cependant de bien curieux renseignements sur des relations de voyage, des observations éparses et des faits historiques, rassemblés à grand'peine et qui témoignent d'un labeur prodigieux, nous apprend ce qui suit sur le commerce des nains en Orient : « En Orient comme au Caire, ville d'Égypte, aucuns marchands font traffic de ces petits hommes et les amènent des Indes Orientales, à sçavoir de Maluca, Pelu, Bengala et aultres pays voisins, comme ils les peuvent recouvrer pour argent parmy ces peuples; et quand ils sont par deçà, ils se font donner argent pour les laisser voir et monstrent une peinture sur de toile en laquelle sont figurez les pays où ces Pygmées résident et les guerres qu'ils font aux gruës. Lesdits marchands les font chercher curieusement par les provinces susdites, et les pères et mères les vendent librement, comme ils font leurs aul-

Fig. 9. — Les Pygmées et les grues, d'après Lycostènes.

tres enfants et les amènent en Égypte, Constantinople et en Perse, et les princes et grands seigneurs les achettent pour récréer leurs esprits[1]. »

D'après le même auteur, il y avait au Caire, en 1559, « un Abyssin, c'est-à-dire un homme de la terre du Prestre Jan qui avoit plus de soixante-huit ans, lequel n'excédoit la hauteur de trois pieds (1 mètre), qui fut présenté au Bascha de la ville comme chose fort rare et lui asseura-t'on que iamais son père ne fut si grand que lui d'un demi-pied. Il n'y a pas longtemps qu'on a veu à la cour du prince sultan Giangir, fils de Solyman, empereur de Constantinople, un aultre nain qui n'avoit aussi que trois pieds de hauteur, lequel il chassa pour ce qu'il s'enyvroit. »

Ce prince Giangir avait eu, du reste, dès son enfance, des nains chargés de le divertir ainsi que ses frères, et son père, le grand Solyman, l'allié de François Ier, se faisait suivre à la guerre par un de ces nains. Paul Jove, dans le quarantième livre de ses *Histoires*, nous en donne le témoignage en racontant ce qu'il appelle « une plaisante, mais horrible cruauté de Solyman », lorsque ce prince « vint pour la seconde fois en Hongrie mettre le siège devant Bude en 1541 ». Nous laissons la parole à Simon Goulard, le Senlisien[2], qui a donné en un français d'un style naïvement énergique une narration de ce fait dans son *Thrésor d'Histoires admirables et mémorables de nostre temps*, et dans sa version des *Méditations historiques* de Philippe Camerarius, qui, lui-même, rap-

1. *Les diverses leçons de Lovys Gvyon, sieur de la Nauche*. t. Ier, liv. V, chap. VI.

2. Simon Goulart, né à Senlis, en 1543, fut un zélé protestant; obligé de se réfugier à Genève il y mourut en 1628, âgé de 85 ans. C'était un homme d'une immense érudition et d'une grande vertu. Il a laissé une traduction de *Sénèque* très estimée et surtout un ouvrage intitulé les *Petits mémoires de la Ligue* qui contient des faits assez curieux.

portait ce fait d'après Paul Jove : «.... Solyman estoit lors en chemin pour venir en Hongrie, et au cinquième iour suyvant arriva près de Bude, ayant fait un fort long chemin en peu de iours. Incontinent on lui présente les prisonniers, au nombre de huict cens, lesquels il fit livrer entre les mains des goujats de son armée qui esgorgèrent et tuèrent à coups de dagues et d'espées ces pauvres misérables. Il y avoit entre les prisonniers des Turcs un soldat aleman de Nuremberg, homme de fort haute taille. Pour despiter toute la nation, Solyman livra ce soldat à un nain, lequel servoit de passe-temps à ses fils, pour le tuer. A peine ce nain touchoit de sa teste les genoux de l'Aleman. Par ainsi l'outrage d'une mort indigne fut rendu du tout accompli par ceste cruelle contumelie : car le nain ayant d'un petit cimeterre comme en riant et jouant charpenté les jambes de ce pauvre Aleman d'un grand nombre de coups, il broncha de son long par terre où le nain eut beaucoup de peine à lui couper la gorge, les Turcs lui crians à plusieurs fois : tue! tue! pour saouler par un tel spectacle la veüe des petits Princes Turquesques[1]. »

Jean Thévenot, célèbre voyageur mort en 1667 et auquel on doit, dit-on, l'introduction du café en France, a constaté, ainsi que son homonyme Melchissédec Thévenot, autre voyageur mort en 1692, la présence des nains chez les Turcs et en Asie, et, quelques années après eux. Tournefort, dans son *Voyage du Levant*, nous a donné sur la place qu'ils occupaient à la cour des sultans des renseignements qui ne manquent pas d'intérêt.

1. *Les Méditations historiques* de M. Philippe Camérarius, conseiller au Sénat de Nuremberg, tournez de latin en françois par S. G. S. (Simon Goulart Senlisien), Lyon, 1610, — 3e vol., liv. V, ch. 1er. — Paul Jove dit que le Géant était *soldat d'Autriche*, mais Camerarius, qui était de Nuremberg, l'a fait originaire de cette ville pour rendre sans doute ce trait de cruauté plus horrible encore aux yeux de ses concitoyens.

« Outre les officiers dont on vient de parler, dit-il, les sultans ont encore dans leurs palais deux sortes de gens qui servent à les divertir ; sçavoir les muets et les nains : c'est une espèce singulière d'animaux raisonnables que les muets du serrail. Pour ne pas troubler le repos du prince, ils ont inventé entre eux une langue

Fig. 10. — Muets et nains du Grand Seigneur, d'après une gravure de Seb. Le Clerc, dans l'*Histoire de l'état présent de l'empire ottoman*, de M. Ricaut (Ed. Franc.) 1670.

dont les caractères ne s'expliquent que par des signes ; et ces signes sont aussi intelligibles la nuit que le jour par l'attouchement de certaines parties de leur corps. Cette langue est si bien receuë dans le serrail que ceux qui veulent faire leur cour et qui sont auprès du prince l'apprennent avec grand soin ; car ce serait manquer au respect qui lui est dû que de se parler à l'oreille en sa présence[1].

1. Bien que ces quelques lignes soient étrangères à notre sujet. nous n'avons pas cru inutile de les reproduire ; on ne lit plus au-

« Les nains sont de vrais singes qui font mille grimaces entre eux ou avec les muets pour faire rire le sultan et ce prince les honnore souvent de quelques coups de pied. Lorsqu'il se trouve un nain qui est sourd et, par conséquent, muet, il est regardé comme le Phœnix du palais : on l'admire plus qu'on ne feroit le plus bel homme du monde et ces défauts qui devroient rendre un homme très méprisable forment la plus parfaite de toutes les créatures aux yeux et au jugement des Turcs[1]. »

Tournefort, que tous les biographes s'accordent cependant à représenter comme un savant botaniste, doux, bienveillant et doué d'un grand fonds de gaieté, ne s'était problablement pas rendu compte, en écrivant cette lettre à M. de Pontchartrain, de tout ce qu'il y a d'odieux dans cette appréciation des infirmités humaines. Les pauvres nains, surtout s'ils joignent au malheur d'être nains celui plus grand encore d'être sourds et muets, sont certainement fort à plaindre et nullement méprisables, et Tournefort, nous n'en doutons pas, aurait certainement modifié cette phrase s'il avait pu corriger les épreuves de son livre dont l'impression ne fut terminée que neuf ans après sa mort.

Paul Ricaut, d'abord ambassadeur extraordinaire du roi d'Angleterre Charles II auprès du sultan Mahomet IV, et ensuite consul de la nation anglaise à Smyrne pendant onze ans, a parlé également des nains qu'il avait vus à la cour du sultan, dans son *Histoire de l'état présent de l'Empire ottoman*, traduite en français par Briot en 1750, et, de nos jours enfin, sir Grenville Temple dans ses

jourd'hui le voyage de Tournefort et il nous a semblé intéressant d'indiquer ici une des premières manifestations de cette science du langage par signes que l'abbé de l'Épée devait appliquer plus tard avec tant de succès et de dévouement.

1. *Relation d'un voyage du Levant*, par M. Pitton de Tournefort. — Paris, Imprimerie royale, 1717 (t. II, p. 19, lettre XIII).

Excursions in the Mediterranean (1835) raconte qu'un personnage extraordinaire lui fut présenté à Tunis. « C'était, dit-il, un nain nommé *Aboo Zadek*, haut d'un peu moins de trois pieds (environ 0m,91, mesure anglaise). Il ne faut pas cependant s'imaginer que sa courte stature soit due à son jeune âge; il a bel et bien quarante-cinq ans et est le chef d'une très jolie famille composée de quatre fils, de deux filles et de son épouse qui est, dit-on, extrêmement belle. Sidi Mustapha, pendant un de ses voyages, l'avait vu et il lui avait plu tellement qu'il l'avait emmené avec lui à Tunis où on lui donna un train magnifique, de superbes habits et où il fait actuellement l'amusement et les délices de la cour. On le cache parfois dans une de ces boîtes qui renferment les confitures et les friandises qui sont expédiées de Constantinople à Tunis et, lorsque des visiteurs arrivent, le frère du Bey a coutume de leur dire qu'il vient de recevoir en présent d'excellentes dragées en les priant d'ouvrir la boîte et d'en prendre quelques-unes; à peine ont-ils touché au couvercle que Aboo Zadek s'élance dehors, au grand effroi des pauvres mystifiés qui ne cessent de répéter avec terreur : « Wallah! Wallah! Allah! Akbar! »

Cette mode des nains de cour s'est étendue jusque dans le centre de l'Afrique où elle existe encore aujourd'hui; Dapper, que nous avons cité plus haut (p. 17) avait dès le dix-septième siècle signalé les nains qui étaient assis devant le trône du roi de Loango, mais sans donner sur eux de bien grands détails; en outre, Dapper, qui n'écrivait que d'après des récits de voyageurs plus ou moins dignes de foi, ne pouvait en aucune façon contrôler leurs assertions. Depuis, nous avons eu d'autres exemples plus probants et, dans la plupart des pays de l'Afrique, les voyageurs modernes ont constaté cette persistance du goût des souverains, des chefs ou des grands pour les individus qui se distinguent par quelques particularités ou même par quelques difformités physiques, et qui la plupart du temps sont regardés comme des curiosités de haut prix.

Speke et Grant, dans leur voyage aux sources du Nil, en 1862, ont trouvé auprès de Kamrasi, roi de l'Ounyoro (pays situé sous le 1° 37′ 43″ de latitude nord et le 32° 19′ 49″ de longitude est) un nain grotesque nommé Kimenya qui faisait les délices de la cour et qu'on leur envoya un jour pour les distraire. « C'est un malheureux vieillard, dit Speke, d'un mètre de haut, qui s'est présenté gravement devant nous tenant un bâton plus haut que lui. Après un salaam respectueux, il s'est levé tout à coup, sans y être invité le moins du monde, pour danser, chanter, faire toutes sortes de grimaces et de gestes bizarres, le tout couronné par cette déclaration : « Tel que « vous me voyez, je suis fort pauvre et je manque de « *simbi* (coquilles-cauries). J'en voudrais cinq cents; « mais si cela vous gêne, je me contenterai de quatre « cents. »

« Puis il nous raconta sa vie, et comment il a perdu, coup sur coup, deux femmes que Kamrasi lui avait données. Une troisième a été refusée par lui, attendu qu'elle était trop petite et trop laide : « Je ne voyais pas, ajoute- « t-il, la nécessité de perpétuer une race de pygmées. » Bombay le renvoya avec cinquante cauries en chapelet pendus à son cou[1]. »

Le docteur Schweinfürth, qui devait retrouver les Akkas, rapporte que partout on lui disait que les princes du pays des Niams-Niams étaient entourés de nains qui jouaient à la cour de ces rois cannibales, le rôle de bouffons, et Cameron a constaté le même fait chez les chefs du pays du Manyouéma : « Un certain nombre de chefs accompagnés de leurs musiciens et de leurs porteurs d'armes vinrent nous voir. Deux d'entre eux amenaient chacun un nain muni

1. *Les Sources du Nil,* journal de voyages du capitaine John Hanning Speke, trad. française par E. D. Forgues. — Paris, Hachette et Cie, in. 8° (p. 496).

d'une espèce de crécelle, et qui, tout en raclant son instrument, jetait au public le nom de son maître de la manière suivante : « Ohé! Moéné-Bouté, ohé! ohé! » Le nain de Moéné-Bouté était couvert de pustules, avait les jambes tortues et était, sous tous les rapports, un être repoussant. Les musiciens jouaient d'un instrument appelé « marimba » fait de deux rangées de gourdes de différentes grosseurs, fixées sur un châssis.... Moéné-Bouté vint à moi par une série de glissades et de pas de danse qui ne lui permettaient guère d'avancer à raison de plus d'un mètre par minute et toutes les deux ou trois minutes, il s'arrêtait, tandis que son nain et ses joueurs de marimba exaltaient sa puissance[1]. »

III

Les nains en Europe, au moyen âge et dans les temps modernes

Les nains qui avaient occupé une place si importante dans la société romaine et dans les cours d'Orient, furent également en grande vogue dans toute l'Europe du moyen âge. La mode s'en était-elle perpétuée malgré les bouleversements dans lesquels avait sombré ce qui restait de l'ancienne civilisation, ou bien était-elle, ainsi que quelques auteurs l'ont avancé, une importation des croisades? Nous n'avons aucun renseignement précis à cet égard; ce qui est certain, c'est que l'on trouve des nains dans la plupart des *chansons de gestes* et dans nos plus anciens romans de chevalerie; nous ne parlerons pas ici de ceux que nos vieux conteurs ont placés auprès des fées et des enchanteurs, et qui étaient parfois aussi sorciers que leurs maîtres; il y aurait là toute une étude in-

1. *Across Africa*, par Vernett Lovett Cameron. — Londres, 1877.

téressante à faire, en commençant par les *cent nains* de la fée Urgande, la protectrice du fameux Amadis de Gaule et de sa famille ; le nain *Brunel* qui accomplit des actions si merveilleuses qu'elles surpassent les forces de l'homme ; le petit *Pacolet*, de l'admirable histoire de *Huon de Bordeaux*, qui traversa les airs monté sur un cheval également nain, et tant d'autres qu'il nous faudrait citer, avant d'arriver enfin au nain du géant *Parapharagaramus* qui n'a que trois pieds de haut et porte invisiblement à son écurie la *Rossinante* du courageux chevalier de la Manche.

Nous n'avons à nous occuper dans ce livre que des nains qui ont réellement existé et qui n'appartiennent pas au domaine de l'imagination ; ceux-là nous les trouvons encore dans nos anciens romanciers faisant auprès des châtelains l'office de domestiques, de varlets, et quelquefois même de pages, sonnant du cor dans les joûtes et les tournois, ou sur la haute tour du donjon pour annoncer l'arrivée des dames et des chevaliers, accompagnant les demoiselles dans leurs promenades ou à la chasse, tenant les chiens en laisse et les chevaux par la bride et parfois aussi chargés de messages de confiance. Quelquefois, comme dans le *Roman de Jaufre*, ils sont employés au soin de la cuisine :

> Jaufre a'l nan regardat
> Us nantz, que font molt petitz
> Torneiet al foc un senglar....

(Jaufre a regardé le nain, un nain qui fut moult petit, tournant au feu un sanglier....)

La célèbre tapisserie de Bayeux sur laquelle est brodée toute l'histoire de la conquête de l'Angleterre par Guillaume, duc de Normandie, nous donne même la représentation d'un nain remplissant son office de page. Dans le sujet qui représente les envoyés de Guillaume exposant à Guy de Ponthieu l'objet de leur message, un nain, dont le nom « TVROLD » est inscrit au-dessus de sa tête, tient leurs deux chevaux par la bride. Si la tradition, qui attribue à la reine Mathilde, épouse de Guillaume, l'exécution de cette tapisserie, est exacte, nous aurions là une preuve certaine que l'emploi des nains domestiques dans l'Europe du moyen âge est antérieur à l'époque des croisades, puisque la conquête d'Angleterre remonte à l'année 1066.

Fig. 11. — *Turold*, nain domestique, brodé sur la tapisserie dite *de la reine Mathilde* (XIe siècle). — Musée de Bayeux.

Mais c'est seulement à dater de la fin du quatorzième siècle que nous trouvons auprès des princes et des grands seigneurs les nains en titre d'office, partageant avec les bouffons et les *fous* la mission de distraire leurs augustes maîtres. La reine Isabeau de Bavière, qui avait un singulier penchant pour les *curiosités* et qui, outre ses deux bouffons, entretenait toute une sorte de petite ménagerie, dans laquelle on voyait un singe et même un léopard, possédait également une naine dont le nom n'est point mentionné au registre de l'argenterie du roi Charles VI, mais dont l'existence est prouvée, en 1386, par l'article suivant : « Deux aulnes de drap pour faire un courset pour la *naine* de ladite dame ».

Pendant tout le quinzième siècle, on ne rencontre dans les *Comptes de l'Argenterie* des rois de France, compulsés avec le plus grand soin par M. Jal, aucune mention se rapportant aux nains en titre d'office, alors que les *fous* et les *bouffons* sont souvent cités; il ne s'ensuit pas cependant, d'une façon bien positive, que les nains ne partagèrent pas la faveur qui s'attachait à ces derniers. Peut-être ont-ils été confondus avec eux, peut-être aussi la place qu'ils occupaient était-elle de si minime importance qu'ils ont passé inaperçus avec les autres personnes qui composaient ce que l'on appelait la *Maison du Roi.*

Mais si nous n'avons aucun renseignement sur les nains des rois de France à cette époque, nous savons de source certaine que les ducs de Bourgogne en possédaient plusieurs à leur cour. René d'Anjou, roi de Sicile, en avait un nommé *Triboulet* qui se trouve mentionné souvent dans les *comptes* de sa maison. « Il est curieux, dit M. Lecoy de la Marche, le savant historien du roi René, de rencontrer dès le milieu du quinzième siècle et porté par un personnage de la même catégorie, ce sobriquet illustré au siècle suivant par un fou royal[1]. » Recueilli sans doute par pitié comme le Triboulet de Louis XII et de François Ier, celui du roi de Sicile était un pauvre nain difforme, ayant, contrairement à la plupart de ses pareils, *la plus petite tête qu'on eût jamais vue.* Telle est du moins l'impression qu'il fit sur les seigneurs bohémiens qui visitèrent Angers en 1466 et

1. Voir sur *Triboulet*, le *fou* de Louis XII et de François Ier, ce que dit M. Gazeau dans *les Bouffons* (*Bibl. des Merveilles,* Hachette et Cie, éditeurs).

qui écrivent son nom *Truybelim*. Ils admirèrent la barrette qui lui servait de coiffure et qui n'était pas plus volumineuse qu'une grosse orange. Or, on trouve précisément l'acquisition d'une barrette rouge à son usage dans les *Comptes* de 1447 ; ce qui prouve qu'il demeura fort longtemps au service de René et qu'il portait toujours à peu près le même costume. Le reste de son

Fig. 12. — *Triboulet*, d'après la médaille de Francesco Laurano.

habillement, fort riche d'ailleurs, se composait de robes de drap gris ou de satin cramoisi, fourrées la plupart du temps, et de chausses noires. On y ajoutait, pour le préserver du froid, des chaussons et un caban de peau d'agneau. Son maître lui avait donné un valet nommé Jacquet qui lui servait en même temps de gouverneur et d'instituteur. Triboulet reçut de plus un logement dans les bâtiments des Halles d'Angers. La reine Jeanne de Laval (seconde femme de René) lui faisait fréquemment des cadeaux et le duc d'Orléans[1], qui eut occasion de le voir en 1464, lui offrit un cheval valant dix livres tournois.... A côté de lui figurent, parmi les gens entretenus à la cour de Sicile, plusieurs nains ou *petits sots* qui, parfois, avaient aussi un page à leur service ». Il existe de Triboulet, une médaille de Francesco Laurano, le représentant avec une marotte (?) et la tête couverte de la petite barrette dont il est question plus haut. Elle porte une légende un peu effacée que M. Aloys Heiss[2] a interprétée ainsi : « Par son usage et son image, la livrée royale est une ironie pour moi, fou du roi ; cependant elle me protège contre les menaces des Rois. » Au revers est un lion couché. Peut-être ce lion fait-il allusion à une fête chevaleresque que donna René en 1446 et dans laquelle Triboulet, ou un autre de ses nains, jouait un rôle. Pour cette fête, appelée le *Pas de Launay* ou *du Perron*, et désignée dans un manuscrit aujourd'hui disparu, sous le nom d'*Emprise de la Joyeuse Garde*, et qui avait été donnée dans la plaine de Launay, aux portes de Saumur, on avait élevé un palais de bois, décoré de tapisseries, et destiné à recevoir les seigneurs et les dames. Un cortège pompeux dans lequel figurèrent deux lions de la ménagerie royale et un nain, se déploya devant l'estrade où était assise la reine Isabelle. «.... En cet ordre, ils arrivèrent au lieu où étoient dressées les lices.... A la porte, s'assit le nain, vêtu à la turque, sur un riche oreiller ou carreau de velours cramoisi, frangé et houppé d'or.... Et tout proche estoit un perron en forme de colonne.... à laquelle estoit appendu l'escu de la devise auquel ceux des assaillants qui vouloient jouster contre les tenans estoient obligés de toucher avec le bout de leurs lances. Au pied de ceste colonne estoient attachés

1. Charles, duc d'Orléans, fils de Louis de France et de Valentine de Milan, père de Louis XII. Il mourut à Amboise en 1545. On a de lui un *Recueil de Poésies*.

2. *Les Médailleurs de la Renaissance*.

les deux lyons avec des chaînes d'argent bien fortes de chaque costé.

« Auprès avoit de ce perron
De chacun costé un lyon,
Un nain dedans le pavillon
Qui l'escu là pendu gardoit....[1] »

Le successeur de Triboulet fut sans doute un nain nommé *Phélippe* ou *Phélippot* que l'on trouve sur l'*État des dépenses* de 1476 et auquel le roi René accordait une gratification à Pâques « pour soy confesser et soy ordonner ».

Les nains étaient communs également à la cour de Charles le Téméraire, duc de Bourgogne; aux fêtes brillantes qui furent données lors de son mariage on vit paraître un nain qui menait un géant enchaîné, et la naine de sa sœur, désignée sous le nom de *Dame Beaugran*, parut à ces mêmes fêtes habillée en bergère.

Au seizième siècle les documents abondent, sans être pour cela très explicites. D'après le témoignage de Blaise de Vigenère, dont nous parlerons plus loin, François Ier avait un nain « des plus petits qui se pût voir » et que l'on appelait *Grandjean*, et son épouse, la reine Claude de France, celle que ses contemporains avaient surnommée la *bonne Reine*, possédait une naine qui s'appelait *Marie Darcille* ou *Dareille*, dont il est fait mention dans les extraits des *Comptes de dépenses* de François Ier, publiés dans les *Archives curieuses de l'histoire de France* (Ire série., t. III) : « Décembre 1529.... à Marie Dareille, nayne de la feue Royne, XLI liv. t. » La princesse Charlotte, leur fille, morte le 8 septembre 1524, avait également une naine à laquelle on semble avoir conservé pendant de longues années l'affection que sa jeune maîtresse lui portait; on trouve, en effet, dans les comptes de 1533, c'est-à-dire neuf ans après la mort de la prin-

1. DE QUATREBARBES, *Œuvres complètes du roi René*, t. Ier, p, XXVII.

cesse, la curieuse mention suivante : « Don à la petite nayne de feue Mademoiselle de la somme de cent escus d'or soleil pour *luy aider à se marier.* »

Catherine de Médicis avait une prédilection marquée pour les nains. En 1543, alors qu'elle n'était que Dauphine, elle donnait à la naine de la reine de Hongrie qui avait accompagné sa maîtresse en France « une robe de toile d'or doublée de taffetas blanc et bordée d'une tresse d'argent ». En 1556, il y avait à la cour trois nains au moins : *Merville,* qui semble avoir appartenu plus spécialement à Henri II et auquel on donna alors un trousseau complet et les deux nains de Catherine, *Bezon* et *Augustin Romanesque;* ces deux derniers nous paraissent avoir été des personnages assez importants puisque l'un, Bezon, avait pour gouverneur un moine, de très petite taille lui-même, et que les comptes de l'Argenterie nomment *le petit Nonneton,* et que le second, *le petit Romanesque,* « eut, cette même année, un superbe habillement des couleurs grise et jaune et d'un quart de velours gris et un haut bonnet à la turque dont le rebras (la partie retroussée) était de panne de soie jaune ». Merville, qui vivait encore en 1558, était passé au service de la reine et avait également un gouverneur, Richard Hubert, dit Noblesse. Il est fait mention de ce nain dans les comptes du mois de septembre 1558 : « A Marville (*sic*), nain de la Royne pour faire sa despence au deuant du Roy où ladicte dame l'enuoya, 50 sols tournois. » En 1559, Romanesque avait pour lui tenir compagnie un jeune garçon nommé Hannibal et tous les deux étaient sous la direction de Mauguichon qui leur servait de gouverneur. Ce Romanesque était assez riche pour pouvoir prêter de l'argent (74 liv. tournois) à « celui qui avoit la charge du grand léopard du roi, à Saint-Germain ». Il se les fit rembourser, ud reste, en 1560 et sut en même temps se faire donner par le Roi « 69 liv. tournois pour avoir ung cheval pour suivre ordinairement ledict seigneur ». Il mourut ou quitta la cour, dans le courant de cette même année 1560, puisque, au commencement de 1561, on ne trouve plus qu'un nain dans les comptes de la maison du Roi, *le petit La Roche*, qui, lui aussi, avait un cheval qui figure dans la nomenclature des chevaux de l'écurie de la reine-mère en 1561. Il accompagna sa maîtresse dans le voyage qu'elle fit à Orléans après l'assassinat du duc de Guise en 1563 ; la reine avait à sa suite dix pages, plus La Roche « qui comptait comme onzième » et parmi les choses que ces onze serviteurs emportèrent dans ce voyage, on voit figurer « unze paires d'Heures » ce qui prouve que le nain, aussi bien que les pages, savait lire.

Les fils de Catherine de Médicis paraissent avoir partagé avec leur mère ce goût pour les nains ; dans un tournoi que Charles IX donna en 1563, il fit paraître son nain en compagnie de *Montagne*, nain de la reine d'Espagne, et Henri III en 1577 entretenait *Jean de Crésoqui*, dit *Dominé* et don *Diégo de Portugal*. Leur prédilection pour ces petits êtres était tellement connue que les souverains étrangers leur en envoyaient en présents. En 1572, le roi de Pologne, Sigismond-Auguste, donna à Charles IX quatre nains lui qui furent amenés et présentés par Grégoire le Blanc « vallet de chambre de la sœur du roi de Pollongne » auquel on fit remettre comme récompense cent vingt livres tournois. Un mois après Claude La Loue vint en France accompagné de trois autres nains, également polonais, qu'il offrit au roi de la part de l'empereur d'Allemagne, Maximilien II. Ainsi dans cette seule année 1572, sept nains vinrent augmenter le personnel lilliputien de la cour de France, et, ce qui est assez singulier, c'est que ces nains étaient tous d'origine polonaise ; en 1556, du reste, Catherine de Médicis avait déjà reçu en présent du roi de Pologne, deux nains que les documents désignent sous les noms du *Grand Pollacre* et du *Petit nain Pollacre* ou *Petit nain Pollaçon*. Il semble que la Pologne ait eu, à cette époque, le triste privilège de produire une assez grande quantité de nains ,et, si nous en croyons Camerarius, que nous avons déjà eu occasion de citer, ces nains étaient assez vigoureux et ne devaient pas manquer d'un certain amour-propre : « Nous avons veu, dit-il[1], des nains amenez de Pologne en France, fort petits, mais courageux et robustes à merveilles. I'ay entendu de gens dignes de foy, qu'ès dernières guerres de France se trouva un nain Polonois, Capitaine de gens de pieds, homme merveilleusement adroit à tirer harquebuzades : lequel outre plus se vantoit, si l'on vouloit fournir aux frais nécessaires, d'avoir le moyen de faire levée et dresser une compagnie complette de nains Polonois tous braves arquebuziers et de les amener en France. »

Les nains qui figuraient à la cour n'étaient cependant pas tous étrangers, et parmi eux, il y en avait qui étaient parfaitement français, malgré les costumes dont on les affublait pour leur donner une apparence exotique. Ce que dit Louis Guyon à ce sujet ne laisse aucun doute : « Catherine de Médicis, Royne de France, de mon temps, avoit trois masles et trois femelles de ces nains que l'on avoit mariez ensemble, mais il n'en sortit aucune lignée : ie les ay veu souvent danser en rond, voltes et gaillardes : et les gens de ladite dame voyans beaucoup de personnes admirer la petitesse de ces créatures (car le plus grand d'iceux n'excédoit la hauteur de deux pieds et demy) donnoyent à entendre qu'elle les avoit recouvers à grands frais du pays des Pygmées, par le moyen d'aucuns Allemans; mais i'ay bien sceu le contraire parce qu'il y avoit un qui estoit de Sancerre, l'autre Breton, l'autre Normand, et ainsi des femelles[2] et avoient

1. *Les Méditations historiques* de M. Philippe Camerarius, tournez du latin en françois par S. G. S. — Lyon, 1610, 3e vol. I, p. 544.

2. Blaise de Vigenère *(loc. cit.)* cite également « vne fille de Normandie, qui estoit à la Reyne, mère de nos Roys (Catherine de

tous esté ramassez dedans l'enclos du Roïaume de France[1]. »

Nous n'avons aucune relation détaillée du mariage des nains dont il est ici question : les *Mémoires* du temps que nous avons consultés sont muets sur ce sujet, mais le fait paraît néanmoins bien certain. Outre l'affirmation de Louis Guyon, nous en trouverions une preuve dans un dessin de Du Moustier que possèdait la Bibliothèque Sainte-Geneviève et que M. Jal a cité dans son article sur les Du Moustier.... « C'est, dit-il, un croquis bistré et rehaussé de blanc. Deux Du Moustier y figurent à côté de Catherine de Médicis, de Mme de Sauves et de deux petits personnages en costume de cérémonie dont la présence ne paraît pas avoir étonné les curieux qui ont connu l'esquisse dont je parle. Ils ne sont autres qu'un des nains de la reine et sa future, une naine, dont Catherine va signer le contrat de mariage, avec une plume, que lui présente un jeune homme en manteau court.... Au bas du dessin était écrite à l'encre une ligne presque entièrement effacée par le temps, mais où l'on peut lire cependant : « *Le nain d'*... ».

Les *Comptes* de la maison du Roi font, du reste, à plusieurs reprises, mention des naines de Catherine de Médicis. En 1559 nous trouvons : « dix-huit aulnes de toiles de lin pour faire trois paires de linceuls (draps) pour servir au lict de la nayne; » en 1579 : « pour la façon de trois fraises pour servir aux naynes de ladite dame Royne... », et nous savons en outre que Yves Bourdin, *varlet des Naynes*, recevait à titre de gages cinquante écus par an.

En 1578 et 1579, Catherine avait encore cinq nains dont les noms nous ont été conservés et qui étaient :

Médicis) laquelle en l'aage de sept à huict ans n'arrivoit pas à dix huit poucées (0,56) ».

1. *Les diverses leçons* de Louys Guyon. *Loc. cit.*

Merlin, *Maudricart*, *Pélavine*, *Rodomont* et *Majoski* ou plutôt *Majosky*. Ce dernier pour lequel on paraît avoir eu des soins tout particuliers était en pension chez Adam Charles qui recevait pour les soins qu'il lui donnait et pour son entretien une somme de « cinquante escus sols ». Il suivait également les cours d'un collège. On trouve en effet dans les *Archives curieuses* la mention suivante : « A Adam Charles, maistre écrivain demeurant à Paris, la somme de trente-cinq escus pour la pension du petit Majoski, nayn de ladite dame pendant le mois de octobre, novembre et décembre, et pour menues parties fournies pour l'entretien dudit Majosky, tant en habillement, livres, papiers, plumes et ancre (*sic*), que à son régent au collège, la somme de trente livres tournois. » Ces nains avaient en outre un gouverneur, Noël Cochon, qui recevait par an cinquante-trois escus de gage, et un tailleur spécialement attaché à leurs petites personnes ainsi qu'il ressort d'un payement fait à la date de 1585 : « Pour Rondeau, tailleur des nayns, tant pour ses gaiges, façons d'habits, que fourniment de fil, de soie à couldre, et toutes aultres de doubleures qui ne sont pas de soie, LXVI liv. t. »(*Arch. curieuses*.)

Jusqu'à la fin de sa vie, Catherine de Médicis paraît avoir conservé ce goût si prononcé pour les nains. En 1558 elle avait auprès d'elle une naine dont le nom est inconnu, mais dont la présence se trouve constatée dans le *Mémoire particulier de ce qui se passa à Paris au jour des Barricades* (Bibl. nat. *Manuscrits Dupuis*, n° 47, fol. 2.) : « Le bruit aussy tost alla partout que M. de Guyse estoit arrivé et continuant son chemin vint descendre à l'hostel de la Royne-Mère, laquelle advertie par sa nayne, qui d'aventure regardoit par la fenestre que M. de Guyse estoit à la porte, ne voulut croire, disant qu'il falloit bailler le fouet à ceste Nayne qui mentoit; mais à l'instant elle cogneut que la nayne disoit vray. »

Catherine avait sans doute apporté d'Italie cette affection exagérée qu'elle portait aux nains. Dans l'Italie du quinzième et du seizième siècle, en effet, les nains

Fig. 13. — Fragment d'une fresque de Mantegna représentant Louis XIII de Gonzague, duc de Mantoue, entouré de sa famille et des principaux personnages de sa cour.

furent très à la mode; à défaut d'autres preuves nous en aurions pour témoins la quantité considérable de nains qui se trouvent dans les œuvres des peintres et des graveurs les plus célèbres de l'époque. Raphaël a mis des nains dans les *Histoires de Constantin;* il en existe un très beau dans les superbes cartons de Mantegna, qui sont à Hampton-Court et qui représentent le *triomphe de César* et on en trouve un grand nombre dans les tableaux de Véronèse et dans ceux du Dominiquin, notamment dans la suite de l'empereur Othon, à *Grotta Ferrata;* Jean Stradan qui, bien que né à Bruges, peut être considéré jusqu'à un certain point comme appartenant à l'école italienne puisqu'il passa presque toute son existence à Florence où il mourut en 1604, a fait entrer des nains dans beaucoup de ses compositions, surtout dans celles qui étaient destinées à la gravure.

Presque tous ces nains, il faut bien le dire, sont courts, laids et difformes, et l'on s'explique difficilement que les Italiens du seizième siècle, au goût artistique si pur et si élevé, aient pu admettre dans leur domesticité et recherber autant qu'ils paraissent l'avoir fait ces spécimens peu brillants de l'espèce humaine. Beaucoup de grands seigneurs, cependant, en avaient constamment autour d'eux, et Blaise de Vigenère, que nous avons déjà cité, nous raconte, dans ses *Annotations des tableaux de Philostrate* (p. 483), qu'il en a vu plusieurs pendant son séjour en Italie : « Je me souviens, dit-il, de m'estre trouvé en 1566 à Rome, en un banquet du feu cardinal de Vitelli, où nous fusmes tous servis par des nains iusques au nombre de trentre-quatre, de fort petite stature, mais la plupart contrefaits et difformes. »

En 1592 on présenta au duc de Parme, qui l'attacha à sa personne, *Jean Etrix*, de Mechlin, qui était alors âgé de trente-cinq ans, avait une grande et belle barbe, et dont la hauteur ne dépassait pas trois pieds. Quoique bien conformé et marchant assez facilement, ce petit homme ne pouvait pas monter les escaliers, ni rester assis, et un domestique, chargé de le porter, l'accompagnait toujours. Il avait une intelligence très développée, parlait trois langues, était instruit, ingénieux et très industrieux.

Il existe encore dans l'ancien Palais ducal, à Mantoue, six appartements microscopiques communiquant les uns avec les autres et que l'on dit avoir été construits par un duc dont nous ignorons le nom, pour servir de logement à ses nains ; ils ont à peine six pieds de hauteur et à peu près huit de surface. Aujourd'hui ils sont complètement abandonnés, les murs sont nus, les portes manquent et les meubles ont été enlevés il y a longtemps; il ne reste plus qu'une sorte d'escabeau à marches qui se trouve dans la cuisine; on accède à ces appartements par un ou deux escaliers dont les marches sont en rapport avec les petites dimensions des appartements.

La passion des grands pour les nains fut poussée à un tel point en Italie que l'on chercha à s'en procurer pour ainsi dire *artificiellement*, c'est-à-dire à empêcher des enfants de grandir, non pas comme autrefois, dans l'ancienne Rome, par les moyens mécaniques que nous avons signalés plus haut, mais à l'aide de certains onguents. Quelque invraisemblable que cela paraisse, nous en avons trouvé la preuve dans un recueil scientifique du dix-septième siècle, recueil grave, sérieux et auquel les plus célèbres médecins de l'époque envoyaient leurs observations[1]. Nous traduisons littéralement l'observation LXXIX, publiée par le docteur *J. Wenceslas Dobrzensky, di Nigroponte*, sous le titre *Artificialis Pygmæorum efformatio :* « Notre Esculape de Prague, qui heureusement vit encore, le docteur *Joannes Marcus Marci à Kronland*, philosophe, mathématicien et médecin des plus célèbres, entre autres sujets dont il m'entretint à son retour d'Italie, me raconta qu'il avait été consulté par un religieux (*à viro religioso*), afin de savoir si le moyen dont on se servait

1. *Miscellanea curiosa medico-physica academiæ naturæ curiosorum*, etc. — Lipsiæ, anno 1670, pet. in.-4°.

pour faire des nains était naturel ou inventé par le démon, ennemi du genre humain, afin d'avilir ainsi la figure humaine. Il connaissait, en effet, un homme pauvre, qui avait coutume, le jour même de la naissance de ses enfants, de leur enduire l'épine dorsale et les articulations d'un certain onguent dont il avait la recette; il répétait cette opération jusqu'à ce que la moelle épinière fût desséchée et les linéaments assez durcis pour empêcher la croissance; de cette façon les enfants restaient nains et en les offrant gracieusement aux grands seigneurs il se conciliait leurs bonnes grâces en même temps qu'il y trouvait un grand profit. Cet onguent était composé, disait-il, d'un triple mélange de la graisse des plus petits animaux de la création, tels que les loirs, les chauves-souris, les taupes, etc. » Nous donnons cette recette aux fabricants de *phénomènes*, telle que nous l'avons découverte, en avouant humblement que notre science médicale ne nous permet pas d'en garantir l'efficacité.

La mode des nains au seizième siècle n'était pas particulière à la France et à l'Italie; nous la trouvons dans beaucoup d'autres contrées de l'Europe, surtout en Angleterre et en Espagne.

L'Angleterre semble, du reste, avoir été de tout temps le pays privilégié des nains; nulle part on ne les a autant choyés ni entourés de plus de soins, on pourrait presque dire de considération. *Tom Pouce* (*Tom-Thumb*), le nain légendaire de l'Angleterre, descendait comme notre *petit Poucet* de la Scandinavie; c'est le même que le *Thaumlin*, *Tamlane* ou *Tommel-Finger* (*Tom-Doigt*) qui, sous différents caractères, figure dans les légendes du Nord. Mais en Angleterre il s'est mêlé à la légende une sorte de tradition historique qui l'a un peu modifiée. Tom Pouce comptait, dit-on, parmi le meilleur des chevaliers de la *Table-Ronde*, ainsi que le dit une ancienne pièce de vers intitulée *Tom Pouce, sa vie et sa mort :* « Tom

Pouce vivait à la cour du roi Arthur; c'était un homme d'une grande vaillance et le meilleur de toute la Table-Ronde; c'était même un chevalier redoutable, et cependant sa taille n'était que d'un pouce, ou du quart d'un empan[1]; ne croyez-vous pas en conséquence, que ce petit chevalier a prouvé qu'il était homme de beaucoup de courage?... » Suivant une croyance populaire, Tom Pouce mourut à Lincoln, une des cinq cités danoises de la Grande-Bretagne, et dans un ancien couvent de cette ville on montrait aux visiteurs crédules une petite dalle en granit bleu, sur laquelle se trouvait une inscription indéchiffrable, et que l'on faisait passer pour sa tombe; cette pierre a disparu lors des bouleversements nécessités par des constructions qui datent d'une époque relativement moderne. Fielding, qui était presque un géant (sa taille dépassait six pieds), s'était pris d'une vive affection pour la légende du petit Tom Pouce et, en 1730, avait écrit sur ce sujet une tragédie qu'il remania plus tard, à laquelle il donna de plus grands développements et qu'il appela *Tragédie des Tragédies ou la vie et la mort de Tom Pouce le Grand*[2].

Plusieurs rois d'Angleterre, au moyen âge, eurent, dit-on, des nains; mais nous n'avons rien trouvé de bien certain à cet égard et nous n'oserions l'affirmer. Le premier nain dont il soit fait mention est *John Jervis* qui était page d'honneur de la reine Marie. Granger qui en a parlé dans son *Biographical Dictionary*, dit de lui : « Le portrait de ce petit personnage nous a été conservé dans une statue, admirablement sculptée en chêne et peinte en couleurs naturelles. Tout ce que l'on sait de son histoire c'est qu'il avait trois pieds huit pouces de hauteur et qu'il était attaché à la reine Marie en qualité de page

1. *Span*, espace compris entre le pouce et le bout du petit doigt écartés.

2. *The Tragedy of Tragedies, or the Life and Death of Tom Thumb the Great.*

d'honneur. Il mourut en 1558 âgé de cinquante-sept ans, ainsi que l'indique l'inscription peinte sur le socle de sa statue, aujourd'hui (1824) en possession de George Walker, esquire. »

La reine Élisabeth avait, elle aussi, une naine, et parmi les cadeaux qu'elle fit, à Greenwich, à l'occasion du premier de l'an en 1584, figurent « pour *Mistress Tomysen*, la naine, deux onces de vaisselle dorée ».

Mais c'est surtout au dix-septième siècle que nous trouverons en Angleterre des nains dont nous parlerons plus loin, et dont deux, entre autres, ont acquis une certaine célébrité.

Les rois d'Espagne paraissent avoir eu également une grande affection pour les nains. Nous savons par le tableau de François Torbido[1] qui fait partie de la galerie du Louvre, que Charles-Quint en possédait un nommé *Corneille de Lithuanie;* il est représenté dans ce tableau avec une armure de chevalier et la main gauche appuyée sur un gros chien qui sert ainsi à donner par comparaison une idée approximative de la taille de son petit compagnon. Les *Mémoires* manuscrits de Van de Nesse analysés par le baron de Reiffenberg dans le huitième volume des *Nouveaux Mémoires de l'Académie royale de Bruxelles* rapportent que « le dimanche 1er jour de février 1545, à Bruxelles, fut faicte une jouste en court... où le deuxième prix fut donné au *nain* de Sa Majesté pour avoir esté le premier sur les rangs et le plus gallant ». Ce nain est nommé dans les *états* de la cour de Charles-Quint pour les années 1547 et 1548.

Vélasquez a peint un grand nombre de nains qui tous figuraient à la cour d'Espagne; un de ses plus beaux tableaux, aujourd'hui au Musée de Madrid, représente l'infante Marguerite, avec son nain et sa naine, *Nicolasino Pertusano* et *Maria Borbola;* un autre portrait de cette

1. Ce tableau a été pendant longtemps attribué à Antonio Moro.

Fig, 14. — *Don Antonio el Inglés,* d'après Velasquez.

dernière, également attribué à Vélasquez, se trouve au Musée d'Auch; la naine Barbola y est représentée de face, de grandeur naturelle et tenant un petit chien sur son bras droit; ses cheveux tombent dans toute leur longueur; elle est vêtue d'un corsage vert à basques et d'une jupe noire; elle est affreusement laide et on s'explique difficilement, en voyant son portrait, comment des femmes jeunes et belles ont pu s'entourer de pareils petits monstres, à moins que ce ne soit — pour employer un terme de peintre — afin de leur servir de *repoussoir*.

Nous avons vu plus haut que la reine de Hongrie, était, elle aussi, accompagnée d'une naine quand elle vint en France en 1543, et nous trouvons dans l'histoire du Danemark un fait qui prouve que la mode des nains était générale dans les cours d'Europe. Lorsque, en 1542, le roi Christian II, ce prince dont les incontestables qualités disparaissent sous des actes de cruauté tels qu'ils lui ont valu d'être appelé le *Néron du Nord*, tomba entre les mains de son ennemi, Frédéric Ier, on l'enferma au château de Sondeborg, dans une chambre dont on mura la porte en laissant seulement l'étroite ouverture nécessaire pour faire passer les aliments et qui n'était éclairée que par une petite fenêtre à larges barreaux de fer. Il n'eut pour tout compagnon de sa misère que son nain favori, dont nous regrettons de ne pas savoir le nom, et qui consentit avec un dévouement que l'on ne saurait trop admirer, à partager la dure captivité de son maître.

Après un certain temps, Christian engagea son nain à simuler une maladie et à demander à quitter la prison afin de pouvoir recouvrer la santé, le priant, en cas de réussite, de faire tous ses efforts pour se rendre en Suède où il croyait avoir encore des partisans. Le dévoué serviteur obéit, et son stratagème eut d'abord un plein succès; il fut mis en liberté; mais on le surveillait, et au mo-

8

ment où il allait quitter le territoire du Danemark; il fut pris et remis en prison.

Au dix-septième siècle nous trouvons encore en France un certain nombre de nains ; Henri IV en possédait trois qui sont restés pendant un assez long temps à la cour et qui figurent sur les comptes de 1599 à 1623; c'étaient *Albert de Xanica* — un Espagnol dont le nom est quelquefois transformé en *Albert de Janiche*, — *Merlin* et *Marin Noël* qui, en 1599 reçurent chacun, 100 livres tournois et 300 en 1623; Marin Noël est porté sur les comptes de cette dernière année comme « nain huissier du cabinet du Roy ». La reine avait également pour huissier de son cabinet un nain, nommé *Jean Manderon*, dit *Mandricart;* peut-être ce Mandricart est-il celui que nous avons déjà signalé parmi les cinq nains qui appartenaient à Catherine de Médicis en 1579; dans ce cas il ne devait plus être jeune; nous ne supposons pas cependant que ce soit son fils, puisque tous les exemples de nains qui se sont mariés et ont eu des enfants s'accordent pour nous montrer ces enfants comme étant d'une taille normale ou tout au moins de beaucoup supérieure à celle de leurs pères. Marin Noël vivait encore en 1642. Anne d'Autriche avait également, en cette même année 1642, un nain nommé *Balthazar Pinson* qui figure ainsi sur l'état de 1644 « *Louis Pinson*, dit *Balthazar* »; on le trouve encore sur les registres de 1650 et de 1656. mais il était alors nain « *ad honores* » et ne recevait pas de gages. Il avait eu pour compagnon *Roger Noël* qui, à sa mort, ne fut pas remplacé comme nain en titre d'office, et à la place duquel on entretint un huissier des ballets. Quand Balthazar mourut en 1662, la charge de nains fut définitivement abolie et il y eut alors deux huissiers des ballets, Jean Brunet et Pierre Pièche. Cependant on en trouve encore un, *Lutel*, qui figure sur les comptes de 1664 à 1668, mais ce fut, au moins à la cour de France, le dernier de ces petits personnages que les rois entretenaient à côté de leurs bouffons et sur lesquels nous regrettons de n'avoir pu trouver d'autres renseignements malgré toutes nos recherches[1].

Les princes du sang et les courtisans suivaient l'exemple qui leur était donné par le souverain; c'est ainsi que Henri de Bourbon, prince de Condé (le père du Grand Condé), avait un nain nommé *Jean Verjus*, né à la Charité-sur-Loire dans les premières années du dix-septième siècle et qui mourut rue du Bac, *au Dauphin*, le 13 juin 1658, à l'âge de cinquante-six ans; il est porté sur les registres de la paroisse Saint-Sulpice comme « nain de Monseigneur le prince de Condé ».

On trouve sur les registres de la même paroisse le nom de « *Don Pedro*, nain du marquis de Boufflers (Joseph-Marie), alors général des Dragons » mort le « 29 avril 1680, rue de l'Université, à l'hôtel dudit seigneur, âgé d'environ trente-six ans ».

Les ecclésiastiques eux-mêmes possédaient des nains. Artus de Lionne, qui fut depuis évêque de Gap et vicaire apostolique en Chine, avait parmi ses domestiques un nain qui fut enterré à Saint-Germain-l'Auxerrois : « *Jacob*, surnommé le *nain de M. l'abbé de Lyonne.* » Il mourut âgé de quarante ans, à une heure après minuit, le 6 octobre 1682, aux Grandes-Écuries du roi.

Marie-Thérèse, fille de Philippe VI, roi d'Espagne, avait

1. On raconte, toutefois, mais nous n'en avons aucune preuve réelle, que Louis XIV avait fait venir de Bretagne un nain âgé de trente-cinq ans et qui n'avait que quatorze pouces de hauteur (à peine quarante centimètres). C'est pour lui qu'auraient été faits les vers suivants :

« Non je ne me plains pas de ce que la nature
M'a fait de petite stature;
C'est un honneur pour moi qui partout retentit.
Je n'aurois pas la gloire sans seconde
D'être au plus grand homme du monde
Si je n'étois le plus petit. »

amené de son pays lorsqu'elle épousa Louis XIV, un certain nombre de femmes qui lui étaient fort attachées et parmi lesquelles figurait une naine. Mademoiselle de Montpensier, Anne-Marie-Louise d'Orléans, si connue dans l'histoire du dix-septième siècle sous le nom de *Mademoiselle*, nous en parle dans ses *Mémoires* : « La reine, dit-elle, avait aussi amené une naine qui était une monstrueuse créature; il y en a pourtant quelquefois de jolies, j'en ai eu plusieurs qui l'étaient fort[1]. »

C'est sans doute parmi ces dernières qu'il faut ranger celle dont Loret nous a conservé le souvenir dans sa *Gazette*[2] à la date du 15 février 1653. Nos lecteurs nous sauront gré de reproduire ici ces vers amusants dans leur exagération, mais qui prouvent bien que la petite merveille dont il est question était loin de ressembler à la *monstrueuse créature* de la Reine :

« Ces jours passez vint à mourir
(Sans que rien la put secourir),
Une mignonne incomparable.
Qui passoit pour choze admirable.
Qui l'on alloit voir tour à tour
Et que jadis (mesme) à la Cour
On ne voyoit qu'avec merveille
Personne enfin de grand renom.
Étoit-ce une baronne? Non.
Une marquize, une duchesse,

1. *Mémoires de mademoiselle de Montpensier, fille de Gaston d'Orléans, frère de Louis XIII, roi de France.* — 8 vol. in-12. Amsterdam, MDCCXXXV (t. VII, p. 10).

2. LORET (Jean), né à Carentan, se distingua par son esprit et sa facilité à faire des vers; il commença au mois de mai 1650 une *Gazette Rimée* qu'il adressait chaque semaine à mademoiselle de Longueville, devenue plus tard princesse de Nemours, et qu'il continua jusqu'au 28 mars 1664 : c'est le document le plus original, le plus complet et certainement le plus sincère que nous aient laissé les auteurs contemporains sur les quinze premières années du règne de Louis XIV. Les vers de Loret, bien que peu poétiques, sont faciles, spirituels, naïfs et quelquefois même burlesques, mais toujours pleins de bon sens et empreints de respect pour la vérité.

Une comtesse ou vicomtesse?
Elle n'étoit rien de cela.
Que diable étoit celle-là?
C'étoit (ô fortune cruelle!)
La naine de Mademoizelle,
Dont le très-chétif petit corps
Est maintenant au rang des morts.
Jamais près de Roi ny de Prince
On ne vid de naine si mince.
Quand une puce la mordoit
Et qu'icelle se défendoit,
La puce, pour finir la guerre,
La metoit aizément par terre,
Et la moindre haleine du vent
La faizoit tomber bien souvent.
Enfin elle étoit si petite
(Quoy qu'aucunement favorite)
Que dans un petit balancier[1]
De cuivre, d'airain ou d'acier,
Étant par plaizir un jour mise
Avec robe, jupe et chemize
Et de plus sa coiffure encor
Tout ne pezoit qu'un louis d'or.
. . . .
Or, en faveur de la princesse
Qui fut son illustre maîtresse
J'ai fait ce huitain, laid ou beau
Pour être mis sur son tombeau :

« Dans cette fosse souterraine
Git une naine plus que naine;
Mais j'ay tort de parler ainsi :
Elle n'est plus gizante icy.
Ce tombeau rien d'elle n'enserre,
Car deux très-petits vers de terre
En firent un maigre repas
Le propre jour de son trépas. »

Il est regrettable qu'aucun artiste du temps ne nous ait conservé les traits de cette *mignonne incomparable* à

1. Une petite balance.

laquelle on pourrait appliquer, sans métaphore, le vers que Molière met dans la bouche d'Éliante[1] :

« La naine, un abrégé des merveilles des cieux. »

Les rois d'Espagne continuèrent jusqu'au dix-huitième siècle à entretenir à leur cour de nombreux nains et si nous n'en avons pas les portraits reproduits par des artistes aussi célèbres que Torbido et Vélasquez, en revanche nous possédons sur leur compte quelques renseignements assez intéressants, grâce à Mme d'Aulnoy et aux lettres de la marquise de Villars.

« Je n'ai jamais, dit la première, rien vu de si joli que le nain du Roy[2] qui s'appelle *Louisillo*. Il est né en Flandre et d'une petitesse merveilleuse, parfaitement bien proportionné. Il a le visage beau, la tête admirable et de l'esprit, plus qu'on ne peut se l'imaginer, mais un esprit sage et qui sait beaucoup. Quand il va se promener, il y a un palefrenier monté sur un cheval qui porte devant lui un cheval nain qui n'est pas moins bien fait en son espèce que son maître en la sienne. On porte ce petit cheval jusqu'au lieu où Louisillo le monte, car il seroit trop fatigué s'il falloit qu'il y allât sur ses jambes, et c'est un plaisir de voir l'adresse de ce petit animal et celle de son maître lorsqu'il lui fait faire le manège. Je vous assure que quand il est monté dessus, ils ne font pas plus de trois quartiers de hauteur. Il disoit l'autre jour fort sérieusement qu'il vouloit combattre les taureaux à la première fête, pour l'amour de sa maîtresse Doña Elvire. C'est une petite fille de sept à huit ans d'une

1. *Le Misanthrope*, acte II, sc. v. — Lucrèce avait déjà dit dans son poème *De Rerum naturâ* :

« Parvula, pumilio, χαρίτων μία, tota merum sal »

(Petite, *naine*, une des Grâces, toute pure esprit.)

2. Charles II, qui épousa en premières noces, Marie-Louise d'Orléans, fille de Philippe d'Orléans, frère de Louis XIV.

beauté admirable[1]. La reine lui a recommandé d'être son galant[2].... »

Mme de Villars qui était allé rejoindre son mari, ambassadeur de France en Espagne, et dont les lettres adressées à Mme de Coulanges pendant les deux années qu'elle séjourna à Madrid (de 1679 à 1681) contiennent de bien curieux détails sur les coutumes espagnoles, parle ainsi de Louisillo dans sa quatrième lettre : « .... Le roi a un petit nain flamand, qui entend et qui parle très bien françois. Il n'aidoit pas peu à la conversation. On fit venir une des filles d'honneur en *garde-infante*[3] pour me faire voir cette machine. Le roi me fit demander comment je la trouvois, et je répondis [au nain] que je ne croyois pas qu'elle ait jamais été inventée pour un corps humain. Il me parut assez de mon avis[4].... »

Louisillo n'était pas le seul nain de la cour de Charles II; il avait de nombreux compagnons. « .... Ne croyez pas, au reste, dit Mme d'Aulnoy (p. 20), que Leurs Majestés soient environnées de personnes de la cour quand elles dînent. Il y a tout au plus quelques dames du palais, des menins[5] et *quantité de naines* et *de nains*. » Ce fait

1. C'était une enfant dont la mère mourut sur un vaisseau pris par les pirates d'Alger. Recueillie par une pauvre femme, elle était revenue à Madrid ramenée avec un certain nombre de prisonniers rachetés par les religieux; c'est alors que la Reine l'ayant vue, s'était intéressée à elle, l'avait prise au Palais et s'y était bientôt tellement attachée qu'elle ne pouvait plus s'en passer.

2. *La Cour et la ville de Madrid, vers la fin du XVIIe siècle, relation du voyage d'Espagne*, par la comtesse d'Aulnoy. — 2 vol. in-8°, Paris 1874 (t. Ier, p. 580).

3. On appelait ainsi un grand vertugadin, d'un usage fort incommode, que portaient les femmes espagnoles et qui servait surtout à empêcher qu'elles ne fussent trop pressées par la foule. Mme d'Aulnoy (t. II, p. 124 et sq.) parle longuement de cet ajustement.

4. *Lettres de la marquise de Villars*, édit. Courtois. — Paris 1868, un vol. in-8°, p. 91.

5. Les menins (*meninos*) étaient de jeunes garçons de haute naissance remplissant auprès de la reine, des infants et des infantes les fonctions de pages; mais ils étaient considérés comme étant de beaucoup supérieurs à ces derniers.

est confirmé par Mme de Villars (lettre VII p. 104) : « .... Le roi mène souvent la reine dans des couvents, et ce n'est point du tout une fête pour elle.... Le Roi et la Reine sont assis chacun dans un fauteuil, des religieuses à leurs pieds et beaucoup de dames qui viennent leur baiser les mains. On apporte la collation : la reine fait toujours ce repas d'un chapon rôti. Le roi la regarde manger et trouve qu'elle mange beaucoup. Il y a deux nains qui soutiennent toujours la conversation. »

Pauvre jeune reine! qui venait de quitter la cour fastueuse de Louis XIV et les fêtes du Palais-Royal, et à laquelle on donnait pour toute distraction une promenade dans un couvent de religieuses, où son mari trouvait qu'elle mangeait trop et où elle n'avait que deux nains pour « soutenir la conversation » ! Au reste, sa belle-mère, Marie-Anne d'Autriche, fille de l'empereur Ferdinand III, n'avait pas été mieux partagée et n'avait même pas le droit de rire des facéties de ses nains. « Cette gravité naturelle ou affectée, dit un voyageur, est une partie si essentielle à la Royauté en ce païs, qu'on nous a dit qu'un iour, la Reyne s'estant emportée à rire un peu trop à table, par les postures et les discours ridicules d'un nain bouffon, on l'avertit que cela n'estoit pas séant à une Reyne d'Espagne, et qu'il falloit estre plus sérieuse, de quoy se trouvant surprise, estant ieune et nouvellement arrivée d'Allemagne, elle leur dit qu'elle ne s'en pouvoit empescher, si on ne lui ostoit cet homme et qu'on avoit tort de le luy faire voir si on ne vouloit pas qu'elle en rît[1]. »

Il est à présumer que le petit-fils de Louis XIV, Philippe V, fit tomber en désuétude la charge des nains de cour que son aïeul avait abolie en France; au moins, ne voyons-nous plus aucune mention de nains après son avènement au trône d'Espagne.

1. *Voyage d'Espagne, curieux, historique et politique*, faict en l'année 1655 (attribué à VAN AARSEN DE SOMMERDYCK), pet. in-4°, p. 52.

En Angleterre, au dix-septième siècle, nous trouvons deux nains qui sont devenus également célèbres, l'un par son réel talent de peintre, l'autre par son existence accidentée et les événements auxquels il s'est trouvé mêlé. Le premier est *Richard Gibson,* communément designé sous le nom de *Gibson le Nain*, pour le distinguer de son neveu William et de son fils Edward Gibson, tous les deux peintres comme lui. Horace Walpole, dans ses *Anecdotes of painting*[1], lui a consacré une notice intéressante qu'il a accompagnée de son portrait et de celui de mistress Gibson, gravés par Walker.[2]

Richard Gibson, né vers 1615, fut placé, tout jeune encore, par lady Mortlake, dont il était page, chez Francesco Cleyne, chef des ateliers de tapisserie de Charles Ier, pour apprendre à dessiner; il y fit de rapides progrès et se perfectionna ensuite tout seul dans l'art de la peinture en copiant les œuvres de sir Peter Lely, le peintre célèbre des beautés de la cour de Jacques II[3]. Il commença par produire des tableaux représentant des sujets bibliques et des scènes historiques, mais il s'appliqua surtout à la peinture des portraits et, principalement, des portraits en miniature; il fit plusieurs fois, paraît-il, celui de Cromwell. Nous ne connaissons dans les musées de Londres, non plus qu'à Hampton-Court, si riche cependant en œuvres du dix-septième siècle, aucune peinture de Richard Gibson, et nous ne pourrions nous prononcer sur leur mérite artistique qu'en invoquant le

1. Walpole (Horace, Earl of Oxford) *Anecdotes of painting in England, collected by G. Vertue, and now digested and published, from his original, mss., by Horace Walpole.* — Strawberry Hill, 1762-71, 5 vol. pet. in-4°.

2. Ces portraits manquent à l'édition de la Bibliothèque nationale.

3. «La duchesse d'Yorck, dit Hamilton dans les *Mémoires de Grammont*, voulut avoir les portraits des plus belles personnes de la cour. Lely les peignit, il employa tout son art dans l'exécution. Chaque portrait parut être un chef-d'œuvre. » Ces portraits sont aujourd'hui à Hampton-Court.

témoignage des écrivains anglais qui signalent comme une œuvre admirable une miniature faite d'après le portrait de la reine Henriette-Marie peint par Van Dyck. Ce qui est certain c'est que les œuvres de Gibson étaient fort appréciées de ses contemporains, et qu'ils avaient une valeur considérable pour l'époque; l'une d'elles fut même la cause d'un événement tragique. C'était une miniature représentant la parabole du *Bon Pasteur*[1] à laquelle Charles Ier attachait un grand prix et qu'il avait confiée avec les plus vives recommandations aux soins de Vanderdort[2], conservateur de sa galerie. Pour se conformer à ces ordres, Vanderdort serra la précieuse peinture, mais si soigneusement qu'il lui fut impossible de la retrouver quand le roi la lui demanda quelques jours après. Saisi de frayeur à la pensée de l'avoir perdue ou craignant qu'on ne l'accusât de l'avoir vendue, le malheureux conservateur se pendit dans un accès de désespoir : peu de jours après sa mort on retrouva la miniature à la place où il l'avait trop bien cachée.

Gibson était attaché à la personne de Charles Ier en qualité de nain et plus spécialement de page de la garde-robe; il épousa la naine de la reine Henriette-Marie, *Anne Shepherd*, qui était exactement de la même taille que lui. Le roi et la reine assistèrent à leurs noces, et cette dernière fit présent à la fiancée d'une riche bague ornée d'un superbe diamant. Edmond Waller, le poète de la cour, fit à cette occasion une assez jolie pièce de vers qui nous a été conservée dans les recueils du temps sous le titre : *Of the Marriage of the Dwarfs* (*Du mariage des nains*). Nous en citerons les passages suivants

1. *The Parable of the Lost Sheep*; littéralement la *Parabole du mouton perdu*.

2. Abraham VANDERDORT, né en Hollande, sculpteur, graveur en médailles et quelque peu peintre, fut obligé de quitter son pays. Charles Ier l'accueillit avec bienveillance et le nomma conservateur de sa galerie de peinture qui renfermait une assez grande quantité d'œuvres importantes dont il a fait un catalogue précieux.

en regrettant de ne pouvoir leur conserver le charme et la concision des vers originaux :

« Hasard ou chance sont les causes habituelles des mariages; mais la nature seule a fait cette union. Il eût été aussi impossible à Ève de fuir Adam, qu'à la fiancée d'aujourd'hui de refuser sa main à celui que le ciel semble avoir formé pour elle seule, de même que c'est pour lui qu'elle aussi a été créée.

« Trois fois heureux est ce petit couple; ils sont tous deux au-dessous du niveau de toute préoccupation; les flèches de la défiance et de la triste jalousie passent par-dessus leurs têtes et le bonheur de leur union est aussi assuré que si le monde les contenait seuls.

. . . .

« Ah! Chloris! pourquoi la bienveillante nature ne nous a-t-elle pas ainsi séparés des autres humains! Pourquoi ne nous a-t-elle pas aussi créés l'un pour l'autre, puisque l'amour m'a créé pour vous seule! »

L'aimable poète fut dans cette circonstance un véritable prophète et l'histoire de nos deux nains peut se terminer comme se terminent les contes de fées : ils vécurent heureux, eurent beaucoup d'enfants et sont morts dans un âge avancé. Mistress Gibson, en effet, vécut jusqu'à l'âge de quatre-vingt-neuf ans, après avoir donné le jour à neuf enfants dont cinq arrivèrent à l'âge d'homme sans hériter de la courte stature de leurs parents; quant à Gibson, qui conserva pendant toute son existence l'affection des différents souverains à la cour desquels il resta attaché, il fut nommé professeur de dessin des deux filles de Jacques II, les princesses Marie et Anne, plus tard reines d'Angleterre, et mourut âgé de soixante-quinze ans, le 23 juillet 1690; il fut enterré à Covent-Garden. Les deux époux avaient exactement la même taille : trois pieds, dix pouces anglais (environ $1^{m},15$).

Il existe d'eux plusieurs portraits. Sir Peter Lely avait peint en 1658 celui de Gibson en buste et plus tard celui des deux époux se tenant par la main; ce dernier portrait avait été fait pour sir Philip, comte de Pembroke, qui était leur protecteur; le premier appartint plus tard à Rose, le joaillier, gendre de Gibson, qui possédait encore un autre portrait où son beau-père était représenté, avec son maître Cleyne, vêtu du costume vert des archers et tenant en main un arc et des flèches; Rose avait conservé entre autres souvenirs, l'arc dont se servait habituellement, et avec beaucoup d'adresse, l'artiste nain qui était passionné pour cet exercice. W. Hamilton, ambassadeur d'Angleterre à Naples, si connu par la belle collection de vases grecs et étrusques qu'il avait rassemblée et les travaux qu'il a publiés sur ce sujet, possédait à la fin du siècle dernier, un portrait de Gibson dessiné par Van Dyck qui avait peint également mistress Gibson dans le beau tableau qui représente la duchesse de Richmond.

Gibson, sans être aussi élégant ni aussi fin que le comte Borulawski dont nous parlerons plus loin, était cependant, à en juger par ses portraits et d'après le témoignage de ses contemporains, fort bien proportionné dans sa petite taille; ses manières étaient distinguées et, suivant l'expression d'un de ses biographes, « il possédait et exerçait tous les talents qui font le parfait gentleman ».

Un savant auteur qui vivait à cette époque, Evelyn, dans ses *Numismata*, publiés en 1697, parle avec admiration de Gibson et de son épouse « ce couple abrégé qu'il a connu » et surtout de « feu M. Gibson, cet homme menu, d'une proportion convenable, qui peut à juste titre, être considéré comme le plus grand et le meilleur des peintres en miniatures de cette époque[1] ». Il cite également quelques autres nains, entre autres « *Ramus*, qui appartenait à Thomas, comte Marschal, savant malgré sa petite taille, et qui, accompagnant ce noble lord, lors-

1. *Evelyn's Numismata*, p. 268.

qu'il fut envoyé avec un train magnifique en ambassade à Vienne à propos de la restitution du Palatinat au Roi de Bohême, fit à l'Empereur, avec grâce et éloquence, un si beau discours en latin, qu'il reçut en récompense une chaîne d'or et une médaille », et il ajoute gravement « que de semblables curiosités, géants ou nains, devraient être représentées sur des médailles frappées en leur honneur, pour en perpétuer le souvenir parmi les hommes ».

A la même époque vivait également à la cour d'Angleterre un autre petit personnage plus célèbre encore que Gibson; c'était *Jeffrey* ou *Geoffrey Hudson*, né en 1616, à Oakham, dans le Rutlandshire. Wright, dans son *Histoire du Rutlandshire*, nous apprend que son père, John Hudson, ainsi que sa mère, étaient d'une forte stature et que tous leurs enfants, Jeffrey excepté, étaient grands et bien faits; et un autre historien, Fuller, ajoute que John Hudson s'occupait spécialement, à Burleigh-on-the-Hill, une des résidences de George, duc de Buckingham, des combats de taureaux contre les chiens « et vous savez, dit-il, si c'est une place qui demande de la vigueur à celui qui la remplit ». C'est à Burleigh, que le petit Jeffrey fut présenté par son père à la duchesse de Buckingham; il avait alors à peu près huit ans et à peine un pied et demi de hauteur, ainsi que l'assura à Fuller « John Amstrong de Cheshunt, personnage parfaitement croyable, qui a été témoin oculaire ». La duchesse fut émerveillée et Jeffrey « grandit instantanément non en hauteur, mais en condition ». Il échangea ses haillons pour de magnifiques habits de soie et de satin et eut deux grands domestiques spécialement attachés à sa petite personne.

On raconte de la première enfance de Jeffrey une histoire assez amusante pour que nous la reproduisions ici sans en garantir l'authenticité. Un mauvais plaisant ayant appris qu'une de ses voisines, vieille bavarde s'il en fût, avait invité secrètement quelques commères des environs à une fête intime dans laquelle on devait médire du prochain, s'empara furtivement de son chat qu'elle avait baptisé du nom de « Rutterkin » le tua, le dépouilla et couvrit de sa peau bien préparée à cet effet, le petit Jeffrey qu'il apporta dans un coin de la pièce où devait se réunir la société. Au moment où le repas touchait à sa fin, une des commères apercevant le chat, lui tendit un morceau de fromage : « Merci! dit Jeffrey dans la peau « du chat, quand Rutterkin a faim, il sait se servir lui-« même, » et en même temps il sauta légèrement sur la table. Les pauvres femmes affolées se levèrent et s'enfuirent en poussant des cris épouvantables. « C'est une « sorcière, disaient-elles, c'est une magicienne! elle a un « chat qui parle! » On découvrit bientôt le secret, au grand désespoir de la pauvre hôtesse qui ne put se consoler de la perte de son favori.

Peu de temps après son mariage, Charles Ier, dans un voyage qu'il fit à travers le Rutlandshire, avec sa jeune épouse, reçut l'hospitalité à Burleigh, où le duc de Buckingham lui donna plusieurs fêtes somptueuses; dans un des repas qui eurent lieu à cette occasion, Jeffrey fut servi sur la table dans un pâté d'où il sortit vêtu en chevalier et armé de pied en cap; il fut alors présenté et offert par la duchesse à la reine Henriette-Marie qui l'accepta et le prit auprès d'elle en qualité de page. Bientôt les dames de la cour raffolèrent du petit Jeffrey qui rivalisait avec le singe de la reine pour les amuser. Il n'en était pas de même des courtisans et des domestiques qui le raillaient souvent; il eut même avec eux plusieurs querelles sérieuses, entre autres avec le portier du château, *William Évans*, véritable géant, qui ne laissait échapper aucune occasion de taquiner le pauvre nain. Dans un bal masqué qui eut lieu à la cour, Évans entra à un certain moment dans la salle, et tirant d'une de ses poches un immense morceau de pain, il sortit de l'autre, à la grande joie des spectateurs, le petit Jeffrey qu'il posa sur le pain et dans lequel il fit mine de mordre comme dans un morceau de fromage. Un autre jour, surprenant notre héros occupé à faire sa toilette, il l'enleva d'une main et menaça de le noyer dans sa cuvette; il racontait aussi en plaisantant qu'il l'avait sauvé d'une mort certaine en lui tendant une petite branche, un jour que le vent l'avait enlevé comme une feuille et poussé dans la Tamise. Jeffrey qui supportait difficilement les plaisanteries, surtout quand elles s'attaquaient à l'exiguïté de sa taille, ne pardonna jamais au géant de l'avoir ainsi tourné en ridicule.

On voit encore sur la façade d'une maison située dans *Newgate street*, près de Bagnio-Court, un bas-relief en pierre sculptée qui servait probablement d'enseigne, et qui représente William Evans et Jeffrey; elle porte gravée en creux les lettres M. P. A. (probablement les initiales du propriétaire de la maison) et l'inscription *The King's Porter and Dwarf* (le portier du roi et le nain). Cette sculpture paraît être contemporaine des deux personnages qui y sont représentés.

Un jour, le roi, dans un accès de bonne humeur et par plaisanterie, conféra à Jeffrey l'ordre de la chevalerie; le petit homme gonflé d'orgueil à cette marque de la faveur royale, se crut un personnage important et rougissant de l'humilité de sa naissance, ne voulut plus reconnaître son père; « mais, dit un de ses biographes, le roi apprit cet acte d'ingratitude et, par ses ordres, Jeffrey fut rudement corrigé. »

Jeffrey n'avait alors qne dix-huit pouces, de haut; mais par une singularité inexplicable, il grandit lorsqu'il fut parvenu à l'âge de trente ans et atteignit alors trois pieds neuf pouces (environ $1^{m},12$).

Sir Walter Scott, qui a fait figurer ce singulier personnage dans un de ses plus remarquables romans, *Peveril du Pic*, le décrit ainsi d'après les témoignages contemporains et les portraits qu'avaient faits de lui Van Dyck, Mytens et autres artistes de l'époque.

« Jeffrey Hudson, quoique nain de la plus petite stature, n'offrait rien de contrefait ni dans sa taille ni dans sa physionomie. Sa grosse tête, ses longues mains et ses pieds étaient à la vérité, disproportionnés à son corps, et sa taille était plus épaisse que ne l'auraient exigé les

Fig. 15. — *Jeffrey Hudson*, d'après le tableau peint par Mytens.

règles de la symétrie; mais l'effet qui en résultait était plaisant sans avoir rien de désagréable. S'il eût été un peu plus grand, il aurait même pu passer dans sa jeunesse pour avoir de beaux traits; dans sa vieillesse ils étaient encore frappants et expressifs, et ce n'était que la disproportion considérable qui se trouvait entre sa tête et son corps qui les faisait paraître bizarres et singuliers, effet qu'augmentaient encore ses moustaches, qu'il s'était plu à laisser croître de manière qu'elles allaient presque se confondre avec sa chevelure grise[1] ».

Henriette-Marie, très fière de son nain, voulut le faire connaître à sa mère, et l'envoya à Paris en 1630 avec les personnes qui devaient lui ramener une sage-femme française et un maître de danse. Jeffrey resta pendant quelque temps auprès de Marie de Médicis qui le combla de présents et le renvoya en le chargeant de nombreux cadeaux pour sa fille; mais en traversant la Manche, le vaisseau qu'il montait fut poursuivi et pris par des corsaires de Dunkerque qui enlevèrent au pauvre nain non seulement les présents destinés à la reine, sa maîtresse, mais aussi ceux qu'il avait reçus pour lui-même, plus une somme de deux mille cinq cent livres qui lui avait été donnée.

C'est à propos de cet événement que William Davenant[2] écrivit un poème tragi-comique intitulé *Jeffreidos* dont notre nain est le héros et dans lequel l'auteur suppose un combat entre Jeffrey et un dindon. En commençant, le poète décrit le vaisseau dans lequel le petit homme retourne en Angleterre, comme un vieux bâtiment étroit, mal équipé et incapable de résister sérieusement à la moindre tentative d'abordage; il montre ensuite l'étonnement des corsaires dunkerquois trouvant Jeffrey caché sous un chandelier, son envoi à Bruxelles pour traiter de sa rançon; sa chute en chemin, et le danger que lui fit courir un dindon qui s'apprêtait à l'avaler, le prenant pour un grain

1. WALTER SCOTT, *Peveril of the Peak;* trad. Defauconpret, chapitre XXXIV.

2. William DAVENANT fils d'un cabaretier, naquit à Oxford en 1606; tout jeune encore il montra un très grand talent pour la poésie et surtout pour le théâtre. Charles Ier qui l'estimait beaucoup lui donna le titre de chevalier en 1643. Il mourut en 1668. Les œuvres de sir William Davenant qui se composent de tragédies, de tragicomédies, de *mascarades*, et de poésies diverses, ont été réunies en un vol. in-fol. publié en 1673.

de blé; la bataille qui s'ensuivit et l'intervention opportune de la sage-femme qui, à sa demande l'arracha au péril qui le menaçait : « Jeffrey, alors, fut renversé immédiatement; pendant qu'il gisait sur le côté, étourdi et respirant à peine, son cruel ennemi l'attaquait de son bec; il aperçut heureusement la sage-femme qu'il avait ramenée de France avec lui et lui crie : Un cœur nourri « dans les combats et qui jamais, jusqu'ici, n'est descendu à la prière, t'implore maintenant, ô toi! à qui « tant d'êtres ont dû leur délivrance; sois assez bonne « pour me délivrer aussi! »

Ce poème, écrit en vers faciles, eut un assez grand succès et le pauvre Jeffrey, qui endurait malaisément les quolibets auxquels il était en butte de la part des courtisans et des domestiques, surtout ainsi que nous l'avons dit plus haut, depuis qu'il avait été armé chevalier, eut à cette occasion de fréquentes disputes; plus tard même, en France, où il avait suivi sa royale maîtresse après la mort de Charles Ier, il provoqua en combat singulier, un jeune gentilhomme nommé Crofts, frère de lord Crofts, qui s'était montré un des plus acharnés parmi les railleurs. Crofts accepta le défi; malheureusement pour lui il voulut pousser la plaisanterie jusqu'au bout et traitant le petit offensé avec mépris, il arriva sur le lieu du combat armé seulement d'une *seringue*. Cette dernière insulte exaspéra à un tel point notre héros qu'il força son adversaire à se battre sérieusement; le sort lui ayant donné le droit de tirer le premier, il lança son cheval contre le malheureux Crofts et le tua d'un coup de pistolet. Pour venger la mort de son frère, lord Crofts fit emprisonner le nain; mais il sortit bientôt de prison et fut simplement exilé de la cour pendant un certain temps.

Jeffrey, du reste, avait des défenseurs; en 1736 il parut en sa faveur un petit livre extrêmement rare et dont nous n'avons pu voir aucun exemplaire, aussi bien à Paris qu'à la riche bibliothèque du *British Museum*. Cet ouvrage microscopique est intitulé : « *Présent de la nouvelle année, offert à la cour d'Angleterre par lady Parvula à Lord Minimus* (*communément appelé le petit Jeffrey*), *serviteur de Sa Majesté, avec une lettre sténographique dans laquelle on prouve que les petits valent mieux que les grands. Écrit par Microphilus*[1]. » Nous trouvons au sujet de ce livre une lettre adressée à William Hone, et qu'il a publiée dans le *Year book*, recueil très intéressant et qui donne de curieux renseignements sur les mœurs anglaises des siècles passés. Le correspondant de Hone lui signale un exemplaire de *The New Year's Gift* qui se trouvait parmi les livres de M. Nassau, frère de lord Rochford, vendus en février 1824 par M. Evans, de Pall-Mall; cet exemplaire portait à la première page une petite gravure de Martin Droeshout représentant Jeffrey, en pied, et, au-dessous, les deux vers suivants :

« Gaze on with wonder, and discerne in me
The abstract of the world's epitome. »

(Contemplez-moi avec étonnement et considérez en moi un extrait de l'abrégé du monde.)

Au commencement de la Révolution d'Angleterre, Jeffrey qui malgré sa vanité était, en réalité, courageux et dévoué, fut nommé capitaine dans la cavalerie, et fit partie en cette qualité des partisans qui accompagnèrent Henriette-Marie quand elle se réfugia en France. C'est alors qu'eut lieu le duel que nous avons raconté plus haut et qui devait avoir une issue si fatale. Plus tard, nous retrouvons notre pauvre nain prisonnier de nouveau; mais cette fois c'étaient des pirates turcs qui l'avaient pris et qui l'envoyèrent en Barbarie où il fut

1. *The New Year's Gift, presented at court from the Lady Parvula to the lord Minimus (commonly called Little Jeffrey) her Majesty's servant. — Written by Microphilus*, 1636.

vendu comme esclave, condamné à un travail pénible et en butte à toutes les humiliations. Il attribuait la croissance tardive que nous avons signalée, au dur labeur qu'il avait été obligé de supporter alors.

Racheté bientôt par les soins de la reine, il retourna en Angleterre lors de la Restauration; mais il resta peu à la cour et vécut pendant quelque temps dans son pays natal où le duc de Buckingham et quelques autres seigneurs lui firent une pension. Mais cet être malheureux pour lequel la nature et la fortune semblent avoir été également cruelles n'était pas destiné à finir ses jours en paix. Revenu à Londres, il fut arrêté sous l'inculpation, si commune alors, d'avoir pris part au complot papiste et enfermé à Westminster dans la prison de Gate-House où il termina en 1682 sa triste existence à l'âge de soixante-trois ans environ.

Il existe de lui plusieurs portraits. Walpole, dans ses *Anecdotes of Painting* que nous avons déjà citées, dit en parlant du célèbre peintre David Mytens : « il y a de lui au Palais de Saint-James, un portrait de Jeffrey Hudson, le nain, tenant un chien en laisse; le paysage en est d'une couleur chaude et fraîche qui rappelle Snyder ou Rubens. Mytens l'a peint aussi dans le tableau où il a représenté Charles Ier et son épouse, tableau qui appartenait au feu comte de Dunmore, mais je préfère le premier portrait. Un autre portrait, peint également par Mytens, et dans lequel Jeffrey est vêtu d'un habit rouge est à Hampton-Court; il est daté de 1650. On le retrouve encore à côté de la reine Henriette-Marie dans le beau portrait que Van Dyck a fait de cette princesse[1]. »

D'autres poètes que Davenant ont chanté le petit Jeffrey et presque tous les auteurs qui vivaient de son

1. On connaît également de lui plusieurs portraits gravés à différentes époques.

temps ont parlé de lui ; nous nous bornerons à citer les vers que Heath lui adressait en 1658 dans sa *Clarastella* :

« Petit Sir ! il me semble que dans votre toute petite personne je vois exprimé le plus petit abrégé du monde ; cependant vous pouvez vous dire homme et vous l'êtes en résumé, bien que vous soyez imprimé en plus petits caractères. Mais le livre de poche renferme souvent autant que l'épais in-folio imprimé en grosses lettres, et souvent aussi il est plus utile. Quoique vous paraissiez peu élevé, vous êtes grand et haut dans l'estime de vos concitoyens et votre âme ainsi que votre esprit sont aussi grands que ceux des autres hommes : le courage n'est pas, comme la force, limité à la grosseur. »

La mode des nains en titre d'office qui était tombée en désuétude à la cour de France devait bientôt cesser également en Angleterre ; le dernier que l'on y vit paraître fut un petit Allemand nommé *Conrad Ernest Coppernin*, âgé de trente-cinq ans et qui n'avait que trois pieds et cinq pouces de haut (1^{m},037) ; il appartenait à la princesse Wilhelmine-Caroline de Brandebourg, qui l'avait amené avec elle quand elle épousa, en 1705, le prince de Galles, depuis Georges II. Les nains, du reste, semblent avoir été de tradition à la petite cour de Brandebourg et l'on raconte même que la première épouse de Joachim-Frédéric voulut tenter l'expérience qu'avait faite inutilement Catherine de Médicis ; à cet effet elle réunit un certain nombre de nains des deux sexes, et les maria ensemble ; mais son attente fut trompée et elle ne put perpétuer la race des pygmées qu'elle avait ainsi unis.

Pierre-le-Grand, ou plutôt la princesse Nathalie, sa sœur, avait également marié ensemble deux nains de sa cour ; on donna à cette occasion une fête à tous les nains que l'on put rassembler dans le royaume à deux cents milles à la ronde ; nous en trouvons la relation suivante dans l'*Almanach de Gœttingue* (édition française), sous le titre : *Solennité de mariage d'un couple de nains.*

« L'an 1713, la princesse Nathalie, sœur unique de Pierre-le-Grand, de la même mère, prépara des noces solennelles pour un nain et une naine de sa cour qui avaient résolu de s'épouser. Pour cet effet, ayant fait construire plusieurs petits carosses et fait venir de petits chevaux des îles Schetlandes pour les y atteler, elle fit inviter tous les nains de l'Empire au nombre de quatre-vingt-treize. On les conduisit d'abord en grande procession par toutes les rues de la ville de Moscou. Il y avait à la tête une grande voiture remplie de musiciens qui faisaient retentir les timbales, les trompettes, les cors de chasse et les hautbois. Ensuite venait le maréchal de la cour suivi de son cortège à cheval, deux à deux; puis l'époux et l'épouse dans un carosse à six chevaux, accompagnés de leurs conducteur et conductrice et suivi des autres nains, quatre à quatre, dans quinze petits carosses attelés chacun de six petits chevaux de Schetlande. Ce fut un spectacle surprenant que de voir tant de petites créatures ensemble dans des équipages proportionnés à leur taille. Deux escadrons de dragons escortaient la marche pour écarter la presse et plusieurs personnes de condition accompagnèrent dans leurs carosses ce petit couple jusque dans l'église où il fut uni par la bénédiction nuptiale. De là cette procession se rendit dans le même ordre au Palais de la princesse où un festin magnifique attendait la compagnie. Deux grandes tables se trouvèrent dressées des deux côtés du salon, où les nains furent régalés. La princesse avec ses deux nièces, Anne et Élisabeth, ne se mirent à table qu'après avoir vu que les convives avaient pris leurs places et que tout était servi en bon ordre. Le soir, la princesse elle-même conduisit fort solennellement la nouvelle mariée dans sa chambre. Après cette cérémonie on assigna un grand appartement à la compagnie des nains pour s'y divertir, et le tout se termina par un bal qui dura jusqu'au lendemain matin. La suite de la princesse fut si nombreuse en cette occasion qu'elle occupa plusieurs appartements. » D'après la relation que nous venons de rapporter le mariage de ce couple de nain aurait été célébré à Moscou par ordre de la princesse Nathalie; mais il en existe une autre d'après laquelle le même fait se serait passé à Saint-Pétersbourg sous le patronage du czar lui-même. A part ces différences, les deux récits concordent si bien ensemble, les détails en sont tellement semblables que nous devons croire qu'il y a eu confusion dans l'esprit des narrateurs et que cette cérémonie n'a eu lieu qu'une fois sous le règne de Pierre-le-Grand. Ce qui est certain, c'est que ce prince affectionnait beaucoup les nains et qu'il en avait constamment auprès de lui. Nous avons parlé plus haut de cette naine centenaire que le docteur Mathieu Guthrie avait vue en Russie en 1794 et que Pierre-le-Grand, auquel elle avait appartenu, appelait familièrement sa *poupée*; nous pourrions invoquer d'autres témoignages, entre autres celui de Le Fort, d'abord compagnon de plaisirs du czar et plus tard commandant en chef de ses armées, qui, dans ses *Mémoires* cités par Voltaire[1], dit en parlant des premiers voyages que fit Pierre-le-Grand : « .... il y avait en tout deux cents personnes; et le czar se réservant pour tous domestiques un valet de chambre, un homme de livrée et un *nain*, se confondait dans la foule. » Nous lisons également dans les *Mémoires secrets* de Villebois que la première femme de ce prince, la czarine Eudoxie qu'il avait répudiée, avait eu une naine qui la suivit, elle aussi, dans sa prison : « .... Eudochia resta confinée dans sa prison depuis l'année 1719 jusqu'au mois de may 1727, et elle n'y eut d'autre compagnie et assistance que celle d'une vieille nayne qu'on avoit enfermée avec elle pour luy préparer à manger et laver son linge; foible secours qui luy fut souvent inutile et même à charge en ce qu'elle se trouva plus d'une fois obligée de servir à son tour la nayne,

1. VOLTAIRE, *Histoire de l'Empire de Russie sous Pierre-le-Grand*, Ire partie, ch. IX.

lorsque les infirmités de cette créature la mettoient hors d'état d'agir[1]. »

La mode des nains subsista longtemps du reste en Russie; Porter, dans ses *Voyages en Russie et en Suède* publiés au commencement de ce siècle, nous apprend que, dans la première de ces contrées, la coutume d'entretenir des bouffons et des nains est très répandue chez les nobles et les grands seigneurs; et après avoir constaté avec satisfaction que les naines y sont relativement rares, il ajoute : « Les nains y sont là comme pages chez les grands auxquels ils servent de divertissement; dans toutes les réceptions, ils se tiennent, quatre heures durant, derrière le siège de leurs maîtres, portant leur tabatière ou attendant leurs ordres. Il y a peu de grands seigneurs ou même de simples gentilshommes dans ce pays qui ne possèdent un ou plusieurs de ces jouets de la nature. Les nains sont généralement les personnes les plus richement vêtues parmi tous les serviteurs de la maison et leurs uniformes ou leurs livrées coûtent souvent des sommes considérables. En présence de leurs maîtres, ils se tiennent ordinairement dans un angle de la pièce, faisant l'office de pages; en leur absence, ils sont plus particulièrement chargés de soigner les chiens, de les tenir propres et de les peigner. La race de ces malheureux, très nombreuse en Russie, est véritablement remarquable par sa petitesse. Ils sont généralement bien proportionnés; leurs mains et leurs pieds sont particulièrement bien faits et gracieux. Sauf leur tête qui, presque toujours, est un peu trop grosse, nous ne pouvons réellement trouver rien à reprocher dans leur ensemble et si on les considère en masse, ils sont, à quelques exceptions

1. *Mémoires secrets pour servir à l'histoire de la Cour de Russie sous les règnes de Pierre-le-Grand et de Catherine I*re, d'après les manuscrits originaux du sieur de Villebois. — Paris, 1855, in-8° (p. 63).

près, si bien faits et si jolis dans leurs petites personnes, que l'on ne peut pas s'en faire une idée exacte quand on ne connaît que les êtres disgracieux et difformes que l'on montre dans nos foires en Angleterre (je ne veux pas dire par là cependant que nous devions envier à la Russie ces échantillons de la race humaine). Il est véritablement curieux de voir comment ces nains se ressemblent presque tous entre eux; leurs traits sont tellement semblables généralement que vous pourriez facilement vous imaginer qu'un seul couple de nains a produit tous ceux que l'on voit dans ce pays[1]. »

Plus tard le capitaine Colville Frankland, dans sa *Narration d'une visite aux cours de Russie et de Suède*, en 1830 et 1831, dit :

« Madame Divoff, ainsi, du reste, que beaucoup d'autres grandes dames russes, a dans sa maison un nain qui lui tient constamment compagnie; il est plus laid et plus désagréable que tous ceux de son espèce. La princesse Serge Galitzin fait également sa société d'un être de cette sorte et les Lisianskis en ont toujours parmi leurs domestiques. Un de ces derniers soirs, voyant la belle Mademoiselle Rosetti qui, au bal donné par Mme Divoff, carressait son vilain petit nain : « Il me semble voir, lui dis-je, la Belle et la Bête, Zemir et Azor!... » A une très agréable fête de famille chez le prince Paul Galitzin, il y eut une mascarade, pendant laquelle parurent plusieurs nains des deux sexes; ces drôles de petits avortons étaient très bien faits et vraiment assez agréables à voir; Ils sautillaient et gambadaient au milieu des enfants de la maison comme s'ils n'étaient pas eux-mêmes — ce qu'ils sont en réalité — des hommes et des femmes, mais de véritables enfants. Un de ces pauvres petits êtres, vêtu d'un superbe costume de hussard, dansa très élégamment et avec beaucoup de grâce et de vivacité,

1. Porter, *Travels in Russia and Sweden*, in-8, 1805-1808.

une mazurka pour laquelle il avait invité comme partenaire la gouvernante des enfants de la maison, belle et grande jeune fille de vingt-cinq ans environ. A ma demande, il chanta également une romance russe en s'accompagnant lui-même sur le piano; il avait une petite voix de baryton triste et plaintive. La bonté de la noblesse russe envers ces infortunés fait le plus grand honneur au caractère national.[1] »

Actuellement même, la mode des nains paraît exister encore dans l'empire des czars; M. Tissot, dans la relation de son voyage qu'il a publiée en 1882 dans *l'Illustration*, mentionne un nain qui figurait parmi les domestiques préférés d'un comte russe; il ajoute que l'on en rencontre fréquemment dans un grand nombre de résidences, et un jeune Polonais de nos amis a vu souvent, dans ces dernières années, chez un propriétaire d'Itluboczeck, près Tarnopol, un nain, âgé de vingt ans à peu près né en Galicie, d'une taille minuscule et qui ne pèse que 14 kilogrammes.

Il nous faut maintenant revenir un peu en arrière pour citer deux nains dont on a beaucoup parlé dans la dernière moitié du siècle dernier et qui sont certainement, avec Jeffrey Hudson, les plus célèbres et les plus connus de tous ceux qui ont été attachés à la cour des princes et des grands seigneurs. Ils étaient contemporains et ont même vécu ainsi que nous le verrons plus loin, pendant quelque temps ensemble.

1. Captain COLVILLE FRANKLAND, *Narrative of a visit to the courts of Russia and Sw[illegible]den*, 1830-31. — Le même auteur raconte qu'à Hambourg « des nai[illegible] [illegible]ideusement déformés parcourent continuellement les rues et les promenades de cette bonne ville, et que l'œil exercé du touriste après être resté complaisamment en admiration devant la gentillesse et la grâce des alertes Hambourgeoises, se détourne avec dégoût de ces malheureux *Flibbertigibbets* (*gibier de potence?*) qui abondent en proportions effrayantes par rapport au chiffre de la population ».

Le premier est *Joseph Borulawski*[1], communément appelé le *comte Borulawski*. Il naquit près de Chaliez, dans la Pologne Russe, au mois de novembre 1739. Son père et sa mère étaient d'une taille ordinaire et avaient six enfants, cinq fils et une fille. Trois de ces enfants, lorsqu'ils eurent atteint leur croissance complète, étaient d'une taille qui excédait la moyenne, mais les deux fils aînés — Joseph était le second — et la fille, furent à peine de la taille d'un enfant de quatre ans. Lorsque notre héros vint au monde, il n'avait pas plus de huit pouces de haut ($0^m,221$) mais il n'était cependant ni faible ni maladif, et sa mère, qui l'avait nourri elle-même, répétait souvent que, de tous ses enfants, c'était celui qui lui avait donné le moins de mal à élever. A l'âge d'un an, il avait quatorze pouces de hauteur ($0^m,389$) et, à six ans, environ seize pouces ($0^m,445$). Son frère aîné, né plusieurs années avant lui, était un vigoureux petit homme qui n'avait que quarante-deux pouces de haut ($1^m,22$) et sa jeune sœur, nommée Anastasie, qui vint au monde sept ans après lui, était tellement petite qu'elle pouvait tenir debout sous son bras étendu horizontalement. Borulawski a écrit — ou du moins on a publié sous son nom — des *Mémoires* assez curieux auxquels nous avons emprunté une partie des détails qui suivent. Ces *Mémoires*, écrits en anglais et publiés à Londres en 1788[2] furent traduits en français et parurent, à Londres également, sous le titre de *Mémoires d'un célèbre nain, Jos. Borulawski, gentilhomme Polonois, contenant un récit fidèle et curieux de sa*

1. Les auteurs que nous avons consultés ne sont pas d'accord sur l'orthographe de son nom ; les uns l'appellent Boruwlaski ou Borwilaski ou même Borwflasky ; nous avons adopté l'orthographe donnée dans les *Mémoires* que nous citerons plus loin.

2. *The Memoirs of Joseph Borulawski, the celebrated Polish Dwarf; containing a curious account of his birth, marriage, travels and voyages in French and English.* — Londres, 1788 — En tête se trouvent les portraits de l'auteur, de sa femme et de leurs enfants, gravés par W. Hincks.

naissance, de son mariage et de ses voyages; écrits par lui-même, et traduits par H. (Hérissant) des Carrières (in-8°, 1788). Nous ne connaissons pas cette traduction qui manque à la Bibliothèque nationale; il en existait un exemplaire dans la Bibliothèque du Louvre, mais il fut détruit dans l'incendie de mai 1871.

L'auteur nous apprend qu'il était encore tout jeune lorsque son père mourut, laissant sa veuve et ses six enfants dans une position voisine de la misère. Sa mère dut alors consentir à le confier aux soins de la comtesse de Tarnow qui avait demandé plusieurs fois déjà, mais inutilement, à se charger de son éducation : il resta quatre ans chez elle, et pendant ce temps l'affection que lui portait sa bienfaitrice ne se démentit pas un seul instant; elle le fit instruire avec soin et le petit Joseph, qui avait une intelligence assez développée, fit de rapides progrès. Des obligations de famille la forcèrent alors à le céder à son amie la comtesse Humiecska qui l'envoya dans sa résidence de Rychty, en Podolie, où il resta jusqu'à l'âge de quinze ans; il avait alors environ vingt-cinq pouces de haut ($0^m,721$).

C'est à cette époque que la comtesse le rappela auprès d'elle et le présenta à l'Impératrice Marie-Thérèse qui le prit sur ses genoux comme un petit enfant et lui demanda ce qu'il avait vu de plus curieux et de plus intéressant dans la ville de Vienne. En véritable courtisan, il répondit qu'il avait vu beaucoup de choses remarquables, mais que ce qui lui paraissait le plus surprenant était ce qu'il voyait en ce moment : « Et quoi donc? lui demanda l'impératrice. — C'est, répondit Borulawski, de voir un aussi petit homme que moi sur les genoux d'une aussi grande dame. » L'impératrice portait ce jour-là au doigt une bague sur laquelle était son chiffre en brillants; comme Borulawski paraissait la considérer avec attention elle lui demanda si ce bijou était de son goût et si le chiffre lui plaisait : « Je demande pardon à votre

Majesté, dit le petit flatteur, ce n'est pas la bague que je regarde, mais la belle main qui la porte et que je vous demande la grâce d'embrasser » et en même temps il la porta à ses lèvres. L'impératrice, charmée, prit au doigt de la jeune Marie-Antoinette, alors enfant, une bague ornée d'un très beau diamant et la donna au petit homme ravi d'un si joli présent. La bonté de l'impératrice attira sur Borulawski l'attention de toute la cour et lui procura, entre autres, la haute protection du Comte Kaunitz qui lui donna, en plusieurs circonstances, des témoignages de sa bienvaillance.

De Vienne, où elle resta pendant quelques années, la comtesse se rendit à Munich et de là à Lunéville, où Stanislas lui offrit, ainsi qu'à son nain, un logement dans son Palais. Il y avait alors, à la petite cour de Lunéville, le fameux *Bébé,* qui avait à peine deux ou trois pouces de plus que Borulawski. C'est à cette époque que le Comte de Tressan envoya à l'Académie des sciences, un *Mémoire* qui nous donne sur Borulawski des renseignements intéressants[1] « M. Borwflaski, gentilhomme Polonois, est arrivé à Lunéville à la suite de Madame la comtesse Humiecska, parente de sa majesté le Roi de Pologne et Grand Porte-Glaive de la Couronne. Ce jeune gentilhomme peut être regardé comme l'être le plus singulier qui soit dans la nature, et Bébé, nain du Roi de Pologne, n'a plus rien qui doive surprendre.

« M. Borwflasky a vingt-deux ans[2], sa hauteur est de vingt huit pouces (0^m,775); il est parfaitement bien formé dans sa taille, la nature ne s'est point échapée, et nulle partie monstrueuse ne le défigure. Sa tête est bien proportionnée, ses yeux sont beaux et pleins de feu;

1. *Mémoire sur un nain,* envoyé à l'Académie des Sciences par M. le comte de Tressan, associé. — S. l. 1760, in-8°.

2. M. de Tressan commet ici une petite erreur; Borulawski, né à la fin de 1739, ne devait pas encore avoir vingt-et-un ans à l'époque où l'auteur écrivait ce mémoire.

tous ses traits sont agréables, sa physionomie est douce, spirituelle et annonce la gayeté, la politesse, et toute la finesse de son esprit. Sa taille est droite et bien formée; ses genouils, ses jambes et ses pieds sont dans les proportions exactes d'un homme bien fait et vigoureux. Il lève avec facilité d'une seule main des poids qui paraissent considérables pour sa stature.

« Il jouit d'une bonne santé, il ne boit que de l'eau, il mange peu, il dort bien et il résiste à la fatigue. Il danse avec justesse, il est adroit et léger; la nature n'a rien refusé à cette aimable créature; elle semble même avoir voulu le dédommager de son extrême petitesse par les grâces qu'elle a répandues sur sa figure et par celles qu'on découvre à tout moment dans son esprit.

« Il joint aux manières les plus gracieuses des reparties fines et spirituelles, il parle très sensément de tout ce qu'il a vu, sa mémoire est très bonne, son jugement fort sain, son cœur est sensible et capable de reconnaissance et d'attachement, il n'a jamais montré de colère ni de méchanceté; il est d'une complaisance extrême, il sent vivement tout le prix des politesses qu'on lui fait, surtout lorsqu'on lui parle comme à un homme de vingt-deux ans, et avec tous les égards dus à un gentilhomme; cependant il ne montre ni impatience ni humeur à ceux qui abusent un peu de sa petitesse pour badiner ou causer avec lui comme avec un enfant.... Il est très instruit dans la Religion Catholique qu'il professe; il lit et écrit bien, il sçait l'arithmétique et il a même un esprit d'arrangement qui lui fait tenir dans le meilleur ordre le compte de ce qu'il a; il est d'une adresse extrême pour tous les ouvrages qu'il entreprend et il est facile de remarquer qu'il ne se compromet jamais à tenter ceux qui sont au-dessus de ses forces. En quatre mois il a appris l'allemand suffisamment pour ses besoins et le français assez à fonds pour s'exprimer avec facilité et en termes choisis; en un mot il n'a rien qui tienne à l'enfance et à cette espèce de faiblesse et d'imbécillité qui, dans le nain du roi de Pologne, se manifeste souvent et plus encore que dans un enfant de quatre ans. »

Les éloges que le comte de Tressan prodigue à Borulawski ne paraissent pas exagérés, au moins en ce qui touche la douceur de son caractère. Il donna, en effet, plusieurs preuves d'aménité et d'intelligence pendant son séjour à la petite cour de Stanislas, surtout dans ses relations avec Bébé qui commença par prodiguer au nouvel arrivant des marques d'une vive amitié, mais qui conçut bientôt contre lui une extrême jalousie et une haine violente quand il vit que Borulawski préférait la conversation des gens intelligents à la sienne et que le roi même recherchait sa société avec plaisir. Un jour qu'ils se trouvaient tous les deux dans la chambre du roi, celui-ci adressa plusieurs questions à Borulawski qui répondit avec justesse et intelligence. « Voyez, Bébé, dit Stanislas, « quelle différence il y a entre vous et *Joujou*[1]; il est « aimable, gai, amusant et instruit, tandis que vous, vous « n'êtes qu'une petite machine. » Bébé dévora cet affront en silence, mais en se promettant bien de se venger. Quelques instants après le roi ayant quitté la chambre, il s'approcha sans bruit de son rival et le prenant par le milieu du corps, voulut le jeter dans le feu. Mais il avait affaire à plus fort que lui; Borulawski se défendit vigoureusement et il s'en suivit une lutte dont le bruit attira Stanislas qui se trouvait dans une pièce voisine; il arracha le petit étranger des mains de son lâche agresseur, appela des domestiques et fit administrer à son nain une verte correction en défendant qu'il parut désormais en sa présence. Borulawski demanda, mais inutilement, la grâce du coupable; le roi fut inflexible et la première partie de la sentence fut exécutée; il pardonna ensuite, mais à la condition que Bébé demanderait

1. Nom que l'on donnait familièrement à Borulawski.

publiquement pardon à celui dont il avait si traîtreusement voulu se venger. Le chagrin que Bébé ressentit de cette humiliation abrégea certainement sa vie.

Borulawski qui raconte cette anecdote dans ses *Mémoires*, semble n'avoir gardé aucun ressentiment contre son adversaire et il en fait à plusieurs reprises un éloge qui paraît être sincère. « Bébé, dit-il, était admirablement proportionné et ses traits étaient fort agréables. » Le comte de Tressan, qui a pu les juger à loisir l'un et l'autre, se montre plus sévère, ainsi que nous le verrons plus loin.

De Lunéville, Borulawski se rendit à Paris avec sa bienfaitrice; il y passa plus d'une année et sut s'y concilier la faveur de la cour et des personnages les plus considérables. Sainte-Foix qui l'a vu à cette époque en parle avec enthousiasme et confirme les éloges que le comte de Tressan lui avait donnés dans son *Mémoire* à l'Académie des Sciences. « Je viens de voir, dit-il, un véritable nain, chez Mme la comtesse Humiecska; il est Polonois, fils d'un gentilhomme; il a vingt-deux ans et n'est haut que de vingt-huit pouces : on diroit que la nature, loin de le vouloir disgracier, s'est plu à perfectionner la mignature d'un homme; sa tête, son cou, ses épaules, ses bras, sa taille, ses jambes, ses pieds, en un mot toutes les parties de son corps sont exactement proportionnées; il a les yeux vifs et brillans et tous les traits de son visage sont gracieux; il parle avec retenue et répond avec beaucoup d'esprit et de politesse . » De tous les côtés on le recherchait et Bouret, l'opulent fermier-général, donna en son honneur une brillante réception suivie d'un repas où tout le service de la table était en rapport avec la petite taille du héros de la fête; les plats, les assiettes, les couteaux et les couverts, tout était petit et les mets eux-mêmes ne se composaient que de petites pièces : ortolans, becfigues, éperlans, etc., etc.

Au mois de mai 1761, nous le trouvons, toujours avec

la comtesse Humiecska, à la Haye, où il eut autant de succès qu'à Paris. La princesse de Nassau-Weilbourg, à laquelle il fut présenté, le prit sur ses genoux, comme l'avait fait Marie-Thérèse et lui demanda s'il n'était pas bien peiné d'être d'une taille aussi petite. « Oh ! non, répondit Borulawsky qui décidément avait en lui l'étoffe d'un véritable courtisan, non, car si j'étais plus grand, je n'aurai pas l'honneur d'être aujourd'hui assis sur les genoux de votre Seigneurie. »

La comtesse traversa ensuite toute l'Allemagne pour retourner à Varsovie, où elle se fixa définitivement et où elle reçut beaucoup et donna des fêtes somptueuses ; Borulawski, qui était toujours en très grande faveur auprès d'elle, devint alors un personnage important. Malheureusement pour lui, il devint amoureux d'une jeune actrice qui faisait partie d'une troupe de comédiens français que la comtesse avait appelés à Varsovie; il se fit présenter à la belle, lui déclara sa passion et fut assez bien accueilli pour pouvoir espérer que ses sentiments seraient bientôt partagés. Mais à la petite cour de Varsovie, rien ne pouvait rester longtemps caché et la coquette actrice fut la première à se moquer de l'amour du pauvre petit homme qui devint ainsi la risée de tous. Le malheureux Borulawski, fort affligé en se voyant ainsi trahi, le fut encore plus lorsque sa bienfaitrice, scandalisée de cette intrigue dont les détails méchamment présentés étaient arrivés à ses oreilles, lui retira les domestiques qu'elle avait placés auprès de lui et le priva pendant un certain temps de ses bienfaits et, ce qui lui fut encore plus sensible, de son affection.

Peu de temps après l'élévation de Stanislas II au trône de Pologne, Borulawski lui fut présenté et gagna ses bonnes grâces et sa protection tout en restant attaché à la comtesse Humiecska qui lui avait rendu sa faveur. Il avait alors trente ans et sa taille était de trente-neuf pouces ; en cinq ans, il avait grandi de cinq pouces, mais sa croissance s'arrêta là. Il eût pu finir tranquillement ses jours à la cour de Varsovie si l'amour ne s'était pas mis une seconde fois de la partie et ne l'avait entraîné dans une existence aventureuse pendant laquelle il connut plus d'une fois la misère. La comtesse avait pris pour demoiselle de compagnie une jeune fille nommée Isoline Barbutan, d'origine française, mais dont les parents étaient fixés depuis longtemps à Varsovie. Sa grâce et sa beauté firent une vive impression sur le trop inflammable petit homme. Lorsque la comtesse, femme d'une vertu austère, apprit cette nouvelle passion de son favori, elle lui fit, mais en vain, toutes les remontrances possibles, le menaça de sa disgrâce et lui enjoignit de rester confiné dans son appartement. Le pauvre Borulawski avait le cœur trop épris et resta sourd aux prières aussi bien qu'aux menaces de sa bienfaitrice qui finit par le chasser de sa maison; elle renvoya également la jeune fille que tant de constance avait à la fin touchée et qui consentit alors a épouser son petit amoureux. Borulawski, sans argent et sans ressources, s'était adressé dans sa disgrâce au prince Casimir, frère du roi, qui lui avait toujours témoigné beaucoup d'intérêt et qui engagea Stanislas à approuver son mariage et à lui assurer une pension de cent ducats; mais cette somme était insuffisante et les nouveaux mariés s'aperçurent bientôt que malgré toute leur économie, ils ne pouvaient vivre dans ces conditions, surtout quand ils eurent acquis la certitude, après quelques mois de ménage, d'avoir bientôt un enfant. Leurs protecteurs conseillèrent alors à Borulawski de visiter une seconde fois les cours d'Europe avec sa femme et de chercher à se procurer ainsi les moyens de vivre, à leur retour à Varsovie après quelques années d'absence, d'une façon un peu plus confortable.

Cette idée ayant été adoptée, les deux époux, munis d'un certain nombre de lettres de recommandation,

Fig. 16 — *Borulawski*, d'après la gravure de Van Assen
éditée par Borulawski lui-même.

quittèrent Varsovie au mois de novembre 1780, dans un équipage assez convenable que le roi leur avait donné; mais leur voyage fut bientôt interrompu, Mme Borulawski, — ou plutôt la comtesse Borulawski, puisque son époux avait pris le titre de comte, — étant tombée malade à Cracovie, où elle dut séjourner pendant assez longtemps et où elle donna le jour à un fils. Dès qu'elle fut rétablie, les deux époux partirent pour Vienne où ils arrivèrent à la fin de février 1781. Malheureusement pour Borulawski, l'impératrice Marie-Thérèse, qui lui avait donné tant de preuves d'intérêt autrefois venait de mourir. Le comte Kaunitz, qui vivait encore, le prit sous sa protection et le présenta à l'ambassadeur anglais, sir R. M. Keith qui l'engagea vivement à faire un voyage à Londres, lui promettant un bienveillant accueil de la part de son souverain. Borulawski, cédant aux conseils qui lui furent donnés par plusieurs personnes, poussa jusqu'au bout le dévouement à sa femme et à son fils et, dans l'espoir de leur procurer pour plus tard un peu d'aisance, consentit malgré sa vanité et la noblesse de son origine dont il avait été si fier jusqu'alors, à se montrer en public comme un simple nain de foire. Il déguisa, il est vrai, cette exhibition sous le nom de *Concert*, mais quoi qu'il fut assez bon musicien, c'était en réalité le nain bien plus que le virtuose que l'on voulait voir. Toute la noblesse de Vienne et des environs assista à cette soirée dont les résultats furent assez fructueux pour l'engager à en donner d'autres dans les villes qu'il se proposait de visiter et c'est en envisageant l'avenir avec un peu plus de tranquillité qu'il quitta l'Autriche pour se rendre successivement à la cour des petits souverains de l'Allemagne qui tous l'accueillirent avec bienveillance. Il visita ensuite la Hongrie, la Turquie, la Finlande, la Suède, le Danemark et plusieurs autres pays.

Quand il jugea le moment favorable pour répondre à

l'invitation que lui avait faite l'ambassadeur d'Angleterre, il s'embarqua à Ostende et débarqua à Margate après une traversée qui n'avait pas duré moins de six jours, par un temps épouvantable, pendant lequel le navire qui le transportait avait perdu ses mâts et sa voilure. A Londres, il se présenta avec ses lettres de recommandation au duc et à la duchesse de Devonshire qui le prirent sous leur protection et le défrayèrent de tout, ainsi que sa femme. Il y avait quelques jours à peine qu'il était installé lorsque l'on annonça l'arrivée d'un géant dont la taille ne mesurait pas moins de huit pieds (environ $2^m,43$, mesure anglaise). Le duc et la duchesse, désireux de voir l'un à côté de l'autre ces deux extrêmes, se rendirent avec lady Spencer à l'endroit où l'on montrait le géant et y conduisirent notre nain dont la tête arriva à peine à la hauteur du genou de son colossal voisin.

Peu de temps après, Borulawski fut présenté au prince de Galles — plus tard George IV — et le 23 mai 1782, il fut admis, sous les auspices de la comtesse d'Égremont, en présence du roi, de la reine et des jeunes princes de la famille royale qui lui firent plusieurs présents.

Mais tout celà ne remplissait pas le but que Borulawski s'était proposé; la curiosité dont il était l'objet de la part des princes, la bienveillance qu'on lui témoignait et même les petits cadeaux qu'on lui faisait ne l'enrichissaient pas et il dut avoir recours aux concerts qui lui avaient si bien réussi ailleurs; il en donna plusieurs, d'abord à une guinée d'entrée par personne, puis en suite à cinq schellings et enfin à deux schellings et demi. Les journaux du 17 juin 1782 annoncent ainsi un de ces concerts : « *Carlisle House*, par demande spéciale. Le comte Borulawski, le plus célèbre des nains qui existent actuellement en Europe, est forcé de remettre au mercredi 19 courant le concert qu'il devait donner le 17. Les billets d'entrée donnés pour le 17 seront admis le 19 et on pourra s'en procurer également chez le comte Borulawski, dans Jermyn-Street, n° 55, près l'église Saint-Jacques. »

Après un assez long séjour à Londres, Borulawski parcourut successivement les principales villes de l'Angleterre, de l'Écosse et de l'Irlande ; en 1784 il était à Dublin, où sa femme lui donna un second enfant. Il avait pris bravement son parti et se montrait partout comme une curiosité. Il fut accueilli généralement avec bienveillance et dans certaines villes il eut un très grand succès ; il raconte qu'à Leeds, où il séjourna pendant longtemps, une grosse femme assez commune lui demanda à quelle religion il appartenait. Sur sa réponse qu'il était catholique romain, la dame lui fit observer que ce n'était pas ainsi qu'il gagnerait le chemin du ciel ; mais Borulawski, aux applaudissements de l'assistance, répliqua avec beaucoup d'à-propos que « la porte du ciel étant fort étroite, il avait beaucoup plus de chances qu'elle d'y pouvoir entrer. »

De retour à Londres en 1786, il recommença à donner, comme il l'avait fait lors de son premier séjour dans cette ville, des concerts qui attirèrent beaucoup de monde ; il fit également un voyage en France après lequel il retourna en Angleterre vers 1788 ; c'est à cette époque que libre de soucis pour l'avenir, grâce à la petite fortune qu'il avait gagnée, il entreprit d'écrire l'histoire de sa vie et publia les *Mémoires* que nous avons cités plus haut et dont l'impression fut faite sous le patronage et aux frais du prince de Galles et de plusieurs grands personnages du Royaume-Uni. Cet ouvrage assez curieux fut réimprimé en 1792 et, plus tard, en 1820.

Au mois de juillet 1791, Borulawski était à Southampton où il donna un bal et un concert dans lequel il exécuta sur la guitare plusieurs morceaux de sa composition, lorsqu'il apprit que sur ce qui avait été dit à Varsovie qu'il était devenu riche et qu'il avait placé plusieurs milles livres sterlings dans les fonds anglais, on avait engagé le roi à lui retirer la pension de cent ducats qui lui avait été continuée malgré son absence. Cela l'engagea à retourner en Pologne où il passa une partie de l'année 1792, mais peu de temps après il retourna en Angleterre, dont il aimait les habitants et où, en résumé, il avait en peu d'années gagné assez d'argent pour mener pendant le reste de sa vie une existence, sinon luxueuse, au moins confortable.

Vers 1799 il fit la connaissance de plusieurs ecclésiastiques de Durham qui le prièrent tous de se retirer aux environs de leur ville, dans une jolie résidence appelée *Bank's Cottage*, s'engageant en retour à lui servir une pension assez considérable. Borulawski accepta leurs offres et profita de leur générosité et de leur bienveillance à son égard jusqu'à l'époque de sa mort qui arriva le 5 septembre 1837; il avait alors 98 ans. Il fut enterré dans la Cathédrale de Durham, à côté d'Étienne Kemble.

Il existe de Borulawski plusieurs portraits; outre celui que nous avons mentionné et qui se trouve en tête de ses *Mémoires*, nous citerons surtout celui qui a été publié dans les *Edinburgh Portraits* de Kay, et ceux qui ont été donnés dans la *Biographia curiosa* et dans les *Wonderful characters* de Wilson. Dans le portrait publié par Kay, Borulawski, dessiné d'après nature, est représenté à côté de Neil Ferguson, l'avocat qui était certainement l'homme le plus grand d'Édimbourg et peut-être même de toute l'Écosse; on connaît également plusieurs autres portraits peints ou dessinés, entre autres un dessin qu'avait fait de lui le peintre de Wilde; ces portraits furent vendus un prix assez élevé, à la vente Fillinham en 1862, vente qui comprenait également un grands nombre d'objets ayant appartenu au célèbre nain, des lettres autographes, et le catalogue de la vente, faite après son décès, de ses effets et de ses meubles. L'*Insti-*

tut philosophique de Bristol conserve une de ses chaussures et un de ses gants. Nous n'avons pu savoir ni à quelle époque mourut sa femme, ni ce que devinrent ses deux enfants.

Bébé, le rival de Borulawski, quoique beaucoup plus connu en France, est bien moins intéressant. Nous en parlerons cependant assez longuement, d'abord parce que, à deux reprises différentes sa petite personne a occupé l'Académie des sciences, et aussi parce que, à nos yeux, il est le type le plus caractéristique de cette première catégorie de nains que nous avons cherché à définir dans un chapitre précédent, tandis que Borulawski est un des représentants les plus complets de la seconde.

La première mention qui est faite de *Nicolas Ferry*, plus connu sous le nom de *Bébé*, remonte à l'année 1746 ; nous trouvons, en effet, dans l'*Histoire de l'Académie royale des Sciences* de cette année[1], un rapport dont nous extrayons les passages suivants :

« M. Geoffroi a fait part à l'Académie de la description d'un petit nain qui a été présenté à Sa Majesté le roi de Pologne, duc de Lorraine; cet enfant qui se nomme Nicolas Ferry, est né le 13 novembre 1741[2]; sa mère, âgée de trente-cinq ans, a eu trois enfants dont il est l'aîné.... Il était long, en naissant, d'environ huit à neuf pouces (de $0^m,21$ à $0^m,23$) et pesoit douze onces ou trois quarterons. Le 25 juillet, M. Kast, premier médecin de la Reine Duchesse, le mesura et le pesa avec soin; il étoit long pour lors de vingt-deux pouces ($0^m,61$) et pesoit, étant nud, neuf livres sept onces; il étoit pour lors formé dans sa petite taille autant qu'un homme de

1. *Histoire de l'Académie Royale des Sciences*, année MDCCXLVI *observations anatomiques* VIII). — A Paris, de l'Imprimerie Royale MDCCLI (p. 44).

2. A Plaisnes, petit village des Vosges, dans la principauté de Salins.

vingt ans pourroit l'être, ce qui fit conjecturer à M. Kast que cet enfant ne croîtroit que bien peu; toutes les parties de son corps sont bien proportionnées en tout, il a un joli visage, le nez bien fait et aquilin, les yeux d'un brun foncé et les cheveux blonds et argentés; il a sur le front une grande et une petite marque blanche de petite vérole, maladie qu'il a eue à l'âge de trois mois; quelques autres pareilles, mais plus petites, sont répandues sur son corps; le ventre étoit un peu gros quand on l'amena à la cour, sans doute à cause des aliments grossiers dont il usoit, car depuis qu'on le nourrit de mets plus succulents, il est considérablement diminué quoique l'enfant soit engraissé. On lui a fait des habits et des meubles propres pour son usage; il est d'une vivacité extraordinaire et ne reste pas un moment en repos; il ne craint rien et ne se laisse pas détourner de son objet quelque frivole qu'il paroisse, le reste lui est indifférent; son rire est très gracieux, mais il ne rit pas souvent, il marque de la tendresse pour les femmes qui en ont soin; il paroit avoir de la mémoire, mais pas autant qu'un enfant ordinaire de son âge. Quinze jours après son arrivée à la cour, sa mère vint le voir, il ne sembloit plus la connoître; cependant, à son départ, il la caressa beaucoup; sa voix est celle d'un enfant d'un an, ses organes étant proportionnés au corps; ses genoux et surtout le droit avancent un peu en dehors, ce qui diminue sa hauteur d'environ un demi-pouce et peut venir du peu de soin qu'on a eu de lui après sa naissance. »

Ce premier rapport passa presque inaperçu à l'Académie des Sciences qui ne s'occupa de notre nain qu'après la communication faite en 1760 par le comte de Tressan au sujet de Borulawski et de Bébé qui pendant quelque temps, vécurent ensemble, ainsi que nous l'avons vu plus haut, à la petite cour de Lunéville. Un des membres les plus savants de la docte assemblée, M. Morand, qui avait soigné la comtesse Humiecska lors de son voyage à Paris et qui, par conséquent, avait pu examiner de près le petit Borulawski, compléta alors ses observations par l'étude de Bébé et adressa à l'Académie un *Mémoire* qui fut lu en séance publique le 14 novembre 1764, et qu'il accompagna d'une statue en cire, « modelée sur la propre personne de Bébé, coiffée de ses cheveux, et habillée de ses habits. » Cette figure était l'œuvre de Jeanet, habile chirurgien de Lunéville qui avait pris soin de la santé du nain pendant plusieurs années et qui l'avait fait mouler en cire à l'âge de dix-huit ans; elle fait aujourd'hui partie des collections de la Faculté de médecine.

« Nicolas Ferry, disait M. Morand, étoit né à Plaisnes, dans les Vosges; son père et sa mère étoient bien constitués.... Nous avons dit combien il était petit au moment de sa naissance, mais nous n'avons pu ajouter combien il étoit délicat; on le porta à l'église sur une assiette garnie de filasse, et un sabot rembourré lui servit de berceau; jamais il ne put têter sa mère; sa bouche étoit trop petite; il fallut qu'une chèvre y suppléât et il n'eut pas d'autre nourrice que cet animal qui, de son côté, sembla s'y attacher.

« Il eut la petite vérole à six mois et le lait de chèvre fut en même temps son unique nourriture et son unique remède.

« Dès l'âge de dix-huit mois il commença à parler; à deux ans il marchoit presque sans secours et ce fut alors qu'on lui fit ses premiers souliers qui avoient dix-huit lignes de long ($0^m,042$).

« La nourriture grossière des villageois des Vosges, telle que les légumes, le lard, les pommes de terre, fut celle de son enfance jusqu'à l'âge de six ans et il eut pendant cet espace de temps plusieurs maladies graves dont il se tira heureusement.

« Nous voici arrivés à l'époque la plus intéressante de

la vie de Nicolas Ferry. Le roi Stanislas, ce Titus de notre siècle, entendit parler de cet enfant extraordinaire et désira de le voir; on le fit venir à Lunéville et bientôt il n'eut plus d'autre domicile que le palais de ce prince bienfaisant, auquel de son côté il s'attacha singulièrement, quoiqu'il témoignât ordinairement très peu de sensibilité, et ce fut alors qu'il prit le nom de *Bébé* qui lui fut donné par ce monarque.

« Quelques soins qu'on ait pu prendre pour l'éducation de Bébé, il n'a pas été possible de développer chez lui ni jugement ni raison; la très petite mesure de connoissances qu'il a pu acquérir n'a jamais été ni à prendre aucune notion de religion, ni à former aucun raisonnement suivi; sa capacité ne s'est jamais élevée beaucoup au-dessus de celle d'un chien bien dressé; il paroissoit aimer la musique et battoit quelquefois la mesure assez juste; il dansoit même avec assez de précision, mais ce n'étoit qu'en regardant son maître attentivement pour diriger tous ses pas et ses mouvements sur les signes qu'il en recevoit. Il entra un jour à la campagne dans un pré dont l'herbe étoit plus grande que lui, il se crut égaré dans un taillis et cria au secours; il étoit susceptible de passions, telles que le désir, la colère, la jalousie et, pour lors, ses discours étaient sans suite et n'annonçoient que des idées confuses; en un mot il ne montroit que cette espèce de sentiment qui naît des circonstances, du spectacle et d'un ébranlement momentané, et le peu de raison qu'il montroit ne paraissoit pas s'élever beaucoup au-dessus de l'instinct de quelques animaux.

« Mme la princesse de Talmond essaya de lui donner quelque instruction, mais malgré tout son esprit, elle ne put développer celui de Bébé; il en résulta seulement ce qui devoit naturellement arriver, il s'attacha à elle et en devint même si jaloux qu'un jour voyant cette dame caresser une petite chienne devant lui, il l'arracha de ses

Fig. 17. — *Bébé*, d'après un portrait au pastel du Musée de Nancy.

mains avec fureur et la jeta par la fenêtre en disant : « Pourquoi l'aimez-vous plus que moi ? »

« Jusqu'à l'âge de quinze ans, Bébé avoit eu les organes libres et toute sa petite figure très bien et très agréablement proportionnée.... Jusque-là ses sens s'étoient distribués également dans toute la machine ; l'âge viril en se déclarant, troubla cette harmonie ; il eut pour effet d'énerver un corps frêle et débile, d'appauvrir son sang et de dessécher ses nerfs ; ses forces s'épuisèrent, l'épine du dos se courba, la tête se pencha, ses jambes s'affoiblirent, une omoplate se déjeta, son nez grossit ; Bébé perdit sa gayeté et devint valétudinaire ; il grandit cependant encore de quatre pouces dans les quatre années suivantes.

« M. le comte de Tressan qui avoit suivi avec attention la marche de la nature dans le développement de Bébé avoit prévu qu'il mourroit de vieillesse avant trente ans ; effectivement il est tombé dès vingt-un ans dans une espèce de caducité et ceux qui en prenoient soin ont remarqué en lui des traits d'une enfance qui ne ressembloit plus à celle de ses premières années, mais qui tenoit de la décrépitude.

« La dernière année de sa vie, il sembloit accablé ; il avoit peine à marcher ; l'air extérieur l'incommodoit à moins qu'il ne fût chaud ; on le promenoit au soleil qui paroissoit le ranimer, mais à peine pouvoit-il faire cent pas de suite : au mois de mai 1764, il eut une petite indisposition à laquelle succéda un rhume accompagné de fièvre qui le jetta dans une espèce de léthargie d'où il revenoit pendant quelques moments, mais sans pouvoir parler.

« Les quatre derniers jours de sa vie, il reprit une connoissance plus marquée ; des idées plus nettes et plus suivies qu'il n'en avoit eu dans sa plus grande force étonnèrent tous ceux qui étoient auprès de lui ; son agonie fut longue et il mourut le 9 juin 1764, âgé de près de vingt-trois ans ; il avoit alors trente-trois pouces de haut ($0^{m},891$).

« Le squelette qu'on a conservé[1] offre une singularité remarquable ; au premier coup d'œil il paroit être celui d'un enfant de quatre ans, mais quand on examine l'ensemble et les proportions, on est étonné d'y reconnaître le squelette d'un adulte. »

A cette appréciation si sévère du savant académicien, nous joindrons celle beaucoup plus défavorable encore du Comte de Tressan, grand officier de la maison du roi de Stanislas, qui avait pu connaître Bébé, et juger de son intelligence bien mieux que Morand :

« Bébé est dans sa vingtième année (1760) ; il eût reçu la meilleure éducation s'il eût été capable d'en profiter ; son dos semble courbé par la vieillesse, son teint est flétri, une de ses épaules est plus grosse que l'autre ; son nez aquilin est devenu monstrueux, l'apophyse nasale s'est élevée d'une façon difforme dans sa partie supérieure ; son esprit n'est nullement formé ; on n'a jamais pu lui donner une idée de la religion ni lui apprendre à connoître une lettre, il n'a jamais pu faire le plus petit ouvrage ; il est imbécile, colère, et le système de Descartes sur l'âme des bêtes seroit plus facilement prouvé par l'existence de Bébé que par celle d'un singe ou d'un barbet. J'avoue même que je n'ai jamais vu Bébé qu'avec répugnance et une secrette horreur qu'inspire presque toujours l'avilissement de notre être.... »

Malgré le peu d'intelligence de Bébé, sa jalousie et son mauvais caractère, dont nous avons cité une preuve évidente à propos de Borulawski (p. 143), le roi Stanislas, dans son extrême bonté, s'était épris pour lui d'une véritable affection et semble l'avoir vivement regretté. Il lui

1. Ce squelette fait aujourd'hui partie des collections du Muséum d'histoire naturelle, à Paris.

fit élever dans l'église des Minimes à Lunéville, un mausolée sur lequel on lisait l'épitaphe suivante :

Hic jacet
Nicolaüs Ferry, Lotharingus,
Naturæ ludus,
Staturæ tenuitate mirandus,
Ab Antonio novo dilectus.
In juventute, ætate senex,
Quinque lustra fuerunt ipsi
Sæculum.
Obiit nonà die junii MDCCLXIV[1]

Une gravure[2] dont il existe deux exemplaires de dimensions différentes au cabinet des estampes, à la Bibliothèque nationale, donne un autre texte de l'inscription gravée sur ce mausolée :

D. O. M.
Hic jacet
Non corpusculum, sed exta
NICOLAI FERRI, Lotharingi
E Vico de Plane
In Salinensi principatu
Sceleton vero servatur in Bibliothecâ
Regiâ Nanceianâ.
Præter naturam portentum
Corporis non inelegantis
Brevitate et gracilitate
Spectabilis Homullus
Ut pote longus pollices sex et viginti Francicos
Septenarum autem pondo librarum Francicarum
Et unciarum trium.
Benefico Stanislao 1° Polonorum regi

1. Ici repose Nicolas Ferry, Lorrain. C'était un jeu de la nature admirable par la petitesse de sa stature; il fut chéri du nouvel Antonin. Déjà vieux dans les années de sa jeunesse, cinq lustres furent un siècle pour lui; il mourut le 9 juin 1764.

2. Cette gravure porte la légende suivante : *Mausolée de* BÉBÉ, *nain du roi de Pologne, duc de Lorraine,* élevé dans l'église des RR. PP. Minimes, à Lunéville, réduit ici à la huitième partie de sa grandeur.

Duci Lotharingiæ et Barri
Carus :
Cui que, quæ cæteris juvenilis ætas est
Senium fuit
Et lustra quinque seculum.

Nous avons rapporté dans un précédent chapitre (p. 69), comment on avait montré en 1819, au théâtre de Comte, une naine âgée de soixante-treize ans, nommée *Thérèse Souvray*, et que l'on disait avoir été fiancée en 1761 à Bébé et qui portait même sur les affiches le nom de *Madame Bébé;* c'était là, sans doute, une de ces assertions fantaisistes dont abusent les *impresarii;* en tout cas nous n'avons pu trouver nulle part aucune trace sérieuse et digne de foi des fiançailles de ces deux nains.

Quelques années plus tard un auteur dramatique, Angel, fit représenter sur ce même théâtre, appelé alors *Gymnase des Enfants,* une pièce[1] qui eut un très grand succès auprès du petit public auquel elle s'adressait; cette pièce, que nous avons sous les yeux, et qui est, du reste, assez bien faite, a cependant un très grand défaut, celui de porter comme sous-titre la mention : *Comédie historique,* que rien ne justifie, et, surtout celui de présenter Bébé sous un aspect que les pages qui précèdent démentent complètement; l'auteur en fait un personnage, bon, spirituel et intelligent et nous avons vu que le pauvre nain n'était malheureusement rien de tout cela.

Quoiqu'il en soit il a joui pendant sa vie d'une célébrité assez grande; des artistes d'un certain mérite ont fait son portrait[2] et la célèbre manufacture de faïences et

1. *Bébé* ou *Le Nain du roi Stanislas*, comédie historique en un acte, mêlée de chants. — in-12, sans date.

2. Nous connaissons deux portraits de Bébé; un au musée de Nancy, — c'est celui que reproduit notre gravure, — et un autre dans les galeries de Versailles.

porcelaines de Niderwiller le reproduisit en faïence, presque de grandeur naturelle et, vêtu d'un costume militaire. Un des rarissimes exemplaires de cette statue en terre émaillée fait aujourd'hui partie de la riche collection de Madame Achille Jubinal qui possède également plusieurs objets ayant appartenu à Bébé, entre autres son petit fauteuil.

Après Bébé nous ne trouvons plus en Europe qu'un seul nain, *Richebourg*, auquel on puisse encore donner le nom de nain en titre d'office ; il nous a été impossible, malheureusement, de nous procurer beaucoup de renseignements sur sa vie, mais le peu que nous en savons offre cependant des particularités assez intéressantes pour lui mériter un souvenir à part dans ces rapides esquisses.

Né vers 1769, *Richebourg* entra tout jeune encore au service de la duchesse d'Orléans, mère du roi Louis-Philippe; on lui donna parmi les personnes attachées à la maison de la princesse le titre de sommelier, mais en réalité il ne remplit jamais les devoirs de sa charge et on le considérait plutôt comme une curiosité que l'on montrait parfois aux visiteurs; il avait à peine soixante-cinq centimètres de haut. Très dévoué à la famille de sa bienfaitrice, il donna plusieurs fois des preuves de ce dévouement, notamment pendant l'époque révolutionnaire où il fut chargé d'aller porter au dehors des messages pressés et des dépêches importantes. A cet effet on l'emmaillotait comme un tout jeune enfant et une nourrice le portait dans ses bras, bien qu'il eût à cette époque à peu près vingt-cinq ans ; on mettait les dépêches importantes sous son bonnet ou sous son petit chapeau d'enfant. Pendant les trente dernières années de sa vie, il ne sortit point de l'appartement qu'il habitait rue du Four-Saint-Germain et ne se montrait jamais aux indiscrets qui, connaissant son existence, venaient quelquefois frapper à sa porte; la voix seule d'un étranger lui causait une profonde terreur et une invincible répugnance. Dans sa famille cependant il était, dit-on, très gai, très bavard et souvent spirituel. Il mourut en 1858, âgé de quatre-vingt-dix ans, et jusqu'au moment de sa mort, la famille d'Orléans lui fit servir une pension annuelle de trois mille francs. Nous n'avons pu savoir s'il s'était marié et s'il avait eu des enfants.

IV

Nains montrés en public, nains de foires, particularités remarquables de l'histoire des nains, etc.

« Heureux les nains aisés qui n'éprouvent point la « mortification d'être portés dans des boîtes de foires en « foires, » dit Pope dans une de ses *Lettres*[1].

Rien ne paraît plus pénible ni plus douloureux, en effet, que de voir, montrés dans les baraques foraines, comme des bêtes curieuses, ces pauvres petits êtres, si faibles et presque toujours si débiles qu'il semble qu'un souffle doive les renverser, s'efforçant de débiter avec grâce, mais d'une voix enfantine ou cassée, quelques vers appris avec peine et dont ils ne comprennent pas le sens, ou chanter avec une énergie factice et une gaieté d'em-

1. Pope, un des plus célèbres poètes et auteurs anglais, naquit à Londres le 8 juin 1688. Il pourrait, à la rigueur, être rangé, lui aussi, parmi les nains. « C'était, dit Voltaire, un tout petit homme, contrefait, bossu par devant et par derrière...., » et un auteur satirique anglais, son contemporain, décrivant une de ses journées, commence ainsi : « Pope est éveillé; sa bonne entre dans sa chambre et lui met trois paires de bas qui n'empêchent pas sa jambe d'être à peu près aussi mince que sa canne. Par-dessus une fourrure qu'il ne quitte jamais, on lui passe une chemise de toile très épaisse, puis un corset de fortes baleines qu'on lace très serré : alors son corps ayant pris une sorte de consistance, il se lève, met son gilet de flanelle, son habit noir, sa perruque nouée, sa petite épée, et le voilà aussi propre que le peut être un petit homme qui ne saurait pas se laver les mains tout seul.... » Il mourut le 30 mai 1744, âgé de cinquante-six ans; la plupart de ses *œuvres* ont été plusieurs fois traduites en français.

prunt qui serre le cœur, des couplets patriotiques ou des chansons grivoises contre lesquels proteste leur air triste et souffreteux.

A côté de ces malheureux nains exploités par des Barnums de bas étage, il en est, il est vrai, qui ont trouvé dans leur infirmité corporelle une source de profits et de bien-être qui compensaient pour eux ce que leur situation avait de pénible, mais ces exceptions sont rares.

Il en est d'autres enfin qui, nés dans une position relativement aisée, n'ont eu à souffrir que moralement de la situation particulière que leur créait, dans la société, l'exiguité de leur taille, et qui n'ont pas été forcés de se livrer en pâture à une curiosité malsaine; ceux-là sont plus rares encore.

Ce sont ces trois espèces de nains que nous allons étudier dans ce dernier chapitre, en suivant, autant que possible, un ordre chronologique, si toutefois ce mot n'est pas trop prétentieux, appliqué à des êtres de si minime importance.

De tout temps les nains, ainsi, du reste, que tous les êtres qui se distinguent du commun des mortels par quelque particularité remarquable dans leur organisation, ont eu le triste privilège d'exciter la curiosité. Nous avons vu dans le précédent chapitre combien on les a recherchés, à toutes les époques, chez les princes et les grands seigneurs où ils prenaient le plus souvent place entre le chien favori et la bête rare amenée à grands frais des pays lointains : mais ceux-là étaient réservés à un petit nombre d'individus privilégiés et le peuple était rarement admis à les contempler. Aussi les montreurs de *curiosités*, qui étaient aussi nombreux dans l'antiquité qu'ils le sont de nos jours, cherchèrent-ils, par tous les moyens possibles, à se procurer des nains qu'ils faisaient venir le plus souvent de l'Égypte et de l'Éthiopie.

Nous avons malheureusement peu de détails sur ces

exhibitions qui paraissent cependant avoir eu de grand succès, puisque l'antiquité nous a conservé les traits ou du moins la représentation de quelques nains plus ou moins grotesques[1] qui devaient évidemment servir à l'amusement du peuple, et que de graves historiens n'ont pas craint d'en mentionner quelquefois dans des œuvres où l'on est tout surpris de les rencontrer. C'est ainsi que Nicéphore Callixte, dans ses *Historiæ ecclesiasticæ*, raconte que du temps de l'empereur Théodose, on vit deux hommes des plus extraordinaires : « l'un en Syrie, dit-il, surpassant de beaucoup en grandeur les hommes de la stature la plus élevée; l'autre, en Égypte, d'une taille tellement petite que c'est à ne pas y croire. Le Syrien avait certainement plus de cinq coudées et une palme; chose remarquable, ses pieds n'étaient pas en rapport avec la grandeur de son corps; ils étaient, en effet, tournés en dedans et ses genoux étaient cagneux : son nom était Antonius. Je n'ai jamais vu d'homme semblable à notre époque, et on peut regarder comme une merveille qu'une femme ait mis au monde un être de cette grandeur. L'Égyptien, au contraire, était tellement petit que l'on pouvait presque le comparer *à une perdrix*[2]. Et cependant c'était un spectacle assez agréable de le voir, surtout quand on pouvait causer avec lui et qu'il était un peu animé. Ce qu'il y avait surtout d'étonnant en lui, c'est qu'il avait autant d'intelligence qu'un homme de taille ordinaire et que l'exiguité de ses formes n'avait rien enlevé à ses facultés morales. Sa voix était assez forte pour lui permettre de chanter, et tout dans ses discours montrait la générosité de son cœur. Ils vi-

1. La collection de terres cuites antiques de M. O. Rayet renfermait une statuette de nain, trouvée à Pergame et décrite ainsi dans le catalogue : « n° 118. — Nain grotesque, nu, le crâne chauve, le visage difforme, les jambes courtes. Il marche vivement vers la gauche et ouvre sa bouche toute grande pour crier ; on dirait un capitaine de Pygmées menant sa troupe au combat. »

2. « .... *Ut perdici persimilis esset.* »

vaient tous les deux dans le même temps et la durée de leur existence fut presque la même; le géant, en effet, mourut âgé de vingt-cinq ans et le nain ne lui survécut pas longtemps. On vit encore à cette même époque plusieurs choses remarquables que je ne crois pas devoir rapporter ici en détails[1]. »

A moins que le mot latin *perdix* n'ait eu à cette époque une signification particulière que ne nous ont pas conservée les lexicographes, c'est évidemment pour mieux appuyer sur la petitesse du nain égyptien que Nicéphore Callixte emploie une comparaison aussi audacieuse; mais ce qui surprendra bien davantage, c'est que, pendant bien longtemps, on a prétendu posséder en Espagne le squelette — ou au moins la partie la plus importante du squelette, la tête — de cet être microscopique. Nous trouvons, en effet, dans le *Voyage d'Espagne fait en* 1755, traduit de l'italien par le P. de Liroy, barnabite, le curieux passage suivant à propos de la Bibliothèque de l'Escurial : «... Une preuve bien sensible de la facilité avec laquelle on croit ici que les choses sont antiques, c'est que l'on garde depuis bien du temps dans cette Bibliothèque la figure d'un homme habillé à la manière des Orientaux, qui n'a pas plus de *huit pouces* de haut (0^m,222) et néanmoins est très bien proportionné, que l'on m'assura avoir véritablement vécu et qui, me dit-on,

Fig. 18. — Le géant et le nain de Nicéphore Callixte, d'après Lycosthènes.

1. *Nicephori Historiæ ecclesiasticæ*, lib. XII, c. XXXVII.

entendoit, parloit, raisonnoit et montroit en tout une intelligence rare. On me présenta, pour me le faire croire, la tête prétendue de cet homme, qui est de la grosseur d'une noisette. Je fis tout ce que je pus pour les détromper; je leur dis, entr'autres choses, que c'étoit une tête artificielle d'os, de buis ou de quelqu'autre matière; il n'y eut pas moyen de les persuader. Ils me firent lire un écrit derrière la figure qui dit que ce nain était égyptien, qu'il vivoit du temps de l'empereur Théodose et de saint Ambroise et que sa tête avoit été donnée à la Bibliothèque par Don François *Roja*, évêque d'Avila, à qui l'Anti-Pape *Pierre de la Lune*, en avoit fait présent. Au bas de cet écrit sont les noms de plusieurs auteurs cités en confirmation de cette histoire controuvée et faite à plaisir. Je ne répliquai autre chose sinon que tous ces auteurs étaient trop misérables pour mériter d'être crus sur un fait que le témoignage et l'autorité de saint Ambroise même ne rendroient pas plus croyable s'il l'avoit avancé[1]. »

Nous avons rapporté plus haut (p. 11) ce que dit Marco-Polo de la fabrication des prétendus nains que l'on faisait voir de son temps; le passage que nous avons cité laisse supposer que la curiosité qui s'attachait à ce spectacle était tellement grande que les montreurs de phénomènes exhibaient même des *nains conservés* puisque Marco Polo dit que l'on faisait passer pour des momies de petits hommes, des peaux de singe « pelées, séchées et préparées avec du camphre et autres choses ».

Georges Sabin, qui vivait dans la première moitié du seizième siècle, affirme, dans ses *Commentaires sur les métamorphoses*, avoir vu en Italie « un homme d'un âge mûr qui n'avait pas plus d'une coudée de haut et que l'on montrait dans une cage à perroquet. » Son contemporain, Jérôme Cardan, dit également avoir vu ce petit homme, ainsi que Blaise de Vigenère, dans ses *Annota-*

1. *Voyage d'Espagne fait en* 1755, Ire partie, p. 278.

tions des tableaux de Philostrate que nous avons déjà citées et qui parle du « Milanais qui se faisoit voir dans une cage en guise de perroquet... »

Le même fait a été reproduit aussi par un écrivain anglais, Wanley. Dans ses *Merveilles du Petit Monde* (*Wonders of the Little World*), il rapporte qu'un gentilhomme de ses amis, dont la bonne foi ne peut être mise en doute, lui a affirmé à son retour d'un voyage en Italie, avoir vu à Sienne un petit homme dont la taille ne dépassait pas celle du nain que Cardan avait vu. « C'était dit-il, un Français, originaire du Limousin, ayant une très belle barbe, et qui se faisait voir dans une cage pour de l'argent. A l'un des angles de la cage, il y avait une sorte de petite logette dans laquelle il se retirait et quand les spectateurs étaient assez nombreux, il sortait et jouait d'un instrument. »

A la fin du seizième siècle on montrait sur le continent un nain anglais nommé *John Ducker* ou *Decker*, dont parle Platerus dans une de ses lettres : « J'ai vu, dit-il, un Anglais, John Ducker, que quelques-uns de ses compatriotes promènent un peu partout et qu'ils montrent en public moyennant de l'argent; j'ai fait de lui un dessin le représentant en pied; il a à peu près quarante-cinq ans d'âge, au moins autant que j'ai pu en juger d'après sa figure qui commence à se rider; il porte une longue barbe et ne mesure pas plus de deux pieds et demi de hauteur (0^m,835); cependant il est bien proportionné, sa taille est droite et ses membres sont forts; c'est bien certainement le plus petit nain que j'ai jamais vu. »

En France, et surtout en Angleterre au seizième siècle, on montrait beaucoup de nains dans les foires. Un écrivain anglais, Stow, dans sa *Chronique* de 1581, raconte qu'à la foire Saint-Barthélemi (*Bartholomew fair*) le spectacle le plus recherché était celui des *phénomènes* et surtout des géants et des nains. Parmi ces derniers, il cite un Hollandais qui n'avait pas trois pieds et dont les jambes, par une singulière anomalie, ne possédaient pas l'articulation du genou, ce qui ne l'empêchait cependant pas de « danser des gaillardes ». Ce nain, du reste, était sous tous les rapports une sorte de monstre; ses bras s'arrêtaient à la hauteur du coude et étaient terminés par une espèce de moignon dont il se servait assez adroitement pour lancer, tout en chantant, une tasse qu'il recevait et renvoyait en l'air des deux côtés alternativement; il lançait également une flèche vers un but déterminé avec dextérité, faisait des armes et maniait la hache; tous les jours il buvait au moins dix pintes de la meilleure bière qu'il pouvait se procurer. « Je l'ai vu, le 17 juillet, dit Stow, assis sur un banc à côté d'un géant qui l'accompagnait, la tête couverte d'un chapeau à plumes, coiffure qu'il affectionnait beaucoup. Quand ils étaient debout tous les deux, le nain, avec son chapeau et ses plumes atteignait à peine à la hauteur de la cuisse du géant. »

C'est également parmi les monstres que nous devons ranger le fameux *Matthieu Buchinger*, né à Anspach en 1674, qui vint au monde sans mains, sans pieds et sans jambes, et qui, à la place de bras, avait deux excroissances qui partaient des omoplates et « qui ressemblaient plus, dit Caulfield, dans ses *Remarkable Persons*, à des nageoires de poisson qu'à des bras humains ». C'était un « tronc humain, haut en tout de vingt-neuf pouces, (0m 863) ». Malgré sa difformité il écrivait bien et faisait plusieurs tours d'adresse et de dextérité. On l'avait montré dans toute l'Allemagne et surtout à Nuremberg avant qu'il ne vînt, au commencement du dix-huitième siècle, à Londres où le roi Georges Ier et surtout Robert Harley, comte d'Oxford, le prirent sous leur protection. La curiosité qu'il excita en Angleterre l'engagea sans doute à y rester pendant fort longtemps; James Paris en fit, au mois de mars 1731, un dessin conservé aujourd'hui au

British Museum[1]. Nous ne parlerons de Buchinger, qui n'était pas, à proprement parler, un nain, que pour mentionner ici qu'il se maria quatre fois, malgré sa difformité repoussante[2].

Avant lui, sous le règne de Jacques II, on avait vu à Londres, où il eut un très grand succès, un nain dont le portrait gravé par plusieurs artistes, a été également dessiné par James Paris et figure dans la collection que nous avons mentionnée plus haut. Il s'appelait *Jean Wormbergh* et était né à Harlshousen, en Suisse. L'affiche qui annonçait l'arrivée de ce petit homme portait en tête le chiffre du roi Jacques II « J² R » et les armes royales. « Ceci est pour donner avis aux personnes de qualité et autres qu'il est dernièrement arrivé dans cette fameuse cité de Londres, la *Rareté de l'Univers*, c'est-à-dire, un homme de la plus petite stature qui ait jamais été vu de mémoire d'homme, ayant seulement deux pieds sept pouces (0m,783, mesure anglaise) et trente-sept ans d'âge; il possède une longue barbe et chante bien. Il a été vu par le Roi et toute la cour à Whitehall. Il est né en Suisse.

1. James Paris, *Drawings of Human Prodigies* (1137).

2. Une naine du même genre fut montrée à Paris, à la foire Saint-Germain, en 1799. Voici ce que dit d'elle l'auteur un peu sceptique de l'*Almanach forain* que nous aurons plus loin l'occasion de citer souvent : « *La jeune Vénitienne*. On assurait que cette Vénitienne, née peut-être en Normandie, n'avait que 28 pouces de haut, (0m,756). Elle était venue au monde sans mains et ses pieds étaient attachés aux genoux. A l'aide de ses moignons, elle enfilait une aiguille très fine, faisait un nœud au fil avec sa langue, cousait, filait, tricotait et coupait avec des ciseaux toutes sortes d'étoffes. Sans doute que cette espèce de Vénitienne avait reçu une certaine éducation puisqu'elle chantait des ariettes italiennes et râclait du violon. Malgré sa difformité, on disait que cette naine était mariée et qu'elle avait des enfants bien constitués. — Le lecteur se souvient-il d'avoir vu dans les rues de Paris une petite vieille au visage olivâtre, assez semblable à la fée Carabosse, et qui, montée sur une table, montrait aux passants l'adresse de ses deux moignons? Hé bien! la *merveilleuse Vénitienne* et cette figure ratatinée n'étaient qu'un seul et même individu. (*Almanach forain* de 1786, p. 58.)

Fig. 19. — *Jean Wormberg*, d'après une gravure, à la manière noire, de Gole.

Il parle un très bon allemand. Il est de si belles proportions dans sa petitesse que tous ceux qui le voient l'admirent. Ce personnage est visible à *la Touffe de Plumes*, près du *Roi à cheval*, dans *Stock Market* à toutes les heures du jour. Si quelqu'un ou quelques personnes de qualité avaient le désir de le voir dans leurs maisons ou leur logis, il est tout disposé à se rendre à leur invitation pourvu qu'on le prévienne un peu à l'avance. » Son portrait fut gravé et publié en 1688 par Isaac Olivier, de Ludgate-Hill, avec la légende suivante : « Portrait de John Wormbergh, de nationalité suisse et de religion protestante; sa hauteur n'excédant pas deux pieds sept pouces, âgé de trente-huit ans; qui a eu l'honneur d'être présenté à la vue de la plus grande partie des princes de l'Europe, et, depuis, au roi de la Grande-Bretagne et à la plus haute noblesse; jusqu'à présent il n'en a pas été vu de pareil; c'est vraiment un étrange prodige de la nature et un sujet d'étonnement et d'admiration pour les spectateurs. Il est visible actuellement dans *Fleet-street.* » Il existe de lui plusieurs autres portraits, un entre autres, gravé par J. Drapentier, et au bas duquel se trouvent quatre vers anglais et huit vers hollandais.

Ce pauvre nain périt d'une façon étrange : il fut noyé à Rotterdam en 1695, alors qu'on le transportait du quai sur un bateau où il devait s'embarquer; la planche qui servait de passerelle se rompit et l'homme qui le portait tomba à l'eau avec son fardeau; malheureusement le pauvre Wormbergh, qui pour échapper aux regards des curieux se tenait habituellement renfermé dans une boîte lorsqu'il voyageait, ne put être sauvé et sa boîte lui servit de cercueil. Son nom est écrit quelquefois Woremberg ou Worrenburgh. C'est à lui probablement qu'Evelyn fait allusion quand il parle dans ses *Numismata*, que nous avons cités plus haut (p. 124), d'un petit « mannequin récemment transporté dans une boîte ».

Un peu plus tard, sous le règne de Guillaume III, nous

trouvons une autre annonce assez curieuse d'une naine que l'on montrait à la foire Saint-Barthélemi, à Londres, et qui était offerte à la curiosité des visiteurs sous le seul nom de *l'Enfant changée* (*Changling Child*). « A voir, près de la porte du *Corbeau noir*, dans West Smithfield, pendant tout le temps de la foire, un squelette vivant, pris dans l'Archipel par une galère vénitienne sur un vaisseau turc. Cette enfant vraiment féerique est supposée née de parents Hongrois et avoir été changée en nourrice : elle est âgée d'au moins neuf ans et sa hauteur n'excède pas un pied et demi (0^{m},456, mesure anglaise). Ses jambes, ses cuisses et ses bras sont tellement petits qu'ils dépassent à peine en grosseur le pouce d'un homme. Vous pourriez voir l'anatomie entière de son corps en la plaçant contre le soleil. Elle n'a jamais parlé et bien qu'elle n'ait pas de dents, c'est la créature la plus vorace et la plus affamée qui ait jamais existé, dévorant à elle seule plus de nourriture que l'homme le plus robuste de toute l'Angleterre. — *Vivant Rex et Regina !* » On retrouve cette annonce, dans des termes à peu près semblables, à la foire de Southwark.

Les nains, du reste, foisonnaient en Angleterre à cette époque et les avis ou affiches qui en annoncent la présence au public sont presque toujours curieuses, autant par leur style emphatique que par les épithètes laudatives qu'elles prodiguent aux petits phénomènes auxquels elles se rapportent. Nous en citerons quelques exemples d'après M. Ed. Wood[1]. A la fin du dix-septième siècle, sous le règne de Guillaume III, nous trouvons l'annonce suivante :

« W. R. — Par permission de Sa Majesté.

« Près de la porte de *la Tête du Roi*, dans Smithfield pendant toute la durée de la foire St-Barthélemy. Pour la satisfaction de toutes les personnes curieuses de péné-

1. *Giants and Dwarfs*, Londres. 1868.

trer les secrets de la nature, il y a à voir une femme naine, ayant à peine trois pieds et un pouce de hauteur (0^m,937, mesure anglaise), née dans le Somersetshire, qui est dans la quarantième année de son âge, qui cause admirablement bien et qui donne la plus grande satisfaction à tous ceux qui viennent la voir. *Nota* : il n'y a là ni perte de temps ni aucun autre inconvénient à redouter en allant voir ce mystère de la nature. — *Vivat Rex!* »

A la même époque (1698) on montrait à l'extrémité de *Brookfield Market*, « *le petit Écossais*, qui a fait l'admiration de toutes les personnes qui l'ont vu; il a seulement deux pieds et six pouces de hauteur (0^m7,58), et est maintenant âgé de près de soixante ans. Il a été marié pendant plusieurs années et son épouse lui donna deux fils (dont un est avec lui actuellement). Il chante et danse avec son fils; et il a eu l'honneur, dans tous les pays où il a voyagé, de se faire voir dans les résidences de plusieurs personnes de marque. Il a autrefois tenu un cours d'écriture[1] et il disserte très pertinemment sur les Écritures et sur plusieurs sujets élevés; et il donne une grande satisfaction à toutes les personnes qui le voient; et si quelqu'un le désire, il y a dans cette ville nombre de gens prêts à certifier qu'ils ont vu ses élèves et qu'ils l'ont connu marié. » Pauvre maître d'écriture! qui en était réduit, à soixante ans, à se montrer comme un animal curieux et à danser en public avec son fils!

Nous citerons également la *Naine de l'Univers*, que l'on exhibait, au mois de juillet 1700, dans *Stocks'Market*, vis-à-vis *l'Aigle et l'Enfant*, à l'endroit où se trouve aujourd'hui *Mansion House* : «.... On peut voir à toute heure du jour, depuis huit heures du matin jusqu'à neuf heures du soir, une Petite Femme allemande, la *Naine de l'Univers*, ayant seulement deux pieds huit

1. Dangeau dans son *Journal* parle d'un nain qui était également maître d'école, mais il ne dit pas qu'il se soit montré en public.

pouces de haut (0m,808 mesure anglaise) et mère de deux enfants, aussi droite que quelque femme que ce soit en Angleterre ; elle chante et danse incomparablement bien ; elle a eu l'honneur d'être montrée devant le Roi, les Princes et la plus haute noblesse du pays ; elle est conduite dans une petite boîte à la résidence de tous les gentlemen qui le désireraient. » Une autre annonce concernant cette même naine, nous apprend qu'elle était âgée de quarante-neuf ans.

C'était assez l'habitude, paraît-il, de conduire les nains renfermés dans des boîtes au domicile des personnes qui voulaient y mettre le prix ; quelques années plus tard, on annonçait ainsi une naine merveilleuse : « *Par autorité*[1] *de Sa Majesté.* — A l'auberge de la *Corne de cerf*, pendant tout le temps de la foire Barthélemy, on pourra voir l'étrange rareté suivante ; c'est à savoir : *la Petite femme Fée,* arrivée dernièrement d'Italie, haute seulement de deux pieds deux pouces (0m,658), la plus petite qui ait jamais été vue en Angleterre, et aucunement contrefaite comme l'étaient les deux femmes que l'on menait dans une boîte de maison en maison, dans les rues de Londres, il y a quelques années ; celle-ci a treize pouces de moins qu'elles. Si quelques personnes désiraient la voir à leurs résidences, nous serons tout prêts à leur rendre visite à quelque heure du jour que ce soit. »

Mais un des nains les plus étonnants qui aient été montrés en public est certainement celui que représente une gravure anglaise datée de 1746 et qui porte la légende suivante : « Le merveilleux, fort et surprenant *Nain Persan* haut de trois pieds six pouces (1m,062) né en Perse, âgé de cinquante-six ans, parle huit langues, chante en italien, danse admirablement, etc., etc. » Il était

1. Mis évidemment à la place de *par autorisation ;* cette annonce, du reste, est rédigée en très mauvais anglais et pleine de fautes aussi grossières que celle que nous signalons.

arrivé à Londres dans le courant de l'année 1740 et plusieurs journaux, entre autres le *Daily advertiser* du 18 août, lui avaient fait une belle *réclame*, ainsi que l'on dit aujourd'hui : « A voir, à la *Taverne du Grand Verre* (*the Rummer's Tavern*), à Charing-Cross, un nain persan, qui est arrivé ces jours derniers, haut de trois pieds huit pouces, âgé de quarante-cinq ans, qui a eu l'honneur de divertir la plus grande partie des personnes nobles, distinguées, et autres, dans beaucoup de pays d'Europe, avec ses formes étonnantes, et à la satisfaction de tous. — 1° Il porte deux hommes vigoureux, un de chaque bras, et danse autour de la pièce en les tenant; 2° il porte un fauteuil sur ses bras, et avec ses moustaches qui ont six pouces de longueur, il ramasse une pièce de monnaie posée sur le parquet; 3°, il prend sur le parquet avec ses moustaches ladite pièce de monnaie, trois de ses doigts posant par terre et une de ses jambes levée en l'air, et avec son bras il lance et reçoit une chaise; 4° etc.... Avec ses formes merveilleuses, sa force et son adresse qu'il serait superflu de mentionner davantage, il surpasse l'imagination et c'est à juste titre qu'il a été appelé le *second Samson*. Il parle également huit langues différentes. Il a eu l'honneur d'être reçu par le prince et la princesse de Galles à Cliefden House, et par les princesses à Saint-James. »

Une sorte de nain Hercule, plus fort, mais moins adroit et surtout moins intelligent que celui que nous venons de citer, avait vécu à Londres quelques années auparavant. C'était un Irlandais, nommé *Owen Farrel*, d'assez basse origine et qui était venu à Dublin se placer comme domestique chez un colonel. Il avait trois pieds neuf pouces de hauteur seulement ($1^m,137$) et était d'apparence lourde et épaisse. Il se fit néanmoins remarquer dans plusieurs occasions, par des tours de force tellement surprenants — il porta un jour quatre hommes, deux sur chaque bras — qu'on lui conseilla de se montrer comme une curiosité, et, à cet effet, il courut pendant un certain temps de ville en ville, mais sans aucun succès. Il vint alors à Londres, où, trop paresseux pour travailler, il vécut misérablement en mendiant dans les rues. Son apparence singulière et ses manières bizarres attirèrent cependant l'attention. On le rencontrait, tenant à la main un énorme gourdin à peu près aussi haut que lui, vêtu de haillons sordides, coiffé d'un vieux chapeau tout déchiré avec des bas troués et ses pieds sortant à moitié de chaussures éculées. C'est ainsi qu'il est représenté dans plusieurs portraits faits d'après lui et gravés par des artistes habiles, entre autres par Burgh en 1716 et par Smeeton. Il était devenu un personnage important et des écrivains sérieux se sont occupés de lui. Quelque temps avant sa mort, arrivée en 1742, il avait vendu son corps, moyennant une petite rente qui lui était comptée par fractions tous les huit jours, à un chirurgien, M. Omrod, qui monta son squelette avec soin et le plaça dans la collection du duc de Richemond, d'où il passa ensuite dans celle de William Hunter, à l'Université de Glascow. A côté de son squelette se trouvait une peinture assez remarquable le représentant vêtu d'une veste de cuir, vêtement qu'il portait habituellement depuis son arrivée à Londres, et auquel il avait dû le surnom de *Jack-habit-de-cuir*, sous lequel

Fig. 20. — *Owen Farrel*, d'après une gravure du temps.

il était communément désigné. Il existe de lui un autre portrait gravé par Hulett, d'après un dessin de Gravelot. Un écrivain anglais parlant de Farrel, disait : « La nature s'est largement trompée en donnant à ce nain une taille qui égale à peine la moitié de celle d'un individu ordinaire, alors qu'elle lui a accordé la force de deux hommes. »

Parmi les nains dont la conformation bizarre excitèrent la curiosité — ou peut-être aussi malheureusement l'amour-propre scientifique des médecins anglais — et qui, de leur vivant, furent obligés de vendre leur dépouille mortelle, nous citerons *John Grimes*, né à Newcastle-upon-Tyne, et qui mourut à Londres, en 1736, âgé de cinquante-sept ans; il avait été marié et était père de quatre enfants. Comme Farrel, c'était un petit Hercule; puisqu'il pouvait facilement soulever de terre et porter sur ses bras deux hommes de taille ordinaire. Malheureusement pour lui quand il eut atteint l'âge de quarante ans, ses forces déclinèrent rapidement et il perdit ainsi une de ses plus grandes *attractions;* plusieurs années avant sa mort il vendit son *corps* à un médecin, moyennant la modique redevance de six pences (douze sous) par semaine. On l'exploita même après son décès et son squelette fut pendant longtemps montré dans une taverne du *Strand*.

Nous pouvons approcher de ces deux faits, bien qu'il leur soit postérieur de près d'un siècle, celui de la pauvre petite *Caroline Crachami*, naine Sicilienne morte à Londres au mois de juin 1824 à peine âgée de dix ans, et dont le petit corps fut, non pas vendu, mais volé par un Barnum peu scrupuleux qui le céda au *Royal College* des chirurgiens, dans le muséum duquel on peut encore aujourd'hui voir son squelette qui mesure à peu près $0^{m},80$ de hauteur. A côté se trouvent des moulages de ses bras, de ses mains et de ses pieds ainsi que quelques objets dont elle se servait habituellement, tels que son dé à coudre, ses petits bas et une bague ornée d'une perle fine que lui avait donnée la duchesse de Parme. Son père, musicien à Palerme, n'avait jamais voulu consentir à la montrer en public, jusqu'au jour où, sur le rapport qu'on lui fit de la curiosité qu'avaient les Anglais pour ces sortes de phénomènes et des succès d'argent qu'ils y obtenaient, il la conduisit à la fin de 1823 à Liverpool pour la montrer ensuite à Birmingham, à Oxford et enfin à Londres.

Le *Times* annonça ainsi sa mort dans son numéro du 16 juin 1824 : « La pauvre enfant toussait depuis quelque semaines et les changements de température de ces jours derniers avaient paru exercer une fâcheuse influence sur l'état général de sa santé. Jeudi dernier cependant on la montra en public comme d'habitude et elle reçut la visite de plus de deux cents visiteurs; vers le soir, elle parut extrêmement fatiguée et tomba tout à coup dans un état de faiblesse considérable; on lui fit quitter la salle dans laquelle avait lieu l'exhibition, mais elle mourut aussitôt. » Le même journal lui consacre à la date du 17 juin, un second article duquel il résulte que son père s'était entendu avec un individu nommé Gilligan auquel il l'avait confiée pour la montrer en public; aussitôt après la mort de l'enfant, ce Gilligan avait emporté le corps, laissant seulement dans le domicile qu'il occupait avec elle chez un tailleur de Durke-street, le lit de parade et les riches vêtements qu'il avait fait faire pour la présenter à la famille royale; il avait offert ce pauvre petit corps à un riche amateur, M. Brooks, moyennant cent guinées, mais le marché n'avait pas été conclu.

Après s'être inutilement adressé au magistrat de *Malborough-street Office* pour obtenir un mandat d'arrêt contre Gilligan, le malheureux père alla trouver sir Everard Horne, par l'intermédiaire duquel sa fille avait été présentée au roi, et chez qui il savait, de source certaine, que le cadavre avait été apporté par le ravisseur qui prétendait avoir plein pouvoir d'en disposer à son gré; sir Everard, confiant dans la parole de ce Gilligan, lui avait conseillé de l'offrir au *Royal College* des chirurgiens, lui disant qu'on lui en donnerait le prix qu'il demanderait. En apprenant qu'il avait été la dupe d'un fripon et qu'il s'était fait ainsi, sans le savoir, le complice de cette mauvaise action, sir Everard conduisit lui-même le malheureux père à l'endroit où se trouvait sa fille; mais il était trop tard et le petit cadavre était déjà à moitié disséqué. Fou de douleur à cette vue et dans un état de surexcitation impossible à décrire, le pauvre musicien se précipita sur les restes mutilés de son enfant et c'est avec peine qu'on put l'arracher de ce triste lieu. Quelques jours après sir Everard lui fit parvenir une assez forte somme qui lui permit d'aller rejoindre sa femme qu'il avait laissée en Irlande, et de retourner ensuite dans son pays natal.

De tous les nombreux nains qui se montraient en public vers le milieu du siècle dernier dans les différents pays d'Europe, mais surtout en Angleterre où ce spectacle, ainsi que nous l'avons vu, était fort recherché, nous mentionnerons seulement ceux qui nous semblent offrir quelques particularités intéressantes. Parmi ces derniers, nous rangerons *Robert Skinner* et son épouse *Judith*, que l'on montrait ensemble à Londres en 1742. Le mari âgé de quarante-quatre ans, mesurait deux pieds un pouce de hauteur ($0^{m},633$ mesure anglaise), et sa femme un pouce seulement de plus que lui. Tous les deux étaient fort bien proportionnés dans leur petitesse, intelligents, spirituels et gais. Ils furent mariés dans l'église Saint-Martin, à Londres, et vécurent ensemble vingt-trois ans pendant lesquels ils eurent quatorze enfants bien faits et d'une bonne santé. Ils se montrèrent en public pendant deux années seulement et la curiosité qu'ils excitèrent fut si grande, que ce court espace de temps leur suffit pour amasser une petite fortune qui leur permit de vivre tranquillement jusqu'à la fin de leurs jours. Ils avaient pour leur usage une petite voiture, à peine plus grande qu'un fauteuil d'enfant et que traînaient deux chiens conduits par un cocher de douze ans, vêtu d'une livrée rouge et jaune. Ils allaient souvent se promener dans cet équipage à *Saint-James Park*, où leur petite voiture était toujours suivie d'une foule nombreuse, avide de les contempler.

Mistress Skinner mourut en 1763; son époux fut tellement affligé de sa perte, qu'il se renferma pendant un an dans sa chambre, seul, sans vouloir souffrir personne avec lui, si ce n'est une vieille servante qui avait pris soin de sa jeunesse, et refusant de voir, non seulement ses parents, mais même ses propres enfants. Quand sa douleur fut un peu calmée, il quitta Londres dont le séjour lui était devenu intolérable et se retira à Rippon, sa ville natale, où il mourut au bout de deux ans, après avoir pris soin de partager lui-même sa fortune entre tous ses enfants.

Nous signalerons également un nain qui mourut en Normandie, à Hayneville, âgé de vingt et un ans et qui n'avait que 0^{m}, 786 de haut. Il s'appelait *Louis Crane*. Sa voix était un peu plus masculine que celle d'un enfant de sa taille, mais son esprit était assez borné et il ne put jamais prononcer que des mots séparés et monosyllabiques. En revanche, l'instinct d'imitation était assez développé chez lui, ainsi que cela a lieu généralement chez les nains de naissance, et il contrefaisait dans la perfection les aboiements des chiens, le miaulement des chats et le bêlement des moutons; il ne voulait pas parler et se bornait à désigner du doigt les objets qu'il désirait avoir; quoique naturellement mélancolique, il lui arrivait quelquefois de rire, mais souvent aussi il criait comme un enfant de trois ans dont il avait, du reste, toute l'apparence. Sa santé était généralement mauvaise et il menait une vie languissante, triste et sans que rien parût l'intéresser. Sa mère disait que quand il était venu au monde, « il était tout petit, extrêmement faible et semblait ne pas avoir d'os. »

Quoiqu'il fût beaucoup moins recherché que chez nos voisins les Anglais, le spectacle des nains attirait néanmoins beaucoup de monde dans les baraques des nombreuses foires qui se tenaient tous les ans dans les différents quartiers de Paris, surtout à la foire Saint-Germain, qui ouvrait le 3 février pour se terminer seulement au samedi de la Passion, et à la foire Saint-Laurent, qui durait plus de deux mois (du 25 juillet au 30 septembre). A cette dernière, qui était la plus riche en curiosités et en phénomènes de tous genres, on pouvait voir, nous dit Loret, dans sa *Muze historique* :

« . . . .
Arlequins sauteurs et danseurs,
Outre un géant dont la structure
Est prodige de la nature ;
Outre les animaux sauvages,
Outre cent et cent batelages,
Les fagotins et les guenons,
Les mignonnes et les mignons[1]. . . »

Et Marmontel, dans son *Poème de la Musique* parlant des foires de Paris, ajoute :

« Nains et géants, magots de toute espèce
S'offrent en foule à nos yeux ébahis ;
Et dans une heure un bourgeois de Lutèce
A parcouru les plus lointains pays. »

Mais les chroniqueurs du siècle dernier n'attachaient pas aux nains une bien grande importance ; il y avait pour eux d'autres spectacles plus intéressants et nous ne trouvons guère de renseignements dans les journaux et les recueils du temps.

1. *Gazette de* LORET (22 février 1664).

On lit cependant dans les *Affiches de Paris* en 1751 l'annonce suivante d'un nain singulièrement conformé : « Le sieur Albert Nivenoge, Hollandais, est arrivé en cette ville et y fait voir un homme sans pareil, âgé de 36 ans, de la hauteur de deux pieds quatre pouces (0^m,756). La grosseur de la tête fait[1] la longueur de son corps. Il a un très beau visage, les cheveux frisés naturellement et parle plusieurs langues. On le verra depuis 10 heures du matin jusqu'à dix heures du soir à la foire Saint-Germain-des-Prés, rue Traversière, à la descente du jeu des *Grands Danseurs de corde*, vis-à-vis la chapelle. — Il y a des places à 12 et à 24 sols. »

Dans le *Calendrier historique et chronologique des théâtres forains*, nous trouvons plusieurs mentions de nains. C'est d'abord le

« NAIN DES INDES »

« Le sieur Vienne, connu pour avoir fait voir plusieurs nouveautés tant à Paris qu'en province, se flatte que son nain est un objet digne de curiosité. Ce nain est âgé de quarante-deux ans et n'a que 27 pouces de hauteur (0^m,729). Son extrême petitesse n'empêche pas qu'il ne soit bien proportionné dans sa taille. Le sieur Vienne eut l'honneur de le présenter à la famille Royale le 16 décembre 1774. »

L'intelligent et ingénieux auteur de ce *Calendrier*[2] dans lequel on trouve une grande quantité de renseignements curieux et intéressants sur divers sujets, ajoute à ce propos : «.... Disons ici qu'un fameux voyageur russe, M. Gmelin, professeur de chymie et de botanique, a vu dans la Sibérie un nain d'environ deux pieds (0^m,648)

1. C'est-à-dire *égale*.

2. *Spectacle des Foires et des Boulevards de Paris, ou Calendrier historique et chronologique des théâtres forains*, année MDCCLXXVI. — Ce curieux almanach qui ne parut que pendant huit années était rédigé par *François Mussot Arnould*, mort en 1812

âgé de plus de cinquante ans, qui étoit marié en secondes noces et avoit cinq enfants vivants. Ce nain étoit écrivain de la douane de Krasnoïarsk, vaquoit à sa profession avec beaucoup d'intelligence et mangeoit et buvoit plus qu'un homme de taille naturelle. »

A la foire Saint-Germain, dans cette même année 1774, on montrait une naine allemande nommée *Stœbert*, âgée de vingt ans et qui n'avait que deux pieds quatre pouces de haut (0m,756). Elle était fort bien faite, mais sa voix et ses manières étaient restées celles d'un enfant de trois à quatre ans. Dans la loge où elle se montrait, on vendait son portrait gravé en taille douce.

Mussot Arnould, l'auteur de l'almanach auquel nous empruntons ces renseignements, cite également *Le petit Lapon, de trente pouces de hauteur*. « L'année précédente, dit-il, on voyait à cette foire (foire Saint-Germain,) un nain qu'on qualifioit de *Nain des Indes* : on nous donne celui-ci pour un Lapon. Ainsi leurs pays sont bien éloignés l'un de l'autre; ils étoient tous les deux bien faits dans leur petite taille; mais ce qui distingue le Lapon, c'est qu'il parle plusieurs langues, qu'il tire supérieurement les armes, danse et chante à merveille. Aussi vous avouerez, lecteur, ajoute-t-il ironiquement, que bien des fils de famille ne reçoivent pas une meilleure éducation que ce petit individu né à l'extrémité du nord de l'Europe, dans un pays couvert de glaces, de neige et beaucoup plus habité par les ours que par les hommes. »

Nous trouvons encore dans le même auteur la mention suivante à propos de la foire Saint-Germain de 1779 : « On pouvait voir à cette foire une famille de Lapons de la plus petite taille; le père âgé de trente ans n'avait que trente-et-un pouces de haut (0m,97) et sa femme vingt-huit (0m,756). Ils avaient été mariés en France. Leur enfant n'était haut que de dix-huit pouces (0m,446); du reste, ils étaient bien faits, d'une figure intéressante et s'exprimaient assez bien en français pour répondre aux différentes questions qu'on pouvait leur faire. »

Nous citerons enfin parmi les nains montrés à Paris le *Sieur Akeneil*, qui, comme la jeune Stœbert, eut l'honneur de voir ses traits reproduits par la gravure. Quand on l'amena à Paris, on fit paraître l'annonce suivante :

« Par Permission du Roi et de Monsieur le Lieutenant Général de Police.

AVIS

Le Petit homme de la Forêt-Noire

Malgré sa petite structure,
Ce nain n'a pas à se plaindre des soins
De la bienfaisante nature;
Son esprit a le plus si son corps a le moins.

« Le sieur Akeneil a vingt-huit pouces[1] justes de haut; ce n'est point un de ces êtres difformes qui révoltent le public en trompant sa curiosité. Toutes les parties de son corps sont dans les plus justes proportions. Il parle très bien Français, Italien et Allemand; il répond à toutes les questions sur la Géographie. Il fait adroitement des tours de physique et l'exercice militaire. Le prix des places est de 24 sols.

« On pourra le voir tous les jours au Palais-Royal, depuis dix heures du matin jusqu'à deux heures. Les personnes qui désireront le voir chez elles le feront avertir quand elles le jugeront à propos. »

Sur son portrait, gravé par Alessandri, il est représenté en costume militaire, portant perruque et tenant dans sa main gauche un chapeau à plumes; sa figure est assez jolie et son apparence distinguée; il se tient auprès d'un tambour devant une tente; sur le premier plan on voit une épée, une bayonnette et un sac; il avait quinze ans et, contrairement à ce que dit l'annonce — qui comme toutes les réclames exagère un peu — sa taille était de trente pouces ($0^{m},81$) et non de vingt-huit.

Au-dessous de ce portrait, dont un rare exemplaire existe dans la collection Hennin, on lit les lignes suivantes :

1. $0^{m},756$.

AUX ADMIRATEURS DES PRODIGES DE LA NATURE

« *C'est un Nain de la plus petite, meis en même tems de la plus jolie espèce, nommé Akeneil âgé de 15 ans né en Allemagne dans la Forêt noire. Il n'a que 30 pouces de haut, et il n'a pas grandi depuis l'âge de 5 ans. C'est un Etre très singulier fait pour intéresser les Savans en Phisique, et en histoire naturelle. Il est gai vif et toujours en mouvement très curieux il veut tout apprendre il conçoit et retient tout facilement.* »

Un des nains les plus remarquables parmi ceux de cette époque est certainement *Simon Paape*, né à Zand Voort, en Hollande; son père avait quatre autres enfants, deux garçons et deux filles, d'une grandeur ordinaire. Le petit Simon ne présenta rien d'anormal jusqu'à ce qu'il eût atteint l'âge de trois ans; mais à ce moment, il cessa tout à coup de croître et ne grandit plus d'un pouce jusqu'à sa mort. A vingt-six ans, quand il commença à se montrer en public, il mesurait $0^{m},756$ et ne pesait que vingt-sept livres. Il était d'une figure agréable et bien proportionné dans ses membres et dans toute sa personne, cependant sa tête était plutôt un peu forte pour sa grandeur. Son appétit était modéré et dépassait rarement celui d'un enfant de trois à quatre ans; il buvait du vin pur, sans excès, mais était passionné pour sa pipe et pour le tabac à priser. Son caractère était doux, aimable et communicatif : outre le hollandais, il parlait facilement le français et l'anglais.

Il se fit voir d'abord en Hollande, puis en France et, surtout, en Angleterre où il obtint un véritable succès. Au théâtre de Covent-Garden, il paraissait en public, vêtu d'une veste de soie bleue, avec de larges culottes flottantes en satin bleu, coupées à la mode hollandaise, un gilet et des bas en soie blanche et des boucles d'argent à ses chaussures. Ainsi vêtu, il était la copie vivante d'un portrait peint en miniature et monté en or du prince d'Orange, que lui avait donné la princesse. Sa veste était ornée de larges boutons d'or et il portait à ses doigts plusieurs bagues dont on lui avait fait cadeau. C'est dans ce costume qu'il fut présenté à la reine, au

Fig. 21. — D'après le portrait dessiné par Beckers.

prince régent et à toute la famille royale à Carlton-House, le 5 mai 1815.

Il aimait beaucoup se promener dans les rues qui avoisinaient son habitation ; mais pour ne pas trop attirer l'attention — et surtout pour ne pas se priver du bénéfice que lui rapportaient ses exhibitions du soir — il sortait vêtu comme un enfant de trois à quatre ans et portant un petit fouet ou un jouet dans sa main ; une femme habillée en nourrice l'accompagnait en le tenant par la main.

C'est lui qui, le premier, imagina de vendre aux visiteurs qui lui en faisaient la demande, des autographes qu'il écrivait devant eux. Cet exemple fut suivi depuis par plusieurs nains, entre autres par le général *Tom-Pouce* et par le général *Mite* que l'on montrait dans les premiers mois de l'année 1883 à la salle Valentino, rue Saint-Honoré et dont nous parlerons plus loin.

Après avoir amassé une petite fortune, Paape retourna vivre tranquillement dans son pays vers 1820 et mourut à Dendermonde le 2 décembre 1828. Il jouissait en Hollande d'une certaine célébrité et sa mémoire y est conservée sur une plaque de marbre fixée à un des piliers de la *Brower's Chapel* dans la cathédrale de Harlem ; une plaque voisine est consacrée à Daniel Cajanus, fameux géant mort à Harlem le 28 février 1749.

Nous signalerons également un autre nain hollandais remarquable autant par son adresse et son intelligence que par l'exiguité vraiment extraordinaire de sa stature et qui mérite, à bon droit, une mention toute spéciale : il se nommait *Wybrand Lolkes*.

Fils d'un pauvre pêcheur, il était né à Jelst, dans la Frise occidentale, en 1730 ; son père et sa mère étaient d'une taille ordinaire et eurent, outre Wybrand, sept autres enfants qui ne présentèrent rien de particulier dans leur conformation. Dès sa jeunesse, il montra un goût tellement décidé et de si rares dispositions pour la mécanique que lorsqu'il eut atteint l'âge de quinze ans, son père le conduisit à Amsterdam où il le mit en apprentissage chez un des premiers horlogers de la ville. après quelques années, pendant lesquelles il travailla de façon à devenir un très habile ouvrier, Lolkes s'établit à Rotterdam où il se maria. Plus tard, soit que ses affaires ne fussent pas brillantes, soit qu'il pensât gagner plus facilement de l'argent en se montrant en public, il abandonna sa boutique d'horlogerie, et voyagea dans plusieurs villes de Hollande où il obtint un véritable succès de curiosité. Mais, comme tous les phénomènes de son espèce, il se rendit bientôt en Angleterre, et nous le retrouvons à Harwich où il attira une foule considérable de spectateurs. Il vint ensuite à Londres, où Philippe Astley, directeur de l'*Amphithéâtre*, salle située près du Pont de Westminster, l'engagea en 1790 moyennant cinq guinées par semaine. Il avait alors soixante ans et sa taille ne mesurait que vingt-sept pouces de haut, $0^{m},648$, mesure anglaise. Sa femme se montrait toujours à côté de lui en public, et bien qu'elle fût d'une stature fort ordinaire, elle était obligée de se baisser beaucoup pour lui donner la main. Ils avaient eu trois enfants dont un, qui mourut à l'âge de vingt-trois ans, avait cinq pieds et sept pouces de haut. Malgré l'exiguité de sa taille et son apparence un peu lourde, Lolkes était d'une agilité remarquable, d'une force peu commune et pouvait, sans effort, sauter à pieds joints du parquet sur une chaise un peu élevée. Sous le rapport du caractère, il était généralement morose, très vain de sa petite personne, et bien qu'il sût très mal la langue anglaise, il aimait souvent à discourir avec emphase et parlait beaucoup de prétention. Comme Paape, dont nous venons de parler, il revint dans son pays où il mourut à l'abri du besoin dans un âge assez avancé. Son portrait a été gravé plusieurs fois, entre autres par Wylkes; l'original de celui qui a été reproduit dans le *Magasin Pittoresque* (année 1839, p. 333) porte la légende suivante : « *Mynheer Wybrand, Lolkes, le célèbre homme en miniature, de la Frise occidentale, et Madame Lolkes, son épouse, qui ont eu trois enfants, tous vivants et baptisés.* »

Il existe également un portrait d'un nain français sur lequel nous n'avons pu malheureusement nous procurer d'autres renseignements que ceux donnés dans la légende qui se trouve au bas de la gravure de Le Bas que reproduit notre figure 22 et qui avait reçu par antiphrase le nom de *M. la Grandeur*.

Nous trouvons, encore, au commencement de notre siècle, plusieurs autres nains qui méritent d'être signalés. Un des plus curieux est certainement *Philippe Calvin*, que l'on montrait à New-York vers 1805. Né à Brid-

Fig. 22. — M. La Grandeur, (d'après la gravure de Le Bas.)

De Thémis ce supôt comique
Est le célèbre LA GRANDEUR
Il sçait du palais la rubrique
Au gré du Juge et du Plaideur.

gewater, dans le Massachussett, le 14 janvier 1791, Calvin, lorsqu'il vint au monde, n'était « certainement pas plus grand qu'une main d'homme et pesait à peine deux livres. » Sa mère, qui était une pauvre femme, obligée de travailler pour gagner sa vie, avait l'habitude de le mettre dans son sein quand elle filait; malgré sa débilité, il avait une bonne santé, un excellent appétit et

13

échappa à toutes les maladies ordinaires des enfants, excepté cependant à la coqueluche, dont il ne souffrit aucunement, du reste. Il fut sevré à sept mois et commença de marcher à neuf; mais il ne parla qu'à quatre ans et à cinq il cessa de grandir. Il était charmant de proportions, et sa figure, quoique un peu longue, fine et délicate, était régulière et agréable. Très vif et très ardent, il aimait beaucoup à jouer avec les autres enfants, mais, comme tous les êtres de son espèce, il était fort irascible; il avait la voix perçante et parlait d'une façon un peu inintelligible; son intelligence, du reste, qui n'avait pas été cultivée, était de beaucoup au-dessous de celle des enfants de son âge. Il avait cinq frères et sœurs qui, tous, étaient d'une taille ordinaire. Son grand-père maternel, un grand et robuste vieillard de soixante-six ans, le montrait en public et le tenait debout sur sa main ouverte. Comme nous avons eu occasion de le faire remarquer pour les nains de la première espèce, il mourut de vieillesse à peine âgé de vingt ans.

En 1805, également, *don José Cordero Pereira*, nain portugais, âgé de vingt-sept ans, et dont la taille était à peine de 0m,70 de haut, pouvait être porté dans la main de l'ambassadeur du Portugal à Londres qui se l'était attaché, et qui le montrait ainsi à ses invités dans les salons de son hôtel; don José avait, pour son usage personnel, une petite voiture qui lui servait d'appartement et dans laquelle il couchait.

A côté des nains que nous venons de mentionner, nous en trouvons d'autres qui joignaient à la petitesse de leur taille un réel talent de comédien ou de chanteur[1]. Le plus

1. Il y eut dans l'ancienne Rome, deux acteurs, *Lucius* et *Molone*, qui peuvent être classés parmi les nains; mais comme nous n'avons trouvé sur leur compte aucun renseignement précis, nous ne les mentionnerons ici que pour mémoire. Le dernier avait un frère, d'aussi petite taille que lui, et qui s'était fait, paraît-il, voleur de grand chemin.

célèbre et le plus intéressant fut le *petit Moreau*, connu à la fin du siècle dernier sous le nom du *Petit Arlequin.*

C'est à Audinot, fondateur de l'Ambigu-Comique, que Moreau, né à Paris en 1755 et fils d'un musicien de l'orchestre du Théâtre-Italien, dut la célébrité passagère qu'il obtint comme acteur. Audinot, tout à la fois auteur et acteur de la Comédie-Italienne, s'étant brouillé avec les directeurs de son théâtre, s'associa avec un ancien menuisier, nommé Arnould, homme intelligent, fin et droit et, sous le patronage du prince de Conti, établit à la foire Saint-Germain un théâtre de marionnettes que fabriquait son associé et auxquelles il faisait jouer des comédies et des opéras. Chacun de ses petits personnages de bois imitait un acteur ou une actrice des Italiens. « Polichinel était censé le *gentilhomme de la chambre en exercice*, distribuant des faveurs et des grâces avec un grotesque à faire pouffer de rire. Cette caricature fit courir tout Paris[1]. » Quand le succès de ses marionnettes commença à s'épuiser à la foire Saint-Germain, Audinot imagina de construire ailleurs un véritable théâtre; il loua alors un terrain sur le boulevard du Temple et fit élever le Théâtre de l'Ambigu-Comique, dont l'inauguration eut lieu le 9 juillet 1769. Ayant retrouvé son ancien camarade, Moreau, qui, lui aussi, avait perdu sa place de musicien à la Comédie-Italienne, il l'engagea à lui donner son fils, alors âgé de quinze ans et qui n'avait pas plus de vingt huit pouces de haut (0^m,756). Moreau y consentit volontiers et le petit débutant, qui avait eu plusieurs fois occasion de voir jouer le charmant *Arlequin*, Carlo Bertinazzi — si célèbre à cette époque sous le nom de *Carlin*[2] — et qui en avait

1. Cf. Brazier, *Histoire des petits théâtres*, p. 28.
2 Voir sur cet acteur un article de M. Ferdinand Denis publié dans le *Magasin pittoresque*.

retenu, avec cet instinct d'imitation propre à presque tous les nains, la manière de jouer et les principaux gestes, s'acquitta de ses rôles, et notamment de celui d'Arlequin, dans lequel il donnait la réplique à Polichinelle, avec un succès qui augmenta la vogue du nouveau théâtre. Audinot adjoignit d'abord à ce petit bonhomme sa fille Eulalie, âgée de huit ans, et deux autres jeunes actrices de douze à quatorze ans, puis il augmenta successivement sa troupe de plusieurs autres enfants des deux sexes et parvint ainsi à n'avoir plus que des acteurs naturels qui étaient, pour la plupart, plus bamboches que ceux de bois[1] ». L'Ambigu devint alors le rendez-vous de la cour et de la ville et fut plus fréquenté que son voisin le théâtre de la Gaîté, fondé par Nicolet, même quand celui-ci montrait son fameux singe[2].

De l'Ambigu-Comique, le petit Moreau passa aux Variétés Amusantes où sa grâce et sa gentillesse le firent remarquer dans plusieurs pièces et surtout dans *La Corbeille enchantée* ou le *Pays des Chimères* « pièce ornée de machines, décorations, changements et ballets » représentée en 1779, et dans *le Jaloux d'Estramadoure*, comédie de Boissel. Mais les Variétés ne faisaient pas de bien brillantes affaires et les acteurs y étaient fort peu payés. Moreau, qui n'avait que 1200 livres d'appointements, pro-

1. *Le Chroniqueur désœuvré*, ou l'*Espion du Boulevard du Temple*, 2e édition (Londres 1782).

2. Brazier (*loc. cit.*). — On lit aussi dans les *Mémoires de Bachaumont*, année 1771 : « Les amateurs de théâtre sont enchantés de voir la foule se porter à l'Ambigu-Comique pour y applaudir une troupe d'enfants qui y font fureur; ils espèrent que cette troupe deviendra une espèce de séminaire, où se formeront des sujets d'autant meilleurs qu'ils annoncent déjà des dispositions décidées et donnent les plus grandes espérances; mais les partisans des mœurs gémissent sincèrement sur cette invention qui va les corrompre jusque dans leur source..... » L'abbé Delille a peint l'empressement du public pour ce spectacle dans le vers suivant :

« Chez Audinot, l'enfance attire la vieillesse »

fita de la désertion d'un des plus fameux acteurs d'Audinot, le petit Mauger, et rentra le 12 mai 1782 au théâtre qui avait été témoin de ses premiers succès; il y reparut dans le *Répertoire*, prologue composé en grande partie pour lui. Mais soit qu'il eût perdu sa grâce et sa gentillesse d'autrefois, soit que le public se fût lassé de lui, il ne retrouva plus son ancienne vogue et l'auteur du *Chroniqueur désœuvré*, un peu méchant et peut-être un peu envieux — il était acteur lui-même et ennemi d'Audinot — jugea alors assez sévèrement notre petit nain : « A l'égard de Moreau, que peut-on dire de cet embryon? On ne doit pas être plus étonné de ses succès que de la parfaite indifférence avec laquelle le public sourit à son espèce de talent. Quand il parut sur les planches d'Audinot, le peuple cria au prodige; il passa pour le meilleur de ce théâtre. Mais il eut le sort de tous les phénomènes de ce genre, il tomba dans l'oubli et il n'est plus regardé que comme utile à remplir une légère place au théâtre où il parut jadis avec tant d'éclat[1]. »

Il joua un rôle assez singulier dans une fête donnée à Chantilly par le Prince de Condé en 1767; au grand étonnement de la société il sortit, costumé en *Amour*, d'un énorme ananas qu'on avait placé au milieu de la table et, s'adressant aux dames qui l'entouraient, leur chanta, sur l'air : *Quand on aime une fois*, les couplets suivants que nous trouvons dans plusieurs recueils de l'époque, et que nous croyons devoir reproduire à titre de curiosité :

Sous différents traits tour à tour,
J'ai paru pour vous plaire
Mais à vos regards en ce jour ;
Je m'offre sans mystère ;

1. *Le Chroniqueur désœuvré*. IIe partie, p. 56. — Ce passage a été supprimé à la seconde édition.

Reconnaissez en moi l'Amour
Qui cherche ici sa mère.

Mais dans mon cœur en ce moment,
Je sens un trouble naître.
Ici, chaque objet est charmant;
Ah ! que le tour est traître !
Maman, maman, maman, maman !
Comment vous reconnaître ?

Vous refusez de m'éclaircir,
De me tracer ma route;
Oh ! mon embarras va finir.
Vous en doutez sans doute?
Hé bien ! je vais vous en punir :
Je vous adopte *toutes*.

Nous perdrons de vue notre petit acteur pendant la période révolutionnaire et ne le retrouvons que beaucoup plus tard et déjà vieux au *Théâtre des Jeunes Artistes*, à côté de Désaugiers qui interprétait lui-même ses premières pièces, et de Lepeintre jeune qui a laissé de si joyeux souvenirs à la génération qui nous a précédés, et qui débutait à six ans « en jouant les Cassandres comme un comédien consommé. » Mais pendant ce long espace de temps, il avait eu à supporter bien des déboires et la misère l'avait forcé plus d'une fois à se montrer comme curiosité dans les foires et sur les places publiques. « Pauvre petit Moreau ! dit Brazier, qui l'avait beaucoup connu; cher petit arlequin ! ayez donc du talent !... Arrivez donc à soixante ans pour que l'on aille vous voir moyennant deux sous, et encore ! si l'on y va.... » Il mourut en 1817 à Marseille, dans un dénûment absolu.

Le petit Moreau n'est pas le seul nain qui se soit montré sur un vrai théâtre et nous pouvons en citer d'autres qui obtinrent des succès comme musiciens et même comme chanteurs. Tels furent *Nanette Stöcker* et *John Hauptmann*, qui se montrèrent en France, et dans plusieurs villes d'Europe, au commencement de ce siècle.

Nanette Stöcker était née à Kaunner, dans le nord de l'Autriche; ses parents et son frère plus jeune qu'elle de deux ans étaient d'une taille ordinaire et elle-même n'offrit rien de remarquable jusqu'à l'âge de quatre ans, époque à laquelle elle cessa tout à coup de grandir; elle avait alors trente-trois pouces de haut ($0^{m},891$), était très bien formée sous tous les rapports, bien proportionnée dans sa petite taille, vive, gaie, douée d'un excellent appétit et n'ayant jamais eu aucune indisposition. Après la mort de sa mère, en 1797, son tuteur la montra comme une curiosité, d'abord à Ratisbonne, et ensuite dans toutes les villes d'Allemagne où elle obtint un grand succès, non seulement à cause de sa petitesse et de sa grâce, mais aussi, et, surtout, par son véritable talent de musicienne. En 1799, les journaux nous apprennent qu'elle était à Berlin : « On montre actuellement à Berlin une naine d'une si petite stature, et si bien proportionnée, qu'on peut l'appeler certainement *un jouet de la nature*. Le célèbre comte Bourlawski lui est supérieur[1] sous le rapport de la taille, mais il n'a pas certainement, son intelligence, ni son talent. Son nom est Nanette Stöckbrin; elle a maintenant dix-sept ans et a l'apparence d'une enfant; elle est très bien proportionnée, très vive et sans aucune infirmité. »

Il est à présumer qu'il y a là une confusion et que l'auteur de cette *réclame* a voulu parler de *Catherine Hélène Stöberin*, née à Nuremberg et dont Nilson a fait, d'après nature en 1775, un portrait intéressant que reproduit notre gravure (fig. 23). Malheureusement nous ne savons rien sur cette naine.

1. Il faudrait sans doute lire : supérieur par l'*infériorité* de la taille.

Quoi qu'il en soit, Nanette Stöcker, dans un voyage qu'elle fit à Strasbourg, s'associa *John Hauptmann*, plus âgé qu'elle de quatre ans et qui avait à peine $0^{m},97$ de haut. Né à Ringendorff, près Bouxwiller, Hauptmann, après la mort de ses parents, avait été confié aux soins des autorités de Bouxwiller qui lui avaient fait donner une certaine instruction et qui avaient surtout cherché à développer les dispositions extraordinaires qu'il montrait pour la musique. Le tuteur de Nanette Stöcker vit tout de suite la part qu'il pourrait tirer de l'association du talent des deux petits virtuoses et demanda qu'on lui confiât Hauptmann, ce qui lui fut accordé après beaucoup d'hésitations et de difficultés.

Ils voyagèrent alors ensemble et se montrèrent sur plusieurs théâtres où leur présence attirait une foule considérable; Nanette jouait du piano-forte et son compagnon, du violon; tous les deux avaient un réel talent de musiciens et, en outre, ils dansaient dans la perfection. Par une singulière coïncidence, Nanette qui, en 1815, était âgée de trente-trois ans, pesait exactement trente-trois livres et avait trente-trois pouces de haut. Après avoir pendant longtemps voyagé en France, ils se rendirent en Angleterre où leurs portraits furent publiés dans le *Wonderfull museum* de Kirby, et où Nanette mourut, en 1819, à Birmingham. L'inscription suivante que l'on peut lire sur sa tombe dans le cimetière de l'Église Saint-Philippe, exprime l'opinion qu'avaient d'elle les personnes qui l'ont connue :

« En mémoire de Nannette Stocker, qui quitta cette vie le 4 mai 1819, à l'âge de trente-neuf ans; la plus petite femme de ce royaume et l'une des plus accomplies. Elle n'avait pas plus de trente-trois pouces de haut. Elle était née en Autriche. »

Nous ignorons ce que devint Hauptmann après la mort de son associée.

En 1825 un journal anglais, *The Thespian Sentinel*,

Fig. 23. — Catherine Stöbérin.

dans son numéro du 22 novembre racontait le *fait-divers* suivant : « Le théâtre de Drury-Lane est sur le point de faire une acquisition musicale véritablement extraordinaire dans la personne d'un jeune chanteur d'une taille tout à fait lilliputienne. L'histoire de son engagement est des plus singulières et mérite d'être racontée :

« Il y a quelques jours, un des premiers carrossiers de Londres, M. Birch, donnait, dans ses ateliers, un grand dîner auquel il avait invité, outre son personnel et ses ouvriers, plusieurs personnes étrangères, entre autres M. Dunn, du théâtre de Drury-Lane; M. Smith, basse chantante et d'autres artistes du même théâtre. Plus de cent personnes assistaient à ce repas. Au dessert, après les toasts, les chœurs et les chansons habituelles, il se fit un grand silence et, soudain, on entendit une voix d'une finesse et d'une étendue remarquable, sans que l'on pût se rendre un compte exact de l'endroit d'où elle sortait. Tous les convives se regardèrent avec étonnement et tous déclaraient n'avoir jamais entendu une voix aussi belle, si ce n'est celle de la Catalani[1]. Quand le morceau fut terminé, les applaudissements éclatèrent de toutes parts et après que chacun eut exprimé son admiration il s'éleva une discussion afin de savoir quel était le sexe de la personne qui avait si bien chanté. L'opinion générale était qu'une pareille voix ne pouvait appartenir qu'à une femme : Georges Smith seul fut d'un avis différent et dit qu'il pensait que la voix était celle d'un jeune homme; et en effet, ayant aperçu à une extrémité de l'atelier du côté où la voix s'était fait entendre, un coffre de voiture, qui paraissait avoir été mis là par hasard, il l'ouvrit et en fit sortir un véritable petit nain qui paraissait âgé de vingt à vingt-deux ans. Le directeur de Drury-Lane, immédiatement prévenu par ceux des artistes de

1. Célèbre chanteuse italienne qui fut longtemps applaudie à Paris.

son théâtre qui avaient assisté à cette audition improvisée, fit mander le petit virtuose et l'engagea immédiatement. La voix, autant que nous avons pu en juger, est, dans les notes élevées, exactement celle de la Catalani ; dans les notes basses elle offre quelque ressemblance avec celle de M. Blaud.

« M. Birch qui l'avait, par hasard, entendu chanter un chœur dans la rue avec deux autres mendiants, l'avait charitablement pris chez lui et avait profité de l'occasion que lui offrait la présence des artistes de Drury-Lane, pour chercher à améliorer sa triste position.

« La première fois qu'il se fera entendre en public, il se propose, croyons-nous, de chanter sans accompagnement. »

Nous n'avons pu trouver dans aucun journal des renseignements sur les débuts au théâtre de ce petit chanteur si extraordinaire; nous ne savons même pas son nom, et nous ignorons ainsi si les intentions bienveillantes de M. Birch à son égard ont été remplies. Le fait, cependant, nous a semblé digne d'être consigné dans cette galerie des nains remarquables.

A une époque plus rapprochée de nous[1], nous mentionnerons d'autres nains qui se produisirent sur plusieurs théâtres; c'est d'abord *Thérèse Souvray*, la fiancée de Bébé, que l'on montrait au théâtre Comte[2] et dont nous

1. Déjà en 1815 on avait représenté une comédie en un acte de Sewrin, intitulée *Gulliver dans l'Isle des Géants*, pièce dans laquelle, à côté d'enfants qui jouaient et parlaient, se montraient trois nains. L'acteur Cazot qui était d'une très grande taille remplissait le rôle de Gulliver (fig. 24).

2. En 1836 on montrait chez Comte « physicien du roi » un autre nain, *Mathias Gullia* qui fut présenté à l'Académie des Sciences (séance du 25 octobre 1836, par Geoffroy Saint-Hilaire. « Ce nain, disait l'affiche, âgé de vingt-deux ans, a 34 pouces de haut (0m 918). Depuis l'âge de cinq ans, sa taille ne s'est pas accrue. Il est né en Illyrie, aux environs de Trieste. Il se distingue des individus de sa taille par un esprit cultivé et des formes très perfectionnées. Il parle cinq langues, savoir : l'allemand, le français, l'italien et les deux langues répandues sur les bords de l'Adriatique. »

avons parlé plus haut, puis le *Signor Hervio Nano*, véritable petit comédien, pour lequel on avait fait à l'*Olympic Theatre*, en 1843, une pièce intitulée le *Fils du dé-*

Fig. 24. — *Gulliver dans l'Isle des Géants*, d'après une gravure de 1815.

sert et le géant benêt (*changeling*), dans laquelle il jouait à côté d'un géant américain que, à la fin de la représentation, il promenait enchaîné[1], et, enfin, le plus connu

1. Le squelette de ce géant qui s'appelait *Freeman* est aujourd'hui

de tous, le fameux *Général Tom Pouce*, qui s'est montré à plusieurs reprises dans l'Europe entière et qui gagna une fortune considérable grâce à la curiosité dont il fut pendant si longtemps l'objet.

C'est surtout, il faut bien le dire, au célèbre Barnum, le roi de la *réclamé* moderne, du *puffisme*, pour nous servir d'un mot anglais qui exprime bien la chose, que Tom Pouce a dû l'énorme succès et la vogue sans précédent dont il a joui pendant plusieurs années. Il n'avait rien, en effet, de beaucoup plus remarquable que bien d'autres nains que nous avons cités plus haut ou qui ont paru après lui, et tout le bruit qui s'est fait autour de sa petite et insignifiante personne vint principalement de la façon magistralement adroite dont il fut annoncé et promené dans les principales villes d'Amérique, d'abord, et d'Europe ensuite.

Son véritable nom était *Charles S. Stratton*, et le surnom de *Tom Thumb* (en français *Tom Pouce*) lui fut donné par Barnum, qui lui accola par une antithèse hardie, l'épithète de *général*. D'après ce que disait son *exhibiteur* lorsqu'il le montra pour la première fois, Tom Pouce serait né le 11 janvier 1832 à Bridgeport, dans le Connecticut ; mais il est plus que probable que Barnum, qui ne reculait devant aucun mensonge quand il s'agissait d'exciter la curiosité du public, avait sciemment vieilli de plusieurs années le petit phénomène dont il devait tirer de si grands profits.

A sa naissance, Tom Pouce pesait neuf livres et deux onces (4566 grammes), c'est-à-dire un peu plus que le poids ordinaire d'un enfant nouveau-né; à cinq mois il pesait quinze livres et mesurait vingt-trois pouces anglais de haut (0^m,552). A partir de ce moment. il cessa de grandir et son poids n'augmenta guère que de soixante-dix grammes.

dans le musée *du Collège royal des Chirurgiens*, à Londres ; il mesure six pieds 9 pouces de haut (2^m,05).

Barnum, auquel ce petit phénomène avait été signalé, se rendit à Bridgeport et, après avoir passé un traité avec ses parents, il le conduisit à New-York où il le montra d'abord au *Musée américain* (*old American museum*), dont il était le propriétaire directeur. Dès son arrivée, les journaux de New-York publièrent des articles — sans doute payés fort cher — qui donnent la mesure exacte de l'impudence de l'impresario et de sa confiance dans la crédulité de ses lecteurs. Un des plus curieux est celui qui parut dans le *Courier and Enquirer*, sous la signature du colonel Webb, article dont le titre était :

SOMETHING NEW UNDER THE SUN!

(quelque chose de nouveau sous le soleil !) et qui se terminait ainsi : « C'est la plus grande curiosité que nous ayons jamais vue et nous sommes certains que tous ceux qui oublieront de rendre leur hommage au Général, au *Musée américain*, le regretteront toute leur vie. »

Grâce à son puissant système de réclames et d'annonces, Barnum attira en quelques jours à son spectacle plus de trente mille visiteurs de tous rangs. Les personnages les plus élevés invitaient le petit général à dîner et les dames les plus distinguées allaient lui rendre visite dans de somptueux équipages, apportant pour lui des présents d'une valeur souvent considérable. Pendant six semaines il fut véritablement le *lion* de New-York et son succès était loin d'être épuisé quand Barnum, qui connaissait bien son public, l'emmena pour le montrer dans les villes les plus importantes de l'Amérique du Nord. C'est ainsi qu'il visita successivement Philadelphie, Baltimore, Boston, etc., etc., où il obtint partout un succès colossal. A Philadelphie, Tom Pouce se rencontra, paraît-il, avec un autre nain, le *major Stevens*, qui se faisait voir comme curiosité bien que sa taille fût à peu près de $1^{m},50$; ces deux intéressants personnages causèrent ensemble pendant assez longtemps. Quand l'entrevue fut terminée, le major Stevens dit aux personnes qui l'entouraient : « Désormais je me ferai voir comme géant. » Ce propos, vrai ou faux, fut rapporté dans tous les journaux d'Amérique et ne contribua pas peu à augmenter la vogue dont jouissait Tom Pouce.

Au mois de janvier 1844, il s'embarqua à New-York sur le *Yorkshire*, avec Barnum et « un précepteur » dans le dessein d'aller « rendre visite à la reine Victoria et à la noblesse d'Angleterre ». Son départ, par une manœuvre habile, fut annoncé à grand bruit, et plus de dix mille personnes l'escortèrent jusqu'au quai d'embarquement. Les rues qu'il devait traverser étaient remplies d'une foule curieuse; les mouchoirs blancs s'agitaient à toutes les fenêtres en signe d'adieu lorsque passa, dans sa voiture découverte, le petit triomphateur qui saluait gracieusement toutes les dames avec une émotion vraie ou simulée. « Notre petit compatriote, disait le *New-York sun* dans son numéro de ce jour (19 janvier 1844), va singulièrement étonner les habitants de l'Ancien Monde. Adieu! ami Tom! Partout où tu iras, tu es sûr de pouvoir dire le *veni, vidi*[1], *vici!* Puissent les vents t'être favorables! puisses-tu revenir bientôt dans ta patrie pour y recevoir les hommages de tes millions d'amis ou d'admirateurs! »

Les vœux du journaliste américain furent exaucés et Tom-Pouce arriva sain et sauf en Angleterre, après une heureuse traversée. A peine débarqué, il fut conduit par Barnum dans les bureaux de l'*Illustrated London news* et, quelques jours après, le 24 février, ce journal, dont le tirage était considérable, publiait du petit Américain deux portraits, assez mal gravés, du reste ; le premier le représente debout sur une chaise, l'autre le montre

1. Ce n'est pas *j'ai vu*, mais bien plutôt *j'ai été vu* que le journaliste américain a voulu dire.

habillé en *Napoléon* Ier, sur la scène du *Princess's theatre;* c'est à ce théâtre, en effet, qu'il se fit voir pour la première fois en public à Londres, marchant fièrement les mains derrière le dos et se donnant, dans le costume légendaire du vainqueur d'Austerlitz, des airs de conquérant grotesque qui eurent alors un énorme succès. On le vit également paraître en *gladiatenr antique*, en *Hercule*, en *Samson*, en *David vainqueur*, etc., etc., et tout cela à la grande joie des milliers de spectateurs qui, chaque soir, se pressaient au théâtre pour l'applaudir. Barnum fit faire par le carrossier de Londres le plus en vogue une petite calèche dont la caisse avait vingt pouces ($0^m,50$) de haut sur douze ($0^m,30$) de large, et qui était traînée par deux poneys hauts seulement de trente-quatre pouces ($0^m,85$); sur les panneaux de la voiture étaient peintes les *armoiries* du général, c'est-à-dire la Grande-Bretagne et la déesse de la Liberté, accostées du lion anglais et de l'aigle de l'Amérique, avec la devise : « *go ahead!* (en avant!) » Le cocher et le piqueur étaient deux enfants de très petite taille (le premier avait $1^m,10$ et le second à peine $0^m,90$ de haut) et portaient une livrée bleue avec galons et aiguillettes d'argent, culottes de peluche cramoisie, bas blancs attachés par une jarretière à boucle d'argent, chapeau à cornes et perruque poudrée. Ce petit équipage avait coûté à Barnum de trois à quatre cents guinées, de huit à dix mille francs). Quand le temps le permettait, la voiture était promenée à Hyde-Park et à Saint-James Park, comme plus tard on la fit sortir à Paris dans les Champs-Élysées et dans les principales rues des villes de province où Tom-Pouce fut conduit, mais c'était simplement une manière d'exciter la curiosité du public et jamais le *général* ne montait dedans.

Le 23 mars 1844, il fut conduit à *Buckingham Palace*, et présenté à la Reine, au prince Albert et à la duchesse de Kent; il y retourna le 2 avril suivant; la reine des Belges, le prince de Galles, la princesse Royale et la princesse Alice assistaient à cette seconde présentation, ou représentation, car Tom-Pouce donnait à ses augustes hôtes la répétition des différents personnages qu'il représentait au théâtre. A cette occasion, la Reine lui fit plusieurs présents. Le 16 avril, il fut conduit à Malborough-House devant la reine Adélaïde, le duc de Cambridge et la duchesse de Gloucester; il reçut à cette occasion une petite montre et une chaîne en or; enfin, le 19 du même mois, il retourna pour la troisième fois à Buckingham-Palace où se trouvaient alors le Roi et la Reine des Belges, le prince de Leiningen et d'augustes invités. Barnum, qui l'accompagnait dans toutes ses différentes visites, avait fait composer sur l'air populaire de *Yankee Doodle* une chanson que le petit bonhomme chantait assez mal, du reste, mais qui contenait d'adroites flatteries adressées à la Reine et à ses hôtes.

A la fin de février 1845, Tom Pouce arriva à Paris, précédé de la réputation colossale que lui avaient faite son séjour en Angleterre et surtout la façon dont il avait été accueilli à la cour. Il retrouva à la salle des Concerts de la rue Vivienne le succès qui le suivait partout et, à Paris comme à Londres, il fut présenté à la famille royale. Nous empruntons au grave *Journal des Débats*, du 26 mars 1845, quelques détails sur cette présentation qui eut lieu le 23. «.... Tom Pouce a, comme tous les nains, une grosse tête si on la compare au reste du corps. Ses cheveux sont blonds et rares. Il a les yeux d'une expression joviale, la bouche petite et rieuse, le nez incomplet, les pieds et les mains d'une finesse exquise. L'ensemble de sa tournure est distingué, son teint est clair, ses joues animées. On remarque chez lui une vivacité incroyable et un don d'imitation étrange. Il répond avec une précision rapide aux questions qui lui sont faites et il ne paraît pas embarrassé de celles qu'il attend le moins.

« Il a les mains pleines de bijoux et de tabatières mi-

Fig. 25 — *Tom Pouce* et son équipage, d'après une lithographie de l'époque.

croscopiques que l'inconcevable idolâtrie des Anglaises a fait fabriquer à son intention. Fanny Elssler lui a donné l'épingle qui attachait sa cravate. La reine d'Angleterre, surtout, l'a comblé. Il a montré au Roi un porte-cartes qui est un don de S. M. Britannique et il en a tiré une douzaine de cartes lilliputiennes qu'il a très galamment distribuées à la famille royale en commençant par le Roi, la Reine, la duchesse d'Orléans et en finissant par le duc de Chartres. Ces cartes portent écrits en gros caractères gothiques ces mots : *Gén. Tom Thumb*. Le général paraissait enchanté que le Roi des Français eût accepté sa carte de visite, qu'il est de bon goût, comme on sait, de porter soi-même chez les personnes à qui on veut faire politesse. En toutes choses Tom Pouce paraît fort au courant des grandes manières; le séjour de Londres lui a profité; il est maintenant un *lion* accompli. Tout le monde a remarqué la façon dont il saluait l'assistance après quelque exercice particulièrement applaudi; et quand il a quitté le salon royal, il s'est retiré en marchant à reculons pour ne présenter que la face à l'auguste assistance et conformément à la stricte loi de l'étiquette diplomatique.

« Le Roi a remis lui-même au courtois mirmidon une épingle fort belle en brillants, mais qui avait l'inconvénient de n'être pas proportionnée à sa taille; elle aurait pu lui servir d'épée. Quoi qu'il en soit, le général a exprimé le désir de l'attacher à sa cravate; ce qu'il a fait en détachant l'épingle de Fanny Elssler. Cette *infidélité* apparente de Tom Pouce n'était qu'une marque de déférence qu'il voulait donner au Roi; car on assure que de tous les honneurs qu'il a rapportés de ses voyages aucun ne lui sourit plus agréablement que le souvenir de la belle danseuse. Un jour, dit-on, poursuivi à outrance par la curiosité américaine dans un lieu public, il vit de loin Fanny Elssler qui portait un manchon. Tom Pouce comprit qu'il était sauvé. Il courut à elle, sauta sur son bras, se fourra dans les chauds replis de son hermine et parvint ainsi à échapper[1].

« Tom-Pouce est, en effet, d'une légèreté et d'une prestesse extraordinaire, même dans un nain. Il a exécuté devant le roi une danse originale qui n'est ni la polka, ni la mazourka, ni rien de connu. Cette danse a été évidemment inventée par Tom Pouce et personne ne la dansera après lui. J'en dirai autant d'un exercice auquel il se livre avec une prédilection marquée; il ne s'agit ni plus ni moins que d'imiter les poses des plus belles statues de l'antiquité grecque ou de représenter, par l'attitude du corps et le mouvement des bras, des scènes connues de l'histoire ancienne. On l'a vu ainsi, monté sur une table ronde, reproduire successivement le combat de David contre Goliath, la lutte du Gladiateur, Samson ébranlant les colonnes du temple, Hercule terrassant le lion de Némée. Je crois, Dieu me pardonne! qu'on allait lui demander d'imiter l'Apollon du Belvédère et la Vénus de Médicis, ce qu'il eût fait avec la même docilité et le même succès grotesque, si une auguste bienveillance ne se fût préoccupée du danger d'une telle fatigue pour une santé si frêle et n'eût abrégé cette parade qui commençait à devenir d'une longueur inquiétante. J'aime mieux Tom Pouce quand il redevient gentleman, qu'il tire sa montre, voit l'heure qu'il est, vous offre des pastilles, une prise de tabac ou un cigare, le tout à sa taille. Je l'aime encore lorsqu'il s'asseoit sur un fauteuil doré, qu'il croise ses jambes et vous regarde d'un air fin et presque moqueur. C'est alors qu'il est amusant. Il n'est jamais plus inimitable que quand il n'imite rien, quand il est lui-même. Son originalité, au surplus, ne lui coûte pas de grands efforts; il y a peu de frais à faire; il n'a qu'à se montrer, personne ne lui ressemble. Mais qui diantre!

1. La dimension relativement énorme des manchons que les dames portaient à cette époque rend ce fait assez probable.

lui a appris à chanter et qui a pu lui donner le conseil de *montrer sa voix*, comme dit La Fontaine, cette voix aiguë et criarde, qui, malheureusement, est beaucoup moins imperceptible que sa personne.

« Tom Pouce a terminé sa soirée aux Tuileries par une exhibition fort brillante de son costume écossais. Il porte à merveille la toque du pays surmontée d'une plume qui est encore, si je l'ai bien compris, un cadeau de la reine d'Angleterre. Il manie la claymore avec grâce et dextérité et vous tue son ennemi du coup. Le brillant plaid des montagnards flotte avantageusement sur ses épaules; la jaquette laisse voir des jambes vigoureuses, attachées à un pied mignon. Ce costume est le triomphe du général. Je ne parle pas du célèbre uniforme qu'il portait à Londres et qui avait un succès frénétique chez nos voisins d'outre-mer. Le général Tom Pouce n'aurait pas osé porter ce costume aux Tuileries. J'espère donc, puisqu'il est homme de si bon goût, qu'il aura l'esprit, pendant tout le temps de son séjour en France, de le laisser au fond de sa valise. Or, figurez-vous ce que doit être la valise de Tom Pouce; toute la garde-robe qu'il avait apportée aux Tuileries tenait dans un coffre à chapeau.

« .... Puisse la salle des Concerts de la rue Vivienne, où il figure en ce moment, lui être indulgente et favorable et le pavé de Paris épargner des cahots à son coupé bleu! »

La plupart des journaux parisiens exaltèrent à l'envi les grâces et la gentillesse du nouvel arrivant, en appuyant surtout sur la droiture de son caractère, ses sentiments religieux, son horreur du mensonge et la parfaite correction de son langage: on le disait accompagné de ses parents et on ne présentait Barnum que comme un agent qui l'avait promené en Amérique, « mais qui avait tenu à suivre en France son petit *protégé* pour lequel il avait un grand attachement et aux triomphes duquel il tenait à assister. » L'*Illustration*, dans son numéro du samedi 8 mars, publia son portrait et une reproduction exacte de son petit équipage.

Quelques écrivains cependant ne partagèrent pas l'engouement général et firent entendre, avec raison, une note un peu sensée au milieu de ce concert de louanges exagérées. « Est-il rien de plus humiliant pour l'humanité, disait Pitre-Chevalier, que ce succès d'un nain qui efface en ce moment nos plus grands hommes? que cette fortune d'un monstre? car enfin Tom Pouce est un monstre.... Il se montre en habit de ville, en habit de cour, en costume écossais; il *va t'en ville* pour deux cents francs avec sa suite et son équipage. Sa voix n'en est pas une, c'est un vagissement. Il danse et chante en anglais tant bien que mal. Son grand talent consiste à saluer, à envoyer des baisers et à embrasser les dames. Il en a embrassé, dit-il, un million en Angleterre; les Anglaises ne sont pas dégoûtées! Tom Pouce n'est pas difforme au premier coup d'œil, cependant il a le torse et la tête trop forts, les articulations roides, les cheveux roux et rares, le teint luisant, le nez presque nul, les yeux saillants.... Il est né dans le Connecticut de parents pauvres que sa difformité enrichit et M. Stratton, son père, a déclaré l'an dernier aux percepteurs de l'*income-tax*, un capital de vingt-cinq mille livres sterlings.... Tom Pouce est comblé de cadeaux par les souverains, et quelque despote l'achètera sans doute pour en faire son bouffon. Ainsi-soit-il! »

Les critiques se montrèrent plus sévères encore quand il fut question de faire paraître Tom Pouce sur un de nos principaux théâtres, dans une pièce faite exprès pour lui. « Si les bonnes idées, dit Charles Maurice dans *le Courrier des spectacles*, un des organes les plus autorisés de l'époque, ne sont pas celles que personne n'a eues, mais bien celles qui ont passé par la tête de beaucoup de monde, en voici une excellente, car beaucoup de directeurs peuvent en revendiquer le courage. Chacun de ces

Fig. 26. — *Tom Pouce en costume de Frédéric II,*
d'après le portrait édité par Jeanne.

messieurs profitant de la présence du général Tom Pouce, ce nain, récemment arrivé à Paris, a imaginé de le porter sur son théâtre en le glissant dans une pièce faite pour la circonstance. Une enchère s'en est suivie entre les montreurs, et c'est le Vaudeville qui l'a emporté. La pièce est prête; le héros de quelques centimètres mettra quand on le voudra du rouge sur son ombre de visage. Mais voici que l'autorité supérieure, prenant encore une fois en mains la dignité de l'art, refuse son assentiment à une aussi scandaleuse exhibition. Elle y voit pour nos entreprises dramatiques un honteux rapprochement avec les spectacles des saltimbanques de la Foire et refuse sa permission. Merci de nouveau de la sollicitude qu'elle nous témoigne! »

On vainquit néanmoins les scrupules de *l'autorité supérieure;* le 5 mai 1845, *le Petit Poucet*, vaudeville-féerie en cinq actes, de Dumanoir et Clairville, était représenté au Vaudeville, et Charles Maurice fut forcé d'annoncer le premier début « de M. Tom-Pouce, millimètre de chair humaine, qui n'est élève d'aucun Conservatoire » et de constater en même temps, malgré sa répugnance « pour cette exhibition des infirmités » le succès obtenu par le débutant, « succès des plus disproportionné à sa taille, succès colossal. »

Cette pièce du *Petit Poucet*, qui n'était, en réalité, qu'un simple canevas assez médiocrement charpenté et assez insignifiant destiné à montrer Tom Pouce sur la scène de la Place de la Bourse, et dans laquelle les excellents acteurs du Vaudeville s'effaçaient modestement pour laisser tout le succès à leur microscopique compagnon, eut cinquante représentations non interrompues, ce qui était assez rare à cette époque.

Tout en consacrant ses soirées au théâtre, Tom Pouce se faisait voir le jour, à son domicile; il était logé dans une maison meublée du boulevard des Italiens où le célèbre chanteur Lablache avait également son appartement. Or, Lablache était un homme d'une taille colossale, presque un géant. Un matin, des Anglais de passage à Paris, curieux de voir le nain qui avait excité un si grand enthousiasme parmi leurs compatriotes, montent dans la maison, se trompent d'étage et sonnent chez Lablache qui faisait sa toilette et qui vient, en robe de chambre, ouvrir lui même sa porte.

— « Le général Tom Pouce?

— « C'est moi. » répond froidement Lablache.

Stupéfaction profonde des étrangers qui regardent leur interlocuteur d'un air effaré.

« Je comprends ce qui vous étonne, dit le colosse,... mais c'est que, quand je n'attends personne, je me mets à mon aise[1]. »

A la fin du mois de juin, Tom Pouce quitta Paris pour se faire voir dans les principales villes du nord et de la Belgique; il voyagea ensuite dans l'est et dans le centre de la France, et s'embarqua à Bordeaux pour se rendre en Espagne où il fut présenté à la cour, alors à Pampelune; on dit même qu'il assista à une course de taureaux dans la loge de la reine Isabelle.

Il retourna à Paris au mois de novembre et, comme un personnage de haute importance, alla à Saint-Cloud prendre congé du roi et de la reine qui lui firent encore des présents, puis en décembre revint chercher à Londres de nouveaux succès à l'*Egyptian-Hall* dans Picadilly. Il reprit là ses imitations de grands hommes, entre autres celle de Napoléon et de Frédéric II[2].

A Londres, comme à Paris, on le fit paraître au théâtre dans une pièce écrite spécialement pour lui et dont le sujet était emprunté à un conte populaire, *Hop*

1. Nous tenons cette anecdote, vraie ou fausse, d'un de nos plus éminents sculpteurs, qui, plus que tout autre, a le culte de la beauté de la forme, et qui riait beaucoup à l'idée de ce nain pouvant se *dilater* à volonté.

2. Le portrait que reproduit notre gravure et qui représente notre

O'my thumb, qui n'est, en réalité, qu'une variante, assez éloignée cependant, de notre *Petit Poucet*. Tom Pouce, dans cette pièce, se montra plein de gaieté et d'entrain, et, si nous en croyons les journaux anglais, un peu suspects de partialité néanmoins pour l'idole du moment, le succès incontestable qu'il obtint au théâtre aurait été dû autant à son jeu, comme acteur, qu'à la curiosité qu'excitait sa petite personne.

Après avoir visité successivement les principales villes d'Angleterre, s'être montré ensuite en Écosse et en Irlande, il retourna en Amérique; il avait fait en Europe, suivant les chiffres donnés aux journaux de New-York par son *homme d'affaires, cent cinquante mille livres* sterling de recette (plus de 3 750 000 francs).

En 1864, Tom Pouce revint en Angleterre accompagné d'un autre nain et des sœurs Warren, également naines.

Le compagnon de Tom Pouce, connu sous le nom du *Commodore Nutt*, était né en 1844 dans le New-Hampshire. Quand Barnum vint l'engager chez ses parents en 1860,

nain en costume de Frédéric II fut dessiné et lithographié à Paris. Tom Pouce écrivit à ce sujet à l'éditeur, M. Jeanne, la petite lettre suivante dont voici le *fac-simile* exact :

Je remercie sincerelment Mr Jeanne du joli portrait
qu'il vient dem'offrir et le prie d'etre mon interprète
pres de l'artiste qui a si parfaitement saisi
ma ressemblance. Charles S Stratton
known as
Genl. Tom Thumb

Paris Mai 27 1845

il ne mesurait que trente pouces de haut ($0^m,75$, mesure anglaise) mais avec les années il grandit un peu et quand il mourut, au mois de mai 1881, on constata qu'il avait trois pieds sept pouces ($1^m,087$).

Après un long séjour en Angleterre, les nains revinrent aux États-Unis chargés de présents, mais brouillés à mort; Nutt, en effet, était devenu éperdument épris d'une des sœurs Warren, Lavinia, que Tom Pouce aimait également.

Ce dernier désespérant de l'emporter sur son rival, beaucoup plus jeune et aussi beaucoup plus beau que lui, eut l'idée de confier ses peines à Barnum : « Je vous propose, lui dit-il, si vous m'aidez à détacher Mlle Warren du Commodore, de me marier solennellement en public avec elle. » C'était une trop belle occasion de réclame pour que Barnum la laissât échapper. Lavinia fut invitée à Bridgeport; on lui parla si éloquemment, on fit si bien miroiter à ses yeux la fortune de Tom Pouce qu'elle se laissa séduire et consentit à l'épouser; leur mariage, annoncé dans toutes les villes de l'Union, fut célébré en grande pompe à Grace-Church, au grand désespoir du commodore Nutt qui faillit en mourir de chagrin. Il se consola cependant et épousa vers 1876, une charmante jeune fille, miss Lilian Elston, de Redow-City, en Californie, qui, jusqu'à ses derniers jours, l'a soigné avec beaucoup de tendresse et de dévouement.

Tom Pouce refit avec sa petite épouse un voyage d'agrément en Angleterre; ils étaient à la fin de 1866 à Norwich, à l'Hôtel de Norfolk lorsqu'ils eurent le chagrin de perdre leur unique enfant, *Minnie Tom Thumb*, enlevé en quelques heures par une congestion cérébrale.

Depuis cette époque on n'avait plus entendu parler de notre héros et il était complètement oublié lorsqu'il y a quelques mois (février 1883) les journaux américains nous ont apporté le *fait divers* suivant :

« Voulez-vous savoir ce qu'est devenu le fameux Tom

Pouce, *qui a saute*, ainsi que le disait Barnum, *sur les genoux de toutes les têtes couronnées de l'Europe*? »

« Eh! bien, le fameux Tom Pouce se trouvait le 10 janvier dernier avec sa femme microscopique, Lavinia Warren, à Milwankee, dans le Wisconsin, parmi les hôtes de l'hôtel Newhall, surpris dans leur sommeil par un incendie dans lequel ont péri plus de cent personnes. Tom Pouce et sa femme ont échappé miraculeusement; leur petitesse les a sauvés. Un policeman qui les a trouvés déjà à moitié asphyxiés par la fumée les a pris chacun sous un de ses bras et a réussi à gagner la rue, à travers les flammes avec son précieux fardeau.

« Lavinia n'avait pas eu le temps de passer un jupon, mais elle avait instinctivement mis ses diamants dans un petit sachet en peau d'alligator qu'elle s'était passé au cou.... Car pour être petite, on n'en est pas moins femme![1] »

Le prodigieux succès obtenu par Tom Pouce devait avoir, et eut pour résultat, de multiplier, surtout en Angleterre, des exhibitions de nains qui sous beaucoup de rapports valaient bien le petit général, mais qui n'eurent pas, comme lui, l'heureuse chance de rencontrer un Barnum pour les faire valoir. Nous mentionnerons seulement ceux qui nous ont semblé offrir quelques particularités intéressantes, et nous le ferons d'autant plus rapidement que nous nous sommes un peu étendu sur tout ce qui avait rapport à Tom Pouce, le plus célèbre des nains montrés en public, comme Bébé est le plus connu des nains de Cour.

Nous trouvons d'abord en 1846, trois *nains Écossais*

1. Quelques jours après avoir écrit les lignes qui précèdent, les ournaux nous apprenaient la mort, si souvent annoncée, mais réelle cette fois, paraît-il, du général Tom Pouce. Rien ne manquait plus à a renommée de cet être si extraordinaire que de mourir; c'est ce qui lui est arrivé dans le courant du mois de juillet de cette année (1883). Sa mort lui a donné comme un regain de succès et tous les journaux, même les plus sérieux, lui ont consacré des articles nécrologiques assez étendus.

dont les portraits furent publiés dans l'*Illustrated London News* du 30 mai 1846, et qui étaient montrés au *Cosmorama* dans Regent-street. C'étaient les trois enfants — deux fils et une fille — d'un pauvre berger de Lochcarron, dans le comté de Ross, nommé Mackinlay. L'aîné, Finlay, avait vingt-trois ans et mesurait quarante-cinq pouces de haut (1m,125, mesure anglaise); le second, John, âgé de vingt et un ans, avait, comme sa sœur, Mary, quarante-quatre pouces (1m,10). Jusqu'au moment où on les montra en public ils avaient été employés, les deux garçons, à jardiner et à aller de ferme en ferme récolter les œufs, et la fille, à coudre et à tricoter, ce dont elle s'acquittait fort bien. Le 21 mai, ils furent reçus à Buckingham-Palace par la reine, le prince Albert et la duchesse de Kent. Ils avaient tous les trois fort bon air dans leur costume si pittoresque du clan de Ross, et exécutèrent avec beaucoup de succès les danses de leurs pays qu'ils accompagnaient de chants nationaux.

Quelques mois après le même *Cosmorama* montrait un autre nain qui, s'il faut en croire les affiches qui l'annonçaient au public, aurait été attaché à la cour d'Espagne, ce dont il nous est permis de douter, les renseignements que nous avons pris à son sujet ne confirmant pas cette assertion. Quoi qu'il en soit, voici en quels termes pompeux il était annoncé : « Ouvert maintenant! *Don Francisco Hidalgo*, la plus grande curiosité du siècle, est arrivé à Londres venant de Madrid. Il donne des représentations au *Cosmorama*, 209, Regent-street. Le Don (*sic*) est, sans contestation possible, le plus extraordinaire spécimen qui existe de la race humaine dans tout l'univers. L'histoire ne fait pas mention d'un être aussi petit; âgé de quarante-deux ans, il n'a que vingt-neuf pouces de haut (0m, 725, mesure anglaise); il est beau, bien fait, intelligent et parle parfaitement trois langues.... L'étonnement et l'admiration qu'excite la vue de cette merveille se peignent sur les traits de tous ceux qui le voient. Il est sans rival, et rien, dans le monde entier, ne peut approcher de cette curiosité de la nature. Il fut attaché à la cour de Madrid sous le règne du roi Ferdinand et, pendant douze ans, il vécut dans la retraite auprès de Madrid. Ce qui lui a été rapporté du succès obtenu dans le monde par un petit garçon que l'on montrait dernièrement[1] a engagé le Don à se faire voir lui-même en public

Fig. 27. — *Jean Hannema*, d'après une gravure hollandaise.

comme étant véritablement plus remarquable. C'est la reproduction vivante et exacte du *Cluricaune*[2] tel qu'il

1. Ceci est une allusion à Tom Pouce.

2. Les *Cluricaunes* sont les nains légendaires, les *Elfes* de l'Irlande. On les représente comme ayant six pouces de haut; ils sont généralement méchants et passent leur temps à boire et à fumer. On trouve quelquefois en Irlande de petites pipes grossières — assez communes également en France — et les paysans croient qu'elles ont appartenu aux Cluricaunes.

est décrit dans les *Légendes Irlandaises* de Crofton Croker. — Prix : 1 schelling; les enfants et les domestiques, moitié prix. — Lecteur! Le Don est exactement quatre fois plus grand que cette annonce que vous lisez en ce moment. — Un superbe portrait du Don, au tiers de sa grandeur réelle, se vend dans la salle du *Cosmorama.* »

Enfin, dans le courant de l'année 1848, on pouvait voir encore au même *Cosmorama* — c'était décidément sa spécialité — un nain né en Frise, *Jean Hannema*, auquel on avait donné le nom sonore d'*Amiral Van Tromp, le Phénomène de la Frise.* Il avait trois pouces de moins que Tom Pouce (28 pouces = $0^{m},70$) et ne pesait que seize livres. Il était extrêmement vif, intelligent et bien portant. C'était un comédien consommé et il contrefaisait à ravir, ou l'amiral Van Tromp, ou un bourgmestre hollandais fumant gravement sa pipe, ou bien encore un avocat en robe et en perruque. Il dansait, chantait, faisait de l'escrime comme un maître d'armes, jouait aux cartes et fabriquait lui-même très adroitement de petits objets, des boîtes et autres *souvenirs* qu'il vendait à ses visiteurs; il écrivait bien et était passionné pour la musique. Il recevait du roi de Hollande une pension « en rapport avec ses proportions homœopathiques » Ainsi que ses prédécesseurs, il fut présenté à Buckingham-Palace devant la reine et la famille royale, le prince et la princesse de Parme, le prince d'Orange, le roi et la reine de Hollande, etc., etc. Nous ne savons ce qu'il est devenu.

Un des êtres les plus extraordinaires qui aient jamais paru en public est certainement la petite naine désignée dans les annonces sous le nom de *Reine des Fées* et dont l'*Illustrated London News* a donné le portrait dans son numéro du 2 mai 1851. C'était une petite fille de deux ans à peine, qui ne mesurait que seize pouces de hauteur (0^{m}, 40, mesure anglaise), et qui pesait seulement cinq livres. Ses pieds avaient à peine cinq centimètres de long et quand elle vint au monde elle ne pesait qu'une livre et demie. Après avoir été montrée dans une réunion de plus de cinq cents médecins à l'*University College*, elle fut exhibée en public avec sa mère, et tous ceux qui la virent furent émerveillés de sa gentillesse, de son intelligence précoce et de l'admirable proportion de sa petite personne. C'était, dans toute l'acception du mot, une véritable miniature humaine. Son père était un fermier de Blean, près Canterbury, nommé Gibbs.

Fig. 28. — *La Reine des Fées*, d'après un croquis de l'*Illustrated London News*.

Nous citerons également, dans cette courte revue rétrospective, les fameux *Aztecs* que nous avons vus à Paris il y a vingt-cinq ans et qui ont parcouru toute l'Europe, où leur présence avait excité partout la curiosité des savants et donné lieu à bien des controverses qui eurent alors un certain retentissement.

Ces deux nains étaient arrivés à Londres venant de New-York, au mois de juin 1853. On racontait alors qu'ils avaient été trouvés, dans les hasards de ses courses aventureuses, par un Espagnol, nommé Vélasquez, à Iximaya, ville mystérieuse et tout à fait inconnue située au centre de l'Amérique du Sud, et dont les habitants conservaient, en les entourant d'un culte religieux, et en quelque sorte superstitieux, les individus qui existaient encore de cette race lilliputienne. On ajoutait que ces Aztecs étaient les malheureux descendants d'une de ces tribus qui, avec d'autres peuplades venues au treizième siècle des régions du nord-ouest, avaient apporté avec elles les arts et la civilisation, et avaient construit les anciennes cités, autrefois si riches et si florissantes, du Mexique.

Pour appuyer ce récit on rappelait ce qu'avait raconté au commencement de ce siècle un prêtre espagnol sur l'existence de cette ville fortifiée d'Iximaya, dans laquelle aucun Européen n'était jamais entré, d'où, en tout cas, aucun n'était sorti vivant, et qui renfermait, disait-il, dans ses murs, les descendants des Aztecs qui vivaient complètement séparés du reste de l'univers. Vélasquez, allant plus loin encore, prétendait même les avoir trouvés accroupis sur un autel, comme des idoles, et adorés par les habitants d'Iximaya qui devaient peu de temps après les marier ensemble ; ce mariage était, disait-il, une tradition religieuse, et il expliquait ainsi la dégénérescence physique de ces malheureux êtres.

Quoi qu'il en soit, ces deux Aztecs, amenés à New-York en 1849, y avaient été considérés comme de véritables curiosités ethnologiques et le président Fillmore leur avait même offert l'hospitalité à la *Maison Blanche*. Conduits ensuite en Angleterre, ils avaient été montrés en grande pompe à la reine Victoria et aux membres de la famille royale qui leur avaient fait de nombreux présents. L'importance scientifique qu'on leur donnait n'empêchait pas cependant de les exhiber en public comme de simples phénomènes et ils furent promenés pendant longtemps dans les grandes *salles* de Londres, et, ensuite, dans les principales villes de l'Angleterre.

Ils visitèrent successivement la France, la Belgique, l'Allemagne, l'Autriche, la Russie, la Suède, la Hollande, etc., et, partout, ils furent reçus par les souverains et présentés aux académies et aux sociétés savantes. Nous ne rapporterons pas ici toutes les dissertations dont ils furent l'objet et qui eurent pour résultat de prouver que ce qui avait été dit ou écrit sur leur compte était de pure invention et que, bien loin d'être des Aztecs, c'est-à-dire des descendants de cette race si pure et si forte qui avait autrefois peuplé le Mexique, c'étaient tout simplement deux malheureux enfants arrêtés dans leur croissance et offrant une forme particulière de crétinisme. Le savant professeur Owen et plusieurs physiologistes éminents furent d'accord à cet égard; l'un d'eux, même, se chargea de prouver qu'ils étaient nés d'une négresse africaine et d'un Portugais idiot; devant l'affirmation si catégorique des savants anglais, l'administration du Palais de Cristal, qui avait déjà fait exécuter, par ses plus habiles artistes, des reproductions en cire de ces deux nains afin de les faire figurer dans la section d'ethnologie, dut renoncer à ce projet.

Ces deux pauvres êtres ne parlaient aucune langue et c'est avec la plus grande difficulté que l'on parvint à leur faire prononcer quelques mots anglais; ils étaient incapables de suivre une idée ou de s'appliquer à quoi que ce soit, et la mémoire leur faisait entièrement défaut. Malgré leur extrême petitesse, ils étaient assez bien proportionnés, et la vivacité de leurs gestes et de leur allure, aussi bien que l'exiguïté de leur taille, leur donnait une apparence fantastique qui les faisait ressembler, avec leur énorme chevelure crépue, aux lutins et aux gnomes dont sont peuplées les légendes allemandes et bretonnes. Cependant ils étaient tellement loin d'être beaux que leur nom d'*Aztec* servit pendant bien longtemps dans le langage parisien à désigner un être laid, chétif, malingre et méchant.

Ils revinrent en Europe dix ou douze ans après leur premier voyage et bien que, dans le principe, on les eût présentés comme des jumeaux, on ne craignit pas, lors de cette seconde tournée et afin de piquer la curiosité du public, de faire annoncer leur mariage à Londres, mariage qui, réel ou feint, fut tout au moins suivi d'un banquet et d'un bal qui attirèrent un grand nombre de spectateurs payants et d'invités. Nous ignorons ce que sont devenus depuis cette époque ces deux tristes échantillons du monde des nains, mais nous doutons qu'ils existent encore.

Nous terminerons enfin cette série en mentionnant les *Midgets américains* que l'on a montrés[1] avec un si grand succès à l'ancienne salle Valentino, rue Saint-Honoré.

Ces deux nains, remarquables par leur extrême petitesse, leurs proportions à peu près parfaites et leur gentillesse, se nomment — au moins sur l'affiche — le *général Mite* (*mite*, en anglais signifie *un rien*) et *miss Millie Edwards*. Le premier — toujours d'après les annonces — a dix-neuf ans, vingt pouces de haut (0^m,50, mesure anglaise) et ne pèse que neuf livres; la seconde, âgée de seize ans, est haute de dix-huit pouces (0^m, 45) et pèse sept livres. En réalité ce sont des enfants qui ont tout au plus de huit à dix ans, mais qui n'en sont pas moins extraordinaires.

Le général Mite fut d'abord montré en public à New-York et, plus tard, à Londres, dans Piccadilly, en compagnie d'une naine de sa taille nommée *Lucia Zarate*, née à San-Carlos, près de la Vera-Cruz (Mexique), de parents espagnols qui ont eu d'autres enfants ne présentant rien d'anormal. Elle était fort laide, et sous bien des rapports, ressemblait aux Aztecs dont nous venons de par-

1. Avril 1883.

ler; elle en différait cependant par son intelligence et sa facilité à s'exprimer en espagnol et parlait même un peu d'anglais qu'elle avait appris pendant le long séjour qu'elle fit à New-York. On raconte que quand elle vint

Fig. 23. — Le général *Mite et Miss Millie Edwards.*

au monde on la plaça avec de la laine dans une boite à bijoux et qu'elle pesait alors deux livres et demie; elle avait atteint en un an la taille qu'elle a conservée.

Lorsqu'on l'exhiba avec le général Mite, ils étaient

accompagnés de deux autres nains, *miss Jenny Quigley* de Glascow, et le *Commodore Joob*, des États-Unis, qui leur servaient, pour ainsi dire, de domestiques et auxquels ils donnaient des ordres avec dureté.

Après avoir obtenu un assez grand succès à Londres, ils retournèrent en Amérique, d'où le général revint deux ou trois ans après, avec sa compagne actuelle, plus petite que lui ; ils s'installèrent à l'*Imperial Theatre* à Londres, et, comme la plupart de leurs prédécesseurs dont nous avons parlé dans les pages précédentes, ils furent présentés à Sa Majesté la Reine Victoria à Buckingham-Palace et furent reçus trois fois par le prince de Galles, à la grande joie des jeunes princesses.

Le général Mite, né dans le comté de Shenandoah, près de New-York, est blond et merveilleusement conformé ; il a le nez assez développé et ressemble d'une façon assez frappante à Bébé, à en juger au moins d'après le moulage en cire que l'on conserve au Musée de la Faculté de Médecine ; il paraît fort intelligent, très vif, et surtout très gai ; il mime à ravir et joue avec un véritable talent plusieurs scènes d'imitation, entre autres une scène d'ivresse américaine et une imitation des gestes et de la démarche d'un dandy de New-York. Il est regrettable cependant que l'on ait cru devoir ajouter à son répertoire le chant de *la Marseillaise* avec accompagnement de piano. Rien n'est plus ridicule, et plus triste aussi, que de voir ce petit être enfler sa voix grêle, aiguë, et déjà cassée, et se hausser sur la pointe de ses pieds ou frapper du talon en tirant avec des gestes d'automate une minuscule épée qu'il ne sait comment remettre au fourreau. Nous préférons de beaucoup l'entendre causer ou le voir jouer gaiement avec sa petite compagne, véritable merveille semblable à celle qu'a chantée Loret (v. p. 116) et qui serait charmante si, pour la faire paraître plus âgée, on ne l'affublait pas d'une robe à queue et surtout d'une lourde perruque blonde, avec chignon,

Fig. 30. — Les *Americains Midgets* présentés à la reine Victoria et à la famille royale (d'après une lithographie anglaise).

peigne, etc. Tous les deux, du reste, sont agiles et gracieux et c'est plaisir de les voir se promener bras dessus, bras dessous, dans la salle où on les montre, le général se faisant faire un chemin au milieu des spectateurs en criant gravement un : « Place, Messieurs ! de la place, Mesdames ! » que ne désavouerait pas l'huissier le plus correct[1].

Nous ne parlerons que pour mémoire des nombreuses *Princesses Colibri*, des *Blanche de Gannat, la miniature vivante*[2], et autres pauvres enfants que l'on exhibe dans les baraques des foires, et nous terminerons cette revue des nains montrés en public par le récit de la mort affreuse d'un pauvre nain, victime de la rapacité d'un Barnum de bas étage. Voici le fait tel qu'il a été raconté dans plusieurs journaux au mois de juillet 1882 :

« La police a arrêté dans un hôtel, rue Saint-Pierre, à Lille, un saltimbanque poursuivi pour avoir causé par son imprudence et sa cruauté, un drame véritablement affreux.

« Il y a six mois, il louait à des cultivateurs des environs de Saintes, les époux T...., leur fils, un enfant de dix-sept ans qui n'avait que 62 centimètres de hauteur. C'était, à coup sûr, un des nains les plus extraordinaires que l'on eût vus depuis longtemps. Il avait un embryon de corps fluet, des mains et des pieds relativement énormes et un nez très grand. Avec cela une pauvre petite figure douloureuse et niaise qui faisait peine à voir.

1. Depuis qu'ils ont quitté Paris, les *Midgets* sont allés à Berlin où ils ont eu un grand succès et nous les avons revus à Munich pendant l'impression de ce livre.

2. On montrait dernièrement dans la rue de Rennes, à Paris, cette naine, enfant rachitique, que l'avis distribué à la porte de la baraque annonçait comme « étant sans pareille et la plus mignonne du monde, » et qui « offre toujours à sa rivale 10 000 francs ». Elle était accompagnée de *La belle Gabrielle*, sorte de géante, « dont la *taille*, la *beauté*, la *grâce*, et surtout *sa jeunesse* a fait jusqu'à ce jour l'admiration de la France.... Ces demoiselles ont le sourire gracieux, la voix agréable et une tenue qui ne laisse rien à désirer... », ajoutait l'avis.

« Le nain Joseph — c'est le nom qu'il portait — eut un succès fou dans les foires où on l'exhiba. Mais le saltimbanque pensait à ajouter à son spectacle un attrait nouveau et, un jour, il eut l'idée de transformer son bout d'homme en dompteur; pas en dompteur de lions, mais en dompteur de tigres minuscules, qui n'étaient autres que des chats aux fourrures teintes.

« Il choisit une demi-douzaine de chats qu'il zébra de raies fauves et noires, et, au grand effroi du petit dompteur improvisé, il leur apprit à bondir autour de lui tandis que le nain agitait une cravache.

« Ce qu'il fallut de claques et de coups de pied pour décider le malheureux à jouer son rôle, c'est inimaginable, car il avait une peur et une horreur toutes particulières des chats. Mais enfin il dut se résigner et donna quelques représentations qui attirèrent la foule. Il s'enhardit bientôt et en arriva à cingler ses chats de coups de cravache, comme les Bidel et autres en donnent à leurs lions.

« Le 12 juillet dernier, à la foire de Beaupré-sur-Saône, l'on vit tout à coup un des chats s'élancer à la gorge du petit dompteur et le renverser sous son poids.

« En une seconde, tous les autres tigres improvisés furent sur lui et, avant que l'on pût intervenir, le nain étranglé, les yeux crevés, la figure arrachée, était mort. Quand on retira de la cage le cadavre encore chaussé de ses bottes molles et vêtu de son habit noir, il était méconnaissable.

« Ce jour-là le public voulut tuer le saltimbanque, mais il disparut à temps. Le parquet de Lyon lança un mandat d'amener, et c'est ce mandat qui vient d'être mis à exécution. »

De pareils faits, heureusement pour l'humanité, sont rares et les exploiteurs de curiosités vivantes ménagent généralement davantage les phénomènes dont ils tirent profit. Le sort de ces pauvres êtres est néanmoins fort à plaindre et il serait à souhaiter, dans l'intérêt de la morale publique, que l'autorité étendît un peu sa protection sur ces petits souffreteux dont l'existence malheureuse est presque toujours abrégée par ces exhibitions malsaines.

Il ne nous reste plus à parler maintenant que des nains aisés, c'est-à-dire de ceux qui, nés dans une position indépendante, ont pu vivre librement et sans être obligés de tirer parti de leur infirmité corporelle. Ceux-là sont rares ou, du moins, il en est peu dont l'existence ou la constitution aient présenté des particularités assez intéressantes pour mériter d'être rapportées. Généralement, du reste, ces pauvres déshérités de la nature tiennent peu à se faire voir et leur triste vie se passe tout entière dans l'intérieur de leur famille. Nous n'avons donc que bien peu d'exemples à ajouter à ceux que nous avons cités dans un précédent chapitre.

Nous mentionnerons cependant tout particulièrement un petit artiste qui, comme Richard Gibson, ne manquait pas d'un réel talent et dont nous avons vu plusieurs tableaux à Düsseldorf où s'est écoulée son existence. Il s'appelait *Jacques Lehnen*, et était né le 17 janvier 1802 à Hinterveiler, dans la province de Trèves. Jusqu'à l'âge de quatre ans, rien ne le distingua des autres enfants ; il était fort, d'une excellente santé et d'une taille ordinaire ; mais à partir de ce moment il cessa de grandir et pendant toute sa vie sa taille resta ce qu'elle était alors, haute de trois pieds et dix pouces ($1^{m}.026$), sans aucune déformation et surtout sans aucune disproportion entre les différentes parties de son corps.

Très actif et très intelligent, le petit Lehnen s'instruisit assez rapidement et ses parents l'envoyèrent à dix-sept ans à Coblentz pour y terminer ses études. C'est alors qu'il fit la connaissance de Zick, peintre assez médiocre, mais excellent professeur qui développa chez lui le goût très prononcé qu'il avait pour tous les arts d'imitation. Il se rendit ensuite à l'Académie des Beaux-Arts de Dusseldorf et, dès l'âge de vingt-deux ans, il pouvait exposer dans cette ville des toiles qui commencèrent à le faire connaître. Il peignit surtout des natures mortes et plus particulièrement des oiseaux et du gibier.

Nommé membre de l'Académie de Düsseldorf, Lehnen s'y fit remarquer, non seulement par son talent de peintre, mais aussi par la franchise et la gaieté de son caractère. « C'était, dit un de ses biographes, un joyeux compagnon, aimé de tous les artistes, ses camarades, et dont la société était partout recherchée ; si, dans un salon, on ne le voyait pas de bien loin, on l'entendait et surtout on l'écoutait. A chaque instant son rire clair et un peu moqueur dominait le bruit des conversations. Il se glissait adroitement dans la foule des invités et, grimpant lestement sur une chaise, il se faisait vite remarquer par ses joyeux propos et ses saillies spirituelles. Il avait si bien conquis à Düsseldorf ses droits de citoyen, que personne ne paraissait plus s'apercevoir de l'exiguïté extraordinaire de sa taille, et si, parfois, quelque enfant, dans les rues, le prenant pour un enfant comme lui, lui faisait quelque malice, Lehnen, loin de se fâcher, jouait et courait avec lui. Il mourut le 25 septembre 1847 à Coblentz, où il s'était rendu pour y voir son ancien maître, et l'annonce de sa mort causa une pénible impression aux nombreux amis qu'il avait su se créer dans sa ville d'adoption. »

A la même époque vivait à Londres un autre nain aussi misanthrope que Lenhen était communicatif. Pendant de longues années il se promenait seul, tous les jours, à la même heure, dans Saint-James Park, sans adresser la parole à qui que ce fût et sans permettre qu'on lui parlât. Il avait le teint jaunâtre, était vêtu d'une façon bizarre et excentrique et disparut un jour sans que personne l'ait connu autrement que sous le nom du *Petit Inconnu*.

Nous pouvons citer également un autre nain dont il a

Fig. 51. — Jacob Lehnen, peintre

été question au moment des guerres de l'indépendance de l'Italie. Quand Garibaldi était en Sicile avec ses volontaires, il vit venir un jour un petit homme inconnu, un véritable nain, qui lui demanda instamment, mais sans succès, de vouloir bien l'enrôler. A la suite d'un des premiers engagements, ce même petit personnage se présenta de nouveau devant le général en criant : « Général, vous n'avez pas voulu de moi, mais vous n'avez pas pu m'empêcher de vous suivre et de me battre avec vous. Je me suis bien battu, allez, et j'ai même été blessé ! — Bravo ! dit Garibaldi, qui le reconnut, et où as-tu été blessé ? » Après quelque hésitation, le nain lui montra une petite blessure à l'épaule. « Oh ! fi ! une blessure dans le dos ! Tu ne seras jamais un bon soldat ! » Le pauvre petit volontaire se retira confus au milieu des rires moqueurs de l'assistance. Mais après la bataille suivante, il se présenta de nouveau, se traînant avec peine. « Général, dit-il, je suis encore blessé, mais cette fois c'est par devant ! » Et montrant sa poitrine déchirée par les balles, il tomba mort aux pieds de Garibaldi, touché de voir une telle énergie et un si grand courage dans un si petit corps.

En 1859, les journaux anglais rapportèrent la mort d'un nain, nommé *Calvert*, appartenant à une famille aisée de Skipton et qui, bien que très jeune, se livrait tellement à la boisson qu'il abrégea son existence et mourut à peine âgé de dix-sept ans. Il n'avait que 0m,90 de hauteur et pesait seulement vingt-quatre livres. Il était vif, intelligent, agréable et passait son temps à visiter les familles les plus aristocratiques de son voisinage où il était toujours bien accueilli grâce à son réel talent de violoniste et de danseur ; il excellait surtout dans l'imitation du chant des oiseaux et du cri de certains animaux. On devait le présenter à la reine Victoria et on avait même commandé pour lui à cet effet, un habit de cour, quand il mourut presque subitement. On raconte que lorsque Tom Pouce passa par

Skipton, Calvert le fit venir chez lui, et que Tom Pouce, très fier de la petitesse de son pied, ôta ses bottes en défiant son rival de les mettre; mais son outrecuidance lui réussit peu, Calvert, en effet, les chaussa très facilement, et l'orgueilleux Tom Pouce fut obligé de constater qu'elles étaient même un peu trop grandes.

Nous terminerons enfin cette trop longue revue en citant un très petit vieillard, maniaque, à la démarche vive, aux yeux brillants et aux longs cheveux gris, que l'on rencontrait toujours en omnibus, il y a une quinzaine d'années. Il parcourait ainsi, de sept heures du matin jusqu'au soir, tous les quartiers de Paris, et la plus grande partie de son temps se passait certainement dans les voitures publiques de la capitale. Tous les soirs il prenait le dernier omnibus qui conduisait du Palais-Royal à la Barrière du Trône. Il se tenait toujours près des conducteurs avec lesquels il causait et dont beaucoup, encore aujourd'hui, se rappellent l'avoir connu. Il se croyait inspecteur de la *Compagnie des Omnibus*, et une de ses manies était de demander des *correspondances* dont il ne se servait jamais et qu'il gardait avec un si grand soin, qu'à l'inventaire qui fut fait chez lui après sa mort on en trouva plus de quinze cents. Il mourut subitement un soir dans un restaurant des Batignolles, où il avait dîné et où ils'était endormi après avoir dit au garçon qu'il prendrait la dernière voiture; quand on vint pour le réveiller, il ne donnait plus signe de vie. L'enquête ouverte à son sujet fit découvrir qu'il était originaire de Nantes et qu'il avait quitté cette ville après avoir fait, d'une façon inespérée, un héritage assez considérable ce qui lui avait un peu dérangé l'esprit.

C'est le dernier nain dont nous nous occuperons. Nous en connaissons quelques autres vivant actuellement, et que nous rencontrons souvent, mais la plupart n'offrent aucune particularité digne d'être rapportée, si ce n'est, dans les traits et la physionomie, des points constants de ressemblance avec beaucoup de nains dont les maîtres du seizième et du dix-septième siècle nous ont conservé les portraits. Il y aurait là une étude de physiologie comparée assez intéressante à faire, mais nous devons laisser cette étude à de plus compétents que nous.

LIVRE II

LES GÉANTS

I

Les Géants dans l'Écriture Sainte, la Mythologie et les historiens de l'antiquité; — les peuples géants.

Dans les traditions primitives de tous les peuples, on trouve le souvenir lointain de générations entières ou de races d'hommes doués d'une taille colossale ou d'une force surprenante, et la plupart des poètes et des historiens de l'antiquité, partageant les croyances que leur avait léguées la tradition, ont affirmé l'existence, à une époque antérieure, d'une nation de géants. Peut-être faut-il, suivant l'opinion émise à ce sujet par Leroux de Lincy[1], attribuer cette croyance « au temps qui grandit tout et, surtout, à la vanité des peuples vaincus qui se sont appliqués à exagérer les forces et la taille d'ennemis auxquels ils n'ont pas su résister. » C'est dans les mythologies orientales, en effet, que nous rencontrons les premières traces de l'existence de ces êtres dont l'organisation supérieure et la vigueur colossale tiennent en échec la

1. Cf. Leroux de Lincy : *Introduction au Livre des Légendes*. § 9, p. 151.

puissance des dieux, qui, tour à tour, les suppriment ou les réduisent par la métamorphose, et c'est surtout chez les peuples de l'Asie, cette terre si souvent conquise, que cette croyance à une nation gigantesque a pris naissance.

Les premiers géants de l'histoire sont Hébreux et Phéniciens, mais il est probable que c'est de la Mésopotamie qu'ils arrivèrent en Syrie avec les fondements des plus anciennes religions polythéistes, et, s'il nous restait autre chose jusqu'ici que de vagues conjectures sur les premières religions mésopotamiennes, ce serait là qu'il conviendrait de chercher l'origine de ces traditions dont on ne trouve aucune trace en Égypte; il est vrai de dire que, sous l'influence de la classe sacerdotale, la religion égyptienne des premiers âges a subi trop de transformations, même dès les dynasties de l'ancien empire, pour que la théogonie qui nous est livrée par les monuments porte l'empreinte de son origine. Quoi qu'il en soit, on ne trouve aucune trace de géants en Égypte, et cette lacune est d'autant plus singulière que les Égyptiens ont eu, plus qu'aucun autre peuple la conception du colossal[1], ainsi que le prouvent les sculptures de Karnac, de Louqsor et de Thèbes.

C'est dans la Genèse (vi-4) que nous trouvons la première mention des géants : « Or, il y avait des géants sur la terre en ce temps-là. Car après que les enfants de Dieu eurent épousé les filles des hommes[2], il naquit d'elles des enfants qui devinrent puissants et fameux dans le siècle. »

1. Il nous semble nécessaire de bien formuler ici la différence qu sépare le colossal du gigantesque. On doit entendre par *colossal* l'interprétation d'une forme sous des dimensions systématiquement supérieures à la forme réelle, dans le but de répondre, soit à des exigences décoratives, soit à la qualification excessive d'une idée. Le *gigantesque*, au contraire, est colossal de son essence même, c'est-à-dire, indépendamment de l'interprétation plastique.

2. Suivant la commune interprétation des Pères, les *Fils de Dieu* sont les enfants de la race pieuse de Seth, et les *Filles des hommes* sont les filles de la race maudite de Caïn

Le *Deutéronome*, les *Nombres* et le *Livre de Josué* parlent également et, à plusieurs reprises, de ces races de géants que les Israélites devaient vaincre et exterminer. Lorsque sur l'ordre qu'il avait reçu de Dieu, Moïse conduisit son peuple vers la terre de Chanaan, il envoya douze hommes choisis dans chacune des douze tribus pour connaître le pays ; à leur retour, ils dirent[1] :

« 28 .... Nous sommes allés dans ce pays....

« 29. Mais il a des habitants très forts et de grandes villes fermées de murailles. Nous y avons vu de la race d'Enac[2]...

« 33. Et ils décrivirent devant les enfants d'Israël le pays qu'ils avaient vu en disant : La terre que nous avons parcourue dévore ses habitants ; le peuple que nous avons vu est d'une taille extraordinaire ;

« 34. Nous y avons remarqué des monstres, des fils d'Enac, de la race des Géants, auprès desquels nous paraissions comme des sauterelles.... »

Og, roi de Basan, était un de ces géants : « Il était resté seul de la race des géants. On montre encore son lit de fer dans Rabbath, ville des enfants d'Ammon ; il a neuf coudées de long et quatre de large[3], selon la mesure d'une coudée ordinaire[4]. »

« Et le Seigneur dit à Moïse : « Ne le craignez pas : je

1. *Les Nombres*, c. XIII.

2. D'après les traditions arabes *Enac* ou *Anak* était un de ces géants de la Palestine que les Hébreux nommaient *Anakim ;* il les surpassait tous en grandeur et a prolongé sa vie jusqu'à l'âge de trois mille ans. Il descendait, lui et son peuple, d'*Ad*, petit-fils de *Ham* ou *Cham*, fils de Noé; c'est pourquoi ces géants sont aussi appelés quelquefois *Adian* ou *Adites*. *Ad* et *Schedad* étaient aussi des rois fabuleux de Syrie et d'Arabie, dont il est fait mention dans un des chapitres du *Coran*, et leur stature était si élevée qu'il fallut employer les plus hauts arbres des forêts pour dresser leurs tentes. — Cf. D'HERBELOT, *Bibliothèque orientale*.

3. En prenant pour mesure la coudée d'un homme de taille ordinaire cela ferait environ 4^m,375 de long sur 2^m,05 de large.

4. *Deutéronome*, III.

« l'ai livré entre vos mains avec tout son peuple et son « pays; et vous le traiterez comme vous avez traité Séhon, roi des Amorrhéens, qui habitait à Hésebon. »

« Ils taillèrent donc en pièces ce roi avec ses enfants et tout son peuple sans qu'il en restât un seul et ils se rendirent maîtres du pays[1]. »

Nous retrouverons plus loin ces géants de l'Écriture et surtout leur roi Og, qui est resté comme le prototype des géants qui tiennent une place importante dans les légendes et les romans du moyen âge; ils ont laissé des traces dans les traditions orientales, et, malgré leur destruction par les Israélites, le souvenir s'en est conservé pendant longtemps encore dans les livres saints. On lit, en effet, dans le *Cantique de Judith :*

« Mais le Seigneur tout-puissant l'a frappé; il a livré leur général aux mains d'une femme qui lui a ôté la vie.

« Car celui qui était puissant parmi eux n'a point été renversé par les jeunes hommes; il n'a point été frappé par les Titans; et les géants d'une hauteur démesurée ne se sont point opposés à lui; mais Judith, fille de Mérari, l'a perdu par la beauté de son visage[2].

Mais le plus connu des géants de la Bible est sans contredit Goliath, dont parle le *Livre des Rois*[3] :

« 4. Alors un homme, né d'un père inconnu, nommé Goliath, de Geth, qui avait six coudées et une palme de haut, sortit du camp des Philistins.

« 5. Il avait sur la tête un casque d'airain, et il était revêtu d'une cuirasse à écailles dont le poids était de cinq mille sicles d'airain, etc.... »

Cependant, Goliath ne nous semble pas devoir être rangé parmi les géants légendaires dont il est question plus haut, et malgré la taille considérable qui lui est attribuée, et dans laquelle, suivant un grand nombre de commenta-

1. *Les Nombres*, xx 34, 35. — 2. *Livre de Judith*, xvi, 7. 8.
3. Lib. I. c. xvii.

teurs, il faut voir une exagération manifeste, une sorte d'hyperbole poétique destinée à rehausser le courage de David et à rendre son triomphe plus glorieux par l'extrême disproportion entre la force du vainqueur et celle de son adversaire, on peut le considérer simplement comme un de ces hommes gigantesques que l'on a vus à toutes les époques et dans tous les pays. On a calculé, en effet, que les six coudées et une palme, dont parle l'Écriture, valent environ neuf pieds ou trois mètres de nos mesures actuelles : or, en retranchant la hauteur du casque qu'il portait, d'après le texte même de la Bible, on trouve qu'il n'avait que huit pieds ou tout au plus huit pieds et demi et que, par conséquent, il ne dépassait pas en grandeur plusieurs des géants dont nous parlerons plus loin.

Ainsi que nous l'avons dit plus haut, on retrouve tous les géants de l'Écriture Sainte dans les traditions arabes, et Goliath lui-même, ou Gialout, ainsi que l'appelle Ahmed-al-Fassi, cadi de la Mecque et historien, mort l'an 833 de l'Hégire, y est considéré comme un roi de la Palestine; suivant ces traditions, du reste, la dynastie des rois qui régnaient en Palestine quand les Hébreux y entrèrent est appelée *Gialoutiah*, de même que tous les rois d'Égypte portent le nom de *Pharaenah* ou *Pharaon* et ceux de Perse *Akasserah* ou *Khosroës*[1].

Mais c'est dans la mythologie grecque surtout que les géants occupent une place importante; les poètes les ont chantés et les auteurs les plus graves ont rapporté l'histoire de leur combat contre les dieux, de leur défaite et de leur punition. Hésiode, dans sa *Théogonie* (vers 624 et suiv.), nous a donné une magnifique version poétique de ce mythe dont le sens naturaliste ne fait aucun doute, et qui traduisait à l'esprit des Grecs cette idée, qui se retrouve partout, dans les légendes indoues aussi bien

1. D'Herbelot. *Bibliothèque orientale,* au mot *Gialout.*

que dans la mythologie scandinave, des forces brutales et désordonnées de la nature livrée au chaos, en lutte contre les forces divines qui les domptent, les règlent et assurent enfin le triomphe de l'ordre et de l'harmonie[1].

Il y avait dans cette légende grandiose de quoi tenter l'imagination des poètes et des artistes, et les uns et les autres n'y ont pas manqué[2]. La littérature grecque nous a laissé plusieurs *Gigantomachies* que les artistes de toutes les époques nous ont traduites d'une façon saisissante, en marbre sur les frontons et les métopes des temples, aussi bien qu'en peinture sur les modestes vases de terre cuite. Dès le commencement du cinquième siècle avant notre ère, on voit la lutte des dieux et des géants représentée sur le fronton du trésor d'Olympie, sur les métopes du temple de Sélinonte, à Argos, à Agrigente, à Athènes, sur le Parthénon, plus tard à Priène[3], puis dans l'Italie méridionale, et, enfin, d'une façon tout à fait grandiose, sur l'autel monumental consacré à *Zeus* (Jupiter) et à *Athena Nikephoros* (Minerve victorieuse), découvert en 1880 par un savant allemand, M. Humann, dans les ruines de l'acropole de Pergame[4]. Dans ces belles sculp-

1. La mythologie finnoise exprime dans l'épopée, sous une forme à la fois enfantine et humaine, cette pénétration des influences mauvaises qui combat et cherche à détruire l'œuvre de Dieu et des génies propices. Le mauvais principe y est personnifié par le géant *Hüsi*, auquel on donne une femme, des enfants, des chevaux, des chiens, des chats, des domestiques, tous affreux et méchants comme lui, en un mot la maison complète d'un chef de tribu courant dans la plaine avec son cheval, tandis que son oiseau le précède dans les airs; il paraît avoir été originairement une personnification du vent glacial et mortel du Nord. Lui et ses serviteurs étendent partout leur mauvaise influence. — Cf. François Lenormant, *La magie chez les Chaldéens*, p. 231.

2. Après Hésiode, *Pausanias*, *Claudien*, *Sidoine Apollinaire*, etc. ont décrit le combat des Dieux et des géants.

3. Les bas-reliefs de la frise du temple d'Athena Polias à Priène (une des douze villes ioniennes de l'Asie Mineure) sont actuellement à Londres, au *Bristish museum*.

4. Pergame, ville célèbre de l'Asie Mineure, était la capitale du

tures l'artiste a donné carrière à sa fantaisie, représentant les géants, tantôt dans toute la majesté et tout l'éclat de la jeunesse, de la force et de la beauté, tantôt comme d'horribles monstres ailés, aux torses d'hommes sur-

Fig. 32. — Fragment d'une *Gigantomachie* peinte sur une amphore grecque du Musée du Louvre.

montés parfois de têtes d'animaux féroces, ou tout au moins aux jambes terminées en serpents[1] dont les dents

royaume de ce nom. Les sculptures, dont notre gravure reproduit un fragment et qui sont aujourd'hui à Berlin, datent vraisemblablement du règne d'Eumène II (197-159 av. J.-C.), alors que le royaume, fondé un siècle auparavant, avait pris, grâce à l'alliance des Romains, toute l'importance et tout l'éclat d'une grande monarchie asiatique.

1. «.... Ils se traînent sur les hideux serpents aux sifflements aigus qui soutiennent leurs corps et osent déjà défier les dieux. »

« Stridula volventes gemino vestigia lapsu... »

(Claudien, *Gigantomachia*.)

impuissantes s'acharnent en vain sur les vêtements des dieux[1].

Il est à remarquer que dans aucune de ces représentations les géants n'ont une taille supérieure à celle de leurs immortels adversaires. Les artistes se sont en cela conformés à la tradition et surtout aux légendes homériques, qui attribuent aux dieux et à la plupart des anciens héros une force et une taille surnaturelles, et cela confirme

Fig. 55. — Fragment dans la *Gigantomachie* de l'Acropole de Pergame. — Musée de Berlin.

ce que nous avons dit, au commencement de ce chapitre, relativement à la croyance à une race primitive d'êtres

1. «.... L'homme meurt tout entier, mais les serpents sur lesquels il rampait lui survivent et cette partie rebelle menace encore son vainqueur. »

« Ille viro toto moriens, serpentibus imis
Vivit adhuc stridore ferox, et parte rebelli
Victorem post fata petit.... »

(Claudien, *Ibid.*)

doués de dimensions gigantesques, puisque c'est l'homme qui dans le polythéisme grec a servi de type à la divinité.

Les poètes et les historiens de l'antiquité prétendaient que la race humaine avait commencé à décroître du vivant d'Homère; c'est du moins l'idée qu'expriment plusieurs auteurs, entre autres Juvénal et Pline. Le premier, dans sa satire XV, v. 69, dit :

« Car déjà du temps d'Homère l'espèce humaine dégénérait. De nos jours la terre ne nourrit plus que des hommes lâches et frêles. Aussi les Dieux ne les voient-ils plus qu'avec un sourire amer de mépris et de haine[1]. »

Et le second (lib. VII, 16) :

« Au reste le genre humain devient partout de plus en plus petit, c'est une observation à peu près constante : rarement les enfants sont plus grands que leurs pères[2].... Il y a près de mille ans qu'Homère, ce grand poète, se plaignait sans cesse de la diminution des mortels.... »

A l'appui de ce qu'il avance, Pline ajoute que, dans un tremblement de terre, une montagne s'étant ouverte, on trouva debout un corps haut de 46 coudées (20m,25) attribué par les uns à *Orion*[3], par les autres à *Otus*[4]; il reproduit également le récit d'Hérodote d'après lequel le

1. « Nam genus hoc vivo jam decrescebat Homero :
Terros malo homines nunc educat atque pusillos.
Ergos deus quicumque, adspexit ridet et odit. »

2. Virgile dans les *Géorgiques* (liv. I, v. 497) est aussi affirmatif : « Grandiaque effossis mirabitur ossa sepulchris » (Et admirera dans leurs tombeaux fouillés les grands ossements de nos pères); et Lucrèce prétend, à son tour, « que la terre vieillie a cessé d'enfanter de puissants animaux. »

3. *Orion*, fils d'Hyriues, géant et beau chasseur, tué par Artémis (Diane). Après sa mort, il fut placé parmi les astres où il a l'apparence d'un géant avec une épée, une peau de lion et une massue.

4. *Otus*, un des deux Aloades. Suivant Homère (*Odyssée* 11, 305) Otus et son frère Ephialte menacèrent les dieux dans le ciel et pour les y atteindre voulurent entasser l'Ossa sur l'Olympe et le Pélion sur l'Ossa, ce qu'ils eussent fait si Apollon ne les avait pas tués de ses flèches.

corps d'Oreste déterré par ordre de l'oracle aurait eu sept coudées (3m 092). Plutarque, qui partageait les croyances de son époque à ce sujet, donne soixante coudées à *Antée*[1], dont le corps fut trouvé par Sertorius à Tingis (Tanger) en Mauritanie, et Phlégon, de Tralles (en Lydie) dit dans son *Traité des choses merveilleuses*, que l'on a mis à découvert en Afrique et dans le Bosphore Cimmérien des squelettes d'hommes qui mesuraient vingt-trois et vingt-quatre coudées.

Ce sont là des exemples d'une crédulité naïve qui peut trouver son excuse dans les fables merveilleuses qui avaient cours alors, mais ce qui est plus extraordinaire c'est que cette croyance à une taille démesurément gigantesque des premiers hommes ait été adoptée à une époque relativement moderne par de graves savants.

A plusieurs reprises les rabbins juifs avaient essayé d'établir que la race humaine, après avoir atteint au commencement du monde une hauteur de plusieurs centaines de pieds, avait été toujours en diminuant, mais cette thèse avait trouvé peu d'adeptes, lorsqu'elle fut reprise en 1718 par un érudit académicien, nommé Henrion, qui publia un travail dans lequel il voulait prouver par des calculs, selon lui irréfutables, et d'après une sorte de table chronologique, qu'Adam avait cent vingt-trois pieds neuf pouces de haut (40m,095), Ève, cent dix-huit pieds neuf pouces (38m,475), Noé, cent trois pieds

1. *Antée*, fils de Neptune et de la Terre, géant énorme et lutteur invincible tant qu'il restait en contact avec la Terre, sa mère. Hercule ayant découvert la source de sa force l'enleva de terre et l'étouffa dans ses bras. Tous les géants, du reste, étaient fils de la Terre (*Gè*) qui dans toutes les *gigantomachies* les exhorte à combattre les dieux. C'est ainsi que Claudien, que nous avons cité plus haut, fait dire à la Terre : «.... N'épargnez pas mes membres; je consens à être le trait qui donne la mort à Jupiter. Allez, mes fils, je vous en prie.... »

«.... Nostris ne parcite membris
In Jovis exitium telum non esse recuso.
Ite, precor.... »

($33^m,372$) et ainsi de suite jusqu'à Jules César dont la taille atteignait à peine cinq pieds ($1^m,620$)[1].

Tout récemment encore quelques savants ont cherché à établir, mais dans des conditions beaucoup plus raisonnables, cette sorte de décroissance, en s'appuyant sur le refroidissement présumé de la température de la terre; mais de même que cet abaissement de température a été trouvé presque nul ou peu sensible, de même il a été facile de prouver, par analogie avec celle des animaux, que la taille de l'homme n'avait pas baissé. Isidore Geoffroy-Saint-Hilaire a fait du reste à ce sujet le raisonnement suivant, qui est plein de justesse[2] : « L'antiquité qui croyait aux géants, croyait aussi aux Pygmées, aux Troglodytes et aux Myrmidons. Or, si de la première de ces croyances on prétendait pouvoir conclure que la taille de l'homme a diminué, ne serait-on pas tout aussi fondé à déduire de la seconde la conséquence précisément inverse et à soutenir que les hommes des temps modernes dépassent de beaucoup la taille de leurs premiers ancêtres? »

Mais c'est principalement au commencement du XVIIe siècle que des discussions animées, qui dégénérèrent bientôt en querelles passionnées, s'engagèrent en France au sujet de la prétendue existence d'une race de géants, à propos d'ossements trouvés dans le Dauphiné, à peu de distance du Rhône, ossements que l'on prétendait être ceux de *Teutobochus*, roi des Cimbres, célèbre par la victoire que Marius remporta sur lui. On rappela à ce propos, non seulement les textes de l'Écriture et les assertions que nous avons rapportées plus haut, d'Hérodote, de Pline et autres auteurs, mais aussi les découvertes qui

1. Les Siamois pensent aussi que la taille des hommes n'a cessé de diminuer à mesure qu'ils ont perdu l'innocence des mœurs primitives et qu'ils finiront par devenir si petits que les plus grands hommes n'auront pas même un pied.

2. Is. GEOFFROY SAINT-HILAIRE, *Histoire des Anomalies.*

avaient été signalées à plusieurs reprises, d'ossements gigantesques trouvés dans différentes contrées, entre autres ceux dont parle saint Augustin (*De Civitate Dei*, lib. XV, c. 9), qui dit avoir vu, sur le rivage d'Utique, une dent avec laquelle on aurait pu faire cent dents humaines de volume ordinaire[1]; les fragments de squelette découverts au XIVe siècle à Trapani, en Sicile, et que l'on avait attribués, en calculant que sa taille devait avoir au moins trois cents pieds de hauteur[2], au géant Polyphème, malgré la différence que présentaient ces os avec ceux d'un squelette humain, et, surtout, malgré le peu de hauteur de la caverne dans laquelle ces os avaient été trouvés, caverne qui, au rapport du Père Kircher, qui l'a visitée avec soin, ne mesure pas plus de dix pieds de haut[3]; ceux que le Rhône mit à nu sous le règne de Charles VII, en 1456, dans le Vivarais et qui auraient appartenu à un homme dont la taille fut estimée avoir été de trente pieds environ[4]; ceux du géant découvert en 1577 aux environs de Lucerne[5], sous un chêne déraciné par un orage, et qui, suivant les calculs du sa-

1. En 1678 on envoya de Constantinople à Vienne comme une chose extrêmement précieuse une dent que l'on disait avoir été trouvée aux environs de Jérusalem dans une caverne souterraine fort épaisse où il y avait le tombeau d'un géant avec l'inscription en caractères chaldaïques : *Ci-gît le géant Hog*, d'où l'on conjecturait que c'était le tombeau de Og, roi de Bazan, qui fut défait avec tout son peuple par Moïse. On voulait vendre cette dent à l'empereur 2000 écus. — En 1630, à Toulon, chez un habitant nommé Peyresch, on venait voir une dent de géant; c'était simplement une dent d'éléphant, ainsi qu'on le reconnut quand un éléphant vint dans la ville. — Cf. J. B. ROBINET. *Écarts de la nature.*

2. Voir à propos de ces ossements, BOCCACE, *De la généalogie des dieux*, lib. 4, c. 68.

3. Cette caverne porte encore de nos jours le nom de *Caverne du géant.*

4. Une partie de ces os fut portée à Bourges et accrochée aux murs d'une des chapelles de cette ville où ils sont restés suspendus pendant très longtemps.

5. C'est à cette découverte qu'est dû le géant qui sert de support aux armes de la ville de Lucerne.

vant médecin Plater, devait avoir eu dix-neuf pieds, etc. Plusieurs médecins et chirurgiens, Riolan, Habicot, entre autres, publièrent à ce sujet un grand nombre de brochures et de mémoires — ou mieux de pamphlets — dans lesquels, chacun d'eux, à défaut de raisons puisées dans la science, attaquait ses adversaires par des injures. Il serait inutile d'analyser ici ces différentes publications, d'une lecture lourde et fastidieuse[1] et nous nous bornerons à citer l'opinion de Riolan qui reconnut et établit avec beaucoup de sagacité que les prétendus os de Teutobochus, étaient simplement ceux d'un éléphant ou de tout autre animal gigantesque, dont le squelette n'était pas encore connu.

Cette découverte autour de laquelle on faisait tant de bruit avait d'autant plus excité la curiosité du public qu'un individu, nommé Jacques Tissot, avait publié une brochure dans laquelle il affirmait que ces os avaient été trouvés dans un tombeau long de trente pieds sur lequel étaient écrits les mots : *Teutobochus Rex*, et qui contenait, en outre, une cinquantaine de médailles à l'effigie de Marius; quoiqu'il se gardât bien de montrer ces médailles, son récit obtint assez de succès pour que les Parisiens courussent voir le fameux squelette que l'on montrait moyennant une assez forte rétribution. Voici du reste le titre exact de cette brochure, très rare aujourd'hui, et qui prouverait que ces fameux ossements étaient montrés de ville en ville et non pas seulement à Paris :

HISTOIRE VÉRITABLE

du géant Theutobochus, Roy des Theutons, Cimbres et Am-

1. Voici les titres des principales : *Histoire véritable du géant Teutobochus*, par Jacques TISSOT. Paris, 1613; — *Gigantostéologie*, par Nic. HABICOT, 1613; — *Discours apologétique touchant la réalité des géants*, 1614; — *Gigantomachie*, par J. RIOLAN, 1613; — *L'imposture découverte des os humains*, 1614; — *Réponse à un discours apologétique*, etc..., 1615; — *Gigantologie*, 1618; — *Antigigantologie* par Nic. HABICOT, 1618, etc.

brons, deffait par Marius, consul romain, cent cinq ans avant la venuë de nostre Sauveur.

Lequel fust enterré auprès du chasteau nommé Chaumon, maintenant Langon, proche la ville de Romans, en Dauphiné, auquel lieu on a trouvé sa tumbe sur laquelle y avoit une pierre où estoit écrit en lettre romaine.

THEUTOBOCHUS REX.

Les os se voyent en ceste ville avec grande admiration d'un chacun.

La découverte de ladicte tumbe s'est faite au mois de janvier dernier, en un lieu que l'on nomme d'ancienneté le *Terroir du géant.*

Cette brochure, bien faite pour exciter la curiosité du public se terminait ainsi :

« Voilà ce que selon mon incapacité, je vous ay peu dire de Theutobochus, trouvé ceste présente année 1613, par les massons du sieur de Langon, en tirant du sable pour bastir, près les masures du chateau environ dix-sept et dix-huit pieds dans terre, dedans un tumbeau de brique de la longueur de trente pieds de long, douze de large et huit de hault : sur lequel tumbeau estoit escript en lettre romaine, en une pierre grise, ressemblant à du marbre gris, fort dure et solide :

THEVTOBOCHVS REX.

Le tout à la plus grande gloire de Dieu et à l'honneur du sieur de Langon. »

« *Jacques Tissot* »

A cette époque, du reste, les esprits, il faut le dire, étaient bien préparés pour ajouter foi à tout ce que l'on pouvait débiter au sujet de l'existence, à une époque antérieure, d'une race de géants, puisqu'il n'était question partout que d'une population entière découverte au siècle précédent dans une contrée que les cartes géographiques mentionnaient sous le nom de *Païs des Géans* ou *Terre des Géans*.

Or, ces géants n'étaient autres que les fameux Patagons sur la taille desquels on a tant écrit et tant discuté pendant près de trois cents ans, sans pouvoir arriver à être d'accord, et dont un auteur très lu au seizième siècle, Louis Guyon, que nous avons déjà cité, disait dans ses *Diverses Leçons* avec une assurance prodigieuse, mais sans avoir cherché à contrôler ce qu'on lui avait rapporté : « .... Ils sont adextres à tirer de l'arc, ils ne font que chasser et prennent à leur chasse des austruches, des renards et des chèvres sauvages qui sont fort grandes et plusieurs autres bêtes. Depuis on a beaucoup couru ce païs et a-t-on présenté plusieurs des géans de ce païs-là aux roys d'Espagne, et dès lors on donna le nom *Région des Géans*, ainsi que cela se peut remarquer dans les cartes marines.... Ce sont des hommes bien formez et capables de raison et de la cognoissance de Dieu, aussi bien que nous, s'ils y estoient instruits. N'y a aucune région où habitent spécialement des nains autrement dit des Pygmées, mais si a bien un païs où habitent des gens de hauteur et grandeur démesurées, en les conférant avec ceux de par deçà, lequel on appelle la *région gygantine*. Que les anciens ayent jamais mis par escrit qu'il y eust une région gygantine, combien qu'il y en eust, ils n'en ont jamais fait mention ; mais c'est la coustume que les fables et menteries soyent mieux reçue entre les hommes que la vérité. »

Louis Guyon, à part ce qu'il rapporte de la chasse aux *austruches* et de la présentation de ces géants aux rois d'Espagne, ne faisait que répéter ce qui avait été dit par Pigafetta dans sa relation du voyage de Magellan publiée en 1536 et par plusieurs autres voyageurs du seizième siècle.

C'est en l'année 1520, par 34° 40′ de latitude, à l'embouchure de la Plata, que Magellan et les hommes de son équipage aperçurent pour la première fois les *Tehuelches* qu'ils regardèrent comme des cannibales et auxquels leur imagination prêta une taille colossale bien éloignée de la réalité.

« Un jour que nous nous y attendions le moins, dit Pigafetta, un homme de figure gigantesque se présenta à nous. Il était sur le sable, presque nu, et chantait et dansait en même temps, en se jetant de la poussière sur la tête. Le capitaine envoya à terre un de nos matelots avec ordre de faire les mêmes gestes, comme une marque d'amitié et de paix, ce qui fut très bien compris, et le géant se laissa paisiblement conduire dans une petite île où le capitaine était descendu. Je m'y trouvai aussi avec plusieurs autres. Il témoigna beaucoup d'étonnement en nous voyant et, levant le doigt, il voulait nous dire sans doute que nous étions descendus du ciel.

« Cet homme était si grand que notre tête touchait à peine à sa ceinture. Il était d'une belle taille : son visage était large et teint de rouge, si ce n'est qu'il avait les yeux entourés de jaune et deux taches en forme de cœur sur les joues. Ses cheveux qui étaient en petite quantité paraissaient blanchis avec quelque poudre. Son habit, ou plutôt son manteau, était fait de fourrures bien cousues ensemble, d'un animal qui abonde dans le pays comme nous avons eu occasion de le voir par la suite.... Cet homme portait aussi une espèce de chaussure faite de la même peau[1].

« ... Le capitaine général lui fit donner à manger et à boire et, parmi d'autres bagatelles, il lui fit présenter un grand miroir d'acier. Le géant, qui n'avait pas la moindre idée de ce meuble et qui pour la première fois sans doute voyait sa figure, recula si effrayé qu'il jeta par

1. C'est à cause de cette chaussure qui donnait aux pieds de ces hommes la figure de la patte d'un ours que Magellan leur avait donné le nom de *Patagons*, mot qui en Espagnol signifie littéralement qui *a de grands pieds*. Cf. ÉDOUARD CHARTON, *Les voyageurs anciens et modernes* (t. III, p. 280), ouvrage auquel nous empruntons la traduction de la relation de Pigafetta.

terre quatre de nos gens qui étaient derrière lui. On lui donna des grelots, un petit miroir, un peigne et quelques grains de verroterie; ensuite on le remit à terre en le faisant accompagner par quatre hommes bien armés....

« Au bout de quinze jours nous vîmes venir à nous quatre de ces hommes; ils étaient sans armes; mais nous sûmes ensuite qu'ils les avaient cachées derrière les buissons. Ils étaient tous peints, mais de différentes manières.

« Le capitaine voulut retenir les deux plus jeunes et les mieux faits pour les conduire avec nous pendant notre voyage et les amener même en Espagne; mais voyant qu'il était difficile de les arrêter par la force il usa de l'artifice suivant :

« Il leur donna une grande quantité de couteaux, miroirs, grains de verroterie, de façon qu'ils en avaient les deux mains pleines; ensuite il leur offrit deux de ces anneaux de fer qui servent à enchaîner; et quand il vit qu'ils les désiraient beaucoup (car ils aiment passionnément le fer), et que, d'ailleurs, ils ne pouvaient plus les prendre avec les mains, il leur proposa de les leur attacher aux jambes pour les porter plus facilement chez eux; ils consentirent à tout; et alors nos gens leur appliquèrent les cercles de fer et en fermèrent les anneaux, de sorte qu'ils se trouvèrent enchaînés. Aussitôt qu'ils s'aperçurent de cette supercherie ils devinrent furieux, soufflant, hurlant, et invoquant *Setebos* qui est leur démon principal pour qu'il vînt à leur secours[1]. »

Ces deux malheureux Patagons moururent quelques

1. Il est inutile, dit M. Ed. Charton (*loc. cit.*), de faire ressortir ici ce qu'il y eut d'odieux dans un pareil stratagème; on peut dire seulement pour l'excuse du navigateur qu'il agissait sous l'empire d'un préjugé général, assimilant pour ainsi dire les noirs et les américains à la classe des animaux. »

mois après avoir été faits ainsi prisonniers ; il semble qu'ils s'étaient résignés à leur sort puisque Pigafetta rapporte que celui qui était sur le navire qu'il montait lui disait dans sa langue les noms des objets qu'il lui montrait et que son appétit était si grand qu'il « mangeait en un repas une pleine corbeille de biscuit et buvait d'un trait un demi-seau d'eau. »

Ce que dit Pigafetta de la taille des Patagons fut reproduit par Oviedo dans le récit qu'il publia en 1557 du voyage de Magellan, sous le titre de *Coronica de las Indias orientales* et dans celui du voyage fait en 1525 et 1526 par Loaysa : « Les chrétiens qui s'y trouvèrent, dit-il, n'arrivaient pas avec leurs têtes à la partie supérieure de leurs cuisses. »

Par contre, Drake, en 1578 (voir un extrait de son voyage dans *l'Histoire des navigations aux terres australes*, par de Brosse, t. I, p. 178 et 193), étant parvenu au port Saint-Julien, à l'endroit même où était arrivé Magellan cinquante huit ans avant lui, vit les mêmes individus et dit positivement « qu'ils ne sont point d'aussi grande taille que les Espagnols le pensent ; il y a des Anglais plus grands que le plus haut d'entre eux. »

Il serait trop long de reproduire ici tout ce qui a été rapporté par les différents voyageurs qui, dans le cours du dix-septième et du dix-huitième siècle, visitèrent le détroit de Magellan ; quelques-uns, comme l'avait fait Drake, ne donnent aux Patagons qu'une taille, sinon ordinaire, du moins très peu au-dessus de celle des Européens ; mais c'est le petit nombre, et la plupart d'entre eux les virent à travers les exagérations de Pigafetta.

Telle fut, entre autres, l'opinion de l'auteur qui écrivit la relation du « *Voyage autour du monde* fait en 1764 et 1765, sur le vaisseau de guerre anglais *le Dauphin* commandé par le chef d'escadre Byron, dans lequel on trouve une description exacte du détroit de Magellan et des

Fig. 54. – Marin anglais donnant du biscuit à une femme Patagone, d'après une gravure du *Voyage de Byron*.

Géans appelés *Patagons*, etc. » Cette relation[1], contenait des détails tellement circonstanciés, et paraissant écrits avec une si entière bonne foi, sur les relations de l'équipage avec les Tehuelches auxquels on donnait une taille de huit à neuf pieds et même plus, — bien que l'auteur avoue cependant que l'on n'a mesuré aucun individu[2], — que les savants européens les plus incrédules se virent forcés pendant quelque temps de s'incliner devant ce qui paraissait être à tous une vérité indiscutable. C'est surtout un savant anglais, le docteur Maty qui se fit, pour ainsi dire, le champion des géants Patagons, et la lettre qu'il écrivit à La Condamine, à ce sujet, au mois de juin 1766, excita à Paris la plus grande curiosité. « On parle beaucoup, dit Bachaumont, d'une lettre du docteur Maty, médecin très renommé à Londres, à M. de La Condamine, en date du 18 juin, pour la communiquer à l'Académie des sciences. Il y assure que l'équipage entier d'un vaisseau de guerre anglais, qui vient de faire le tour du monde, a vu et examiné cinq ou six mille Patagons de neuf à dix pieds de haut. Il en conclut à l'existence des géants en corps de peuple, et que ce ne sont point des variétés rares, individuelles et accidentelles dans l'espèce humaine, comme l'ont soutenu nos plus célèbres naturalistes[3]. »

Cependant il se produisit bientôt quelques protestations; on rapprocha les assertions de Byron de celles d'autres voyageurs au moins aussi dignes de foi et l'on en arriva à croire que l'on avait été dupe d'une mystifi-

1. Publiée d'abord en anglais, elle fut traduite en français et imprimée en 1767.

2. « Leur taille moyenne nous parut être d'environ huit pieds et la plus haute de neuf pieds et plus. Nous n'employâmes aucune mesure pour nous en assurer, mais nous avons des raisons de croire que nous diminuons leur grandeur plutôt que nous ne l'exagérons. (Ouv cité, p. 78 de l'édit. française).

3. *Mémoires secrets* de Bachaumont (30 juillet 1766).

cation ou d'une sorte de manœuvre politique. « J'ai appris aujourd'hui, écrit M. de la Condamine (celui-là même auquel avait été adressée la lettre du docteur Maty), que l'histoire de la découverte des Géants Patagons est une fable et que les Anglais ont fait courir ce bruit pour dissimuler les motifs de l'armement de quatre vaisseaux qu'ils envoient dans ce pays pour y exploiter une mine qu'ils y ont découverte. Je crains que mon ami, le docteur Maty, n'ait ajouté foi trop légèrement à cette nouvelle. Notre ministre a rayé cet article qu'on voulait mettre dans la *Gazette de France;* il s'est fondé sur ce que M. de Bougainville, qui a relâché sur cette côte, a communiqué avec les Patagons et fait des échanges avec eux; ils sont de taille ordinaire.... »

Néanmoins, les opinions furent tellement partagées qu'en relisant aujourd'hui tout ce qui a été publié à cette époque, il est difficile de savoir quelle était exactement la pensée des savants qui ont traité cette matière.

C'est ainsi que Dieudonné Thiébault, parlant de l'abbé Pernety, membre de l'Académie royale de Berlin, disait : « ....Il est vrai que ce savant croyait à toutes les rêveries des temps passés, il croyait à la pierre philosophale, à la cabale, aux revenants, aux *Patagons*, aux sortilèges et enchantements, aux races de géants, etc. Et à quoi ne croyait-il pas! »

Plus loin il raconte que se « trouvant un jour à dîner chez M. Mitchel, chevalier de l'ordre de la Jarretière, ministre d'Angleterre à Berlin avec l'abbé Pernety qui croyait aux Patagons, et un M. de Roux, de Bordeaux, invité là peut-être comme parent de MM. de Forcade, famille française très considérée à Berlin, ce M. de Roux entreprit de badiner M. Pernety sur cette race de géants que l'on dit exister à la pointe australe de l'Amérique. Dès sa première phrase, M. Mitchel prit la parole et lui dit : « Vous ne croyez donc pas, Monsieur, à la possibi-« lité de cette race? Ainsi, vous avez calculé les forces de

« la nature et vous savez quelles sont les limites entre « lesquelles elle peut promener ses variations, mais

Fig. 55. — Géant et nains, d'après une gravure allemande de la fin du XVIIIe siècle.

« qu'elle ne peut jamais outre passer? Vous êtes bien « savant, Monsieur, et beaucoup plus que toutes les aca-

« démies de monde! Et, en effet, nous voyons que la « nature produit des individus et même des races extrê- « mement petites; nous avons des endroits où l'on ne « rencontre guère que des espèces de nains. Eh bien! « pourriez-vous m'expliquer comment et pourquoi la « nature ne pourrait pas faire en plus ce qu'elle fait « tous les jours en moins? Et si vous vouliez nier nos « races de nains dont au moins vous ne nierez pas les « exemples, expliquez-moi comment la nature ne pour- « rait pas faire pour celles-là ce qu'elle fait pour ceux- « ci. Après cet argument qui n'eut point de réplique, « on parla d'autre chose[1]. »

Buffon lui-même exprimait des doutes relativement à l'existence des géants Patagons et croyait que les différences d'appréciation venaient de ce que les populations habitant les terres découvertes par Magellan étant essentiellement nomades, il pouvait se faire que les individus entrevus par les différents voyageurs ne fussent pas les mêmes.

La question n'a été définitivement tranchée que dans la première moitié de ce siècle par d'Orbigny, le hardi explorateur de l'Amérique méridionale qui vécut pendant huit mois avec les Patagons. La taille des individus qu'il a mesurés varie entre $1^{m},73$ et $1^{m},92$; les femmes sont, à proportion, aussi grandes et aussi fortes que les hommes. D'Orbigny, qui donne ces chiffres dans son savant ouvrage intitulé l'*Homme américain*, les fait précéder des réflexions suivantes qui peuvent expliquer la préoccupation des anciens voyageurs :

« Nous avons été, nous ne le dissimulerons pas, trompé nous-même plusieurs fois à l'aspect des Patagons. La largeur de leurs épaules, leur tête nue, la manière dont ils se drapent de la tête aux pieds, avec des manteaux de

1. Dieudonné Thiébault. *Souvenirs de vingt ans de séjour à Berlin*, Tome II.

peau d'animaux sauvages cousues ensemble, nous faisaient tellement illusion qu'avant de les mesurer nous les aurions pris pour des hommes d'une taille extraordinaire, tandis que l'observation directe les amenait à l'ordre commun. D'autres voyageurs n'ont-ils pu se laisser influencer par les apparences sans chercher comme nous la vérité au moyen de mesures exactes? »

Devant une affirmation aussi positive aucun doute n'est possible aujourd'hui ; les géants n'existent qu'à l'état d'individus isolés, comme phénomènes pour ainsi dire tératologiques, et non à l'état de groupe. Les Patagons ne sont pas des géants malgré leur hauteur, et, sous le rapport de la taille, les races du vieux continent n'ont que bien peu à envier à celles du nouveau monde.

II

Du gigantisme au point de vue physiologique et pathologique

Nous avons vu dans le chapitre précédent que tout ce qui avait été écrit à différentes époques pour prouver l'existence de races entières de géants avait été réfuté par la science. Les progrès immenses dont la zoologie préhistorique est redevable à l'illustre Cuvier, et l'étude, aujourd'hui si complète, de l'anatomie comparée, ont démontré d'une façon irréfutable que les prétendus ossements de géants autour desquels il s'était fait tant de bruit, étaient simplement des os de mastodontes, d'éléphants, de rhinocéros, et d'autres animaux alors peu connus[1], de même que les observations de d'Orbigny ont réduit à néant les fables débitées sur les Patagons.

Mais si les géants n'existent pas à l'état de race distincte, ils sont relativement communs — moins que les nains cependant — à l'état d'individus isolés, de phéno-

1. Il en est de même des crânes humains remarquables par leur volume que plusieurs savants donnaient comme preuve de l'existence des géants ; ces crânes ne devaient leur grosseur extraordinaire qu'à des causes pathologiques — notamment à l'hydrocéphalie — et avaient appartenu à des individus d'une taille moyenne et souvent même à des enfants. Tel était le *frontal* énorme dont il est question dans les *Transactions philosophiques* (t. XV et XXII) et que l'on sut être celui d'un individu, mort à Amsterdam, dont la tête était extraordinairement volumineuse, bien que son corps fut très petit.

mènes, et il n'est pas rare de voir des hommes de six pieds et demi et de sept pieds (2m,106 à 2m,268); la taille humaine peut s'élever jusqu'à huit pieds et demi et même neuf pieds (2m,916), mais c'est la limite extrême et les savants les plus autorisés doutent de l'exactitude et de la véracité des quelques exemples qui ont été cités d'hommes ayant atteint cette haute taille[1].

Nous n'avons pas à examiner ici les causes auxquelles les pathologistes attribuent ce développement excessif de la taille; comme pour le nanisme, du reste, ces causes sont peu connues, et l'analyse des hypothèses mises en avant par les quelques savants qui ont étudié cette question nous entraînerait au delà du cadre que nous nous sommes tracé.

Mais s'il nous est interdit de rechercher les causes, nous pouvons du moins constater les effets, qui sont généralement déplorables pour les malheureux individus atteints ainsi de *gigantisme*.

Tous, en effet, ou presque tous, sont d'une complexion excessivement délicate, d'un tempérament lymphatique et d'une intelligence très bornée, quand elle n'est pas même tout à fait nulle. Ils sont souvent mal conformés et surtout mal proportionnés[2]. L'augmentation extrême du

1. Telle était la taille attribuée par le voyageur Van den Broeck (*Voyages*, p. 413) à un nègre du Congo qu'il dit avoir vu, et celle que donne à un géant Piémontais que l'on montrait à Rome en 1572 le trop crédule Del Rio. Nous en trouvons un autre exemple dans la *Gazette de France* du 30 septembre 1719; mais ici, il s'agit d'un squelette trouvé dans les environs de Salisbury sous des pierres celtiques désignés dans le pays sous le nom de *Stoneheng* (*pierres suspendues*) ou de *Danse des Géants*. Suivant le correspondant anglais qui avait donné les renseignements au rédacteur de la *Gazette*, ce squelette aurait mesuré neuf pieds quatre pouces (2m,834, mesure anglaise).

2. Geoffroy Saint-Hilaire rapporte l'observation d'un jeune homme de vingt-deux ans, ayant plus de sept pieds, qu'il a examiné avec soin en 1824, et dont les mains étaient extraordinairement longues; il avait la voix faible, cassée, et ses yeux ne pouvaient qu'avec peine supporter une lumière un peu vive.

volume de leurs organes semble user rapidement chez eux les principes de la vie, et la plupart meurent jeunes et pour ainsi dire épuisés, après avoir achevé leur énorme et rapide croissance, et, quelquefois même, avant de l'avoir terminée.

« Bien différents en cela des nains, dit Geoffroy-Saint-Hilaire, ils sont sans activité, sans énergie, lents dans leurs mouvements, fuyant le travail, fatigués presque aussitôt qu'occupés ; en un mot faibles de corps aussi bien que d'esprit. » Un des rédacteurs du *Journal de Physique* (t. XIII, 1778), Changeux, rapporte à ce sujet, d'après Guy-Patin, un fait qui viendrait à l'appui de cette assertion : « A Vienne, où l'on avait réuni des nains et des géants pour l'amusement de la cour impériale, les premiers, bien loin de céder et de se soumettre à leurs compagnons, ne craignaient pas de les provoquer par des moqueries, de les insulter, et de commencer ainsi des disputes dont l'issue semblait devoir être si redoutable pour eux. La querelle s'anima même un jour entre un géant et un nain au point que des injures on en vint aux voies de fait, et, nouveau David, ce fut le nain qui triompha de cet autre Goliath. »

Le savant Keysler[1], qui a laissé d'intéressantes relations de ses différents voyages dans les principales contrées de l'Europe, rapporte un fait qui prouve également le peu de crainte que les géants inspiraient aux nains quand le hasard les réunissait à la cour des princes.

On conservait dans une des salles du château d'Ambras, à une lieue d'Inspruck, dans le Tyrol, une statuette en bois sculpté représentant un nain qui avait vécu à la cour de l'archiduc Ferdinand, et, près d'un des murs du

1. Né à Thornau en 1689 et mort en 1743. Il publia en 1720 un savant ouvrage intitulé : *Antiquitates selectæ septentrionales et Celticæ*, dans lequel il fait preuve d'une érudition archéologique supérieure à celle de son époque.

même château, on voyait la figure, également en bois, d'un géant, nommé *Aymon*, qui faisait partie des gardes de ce prince. D'après ce que raconte Keysler, le nain, voulant se venger des lourdes et incessantes railleries du géant qui le tournait en ridicule à cause de sa petite taille, pria le duc de laisser tomber un de ses gants quand il se mettrait à table et d'ordonner à Aymon de le lui ramasser; il se glissa alors sous le siège de son maître, et quand le pauvre géant se baissa pour prendre le gant, il lui appliqua sur la joue un violent soufflet, au grand amusement des assistants et à la grande honte du malheureux Aymon qui ne put dévorer cet affront et mourut de chagrin peu de temps après[1].

Ainsi que cela avait eu lieu pour les nains, on a prétendu que l'on pouvait développer la taille de certains individus et en faire des géants au moyen de procédés artificiels. Nous n'insisterions pas sur ce sujet si un des savants les plus distingués de notre époque, Isidore Geoffroy-Saint-Hilaire, dans son livre sur les *Anomalies*, n'avait reproduit d'après un auteur anglais l'observation suivante à laquelle sa grande autorité donnait la consécration du fait accompli. Voici ce qu'il rapporte :

« Le célèbre évêque Berkeley, au rapport de Watkinson (*Philosophical survey of Ireland-London* 1777, p. 187), voulut essayer s'il ne serait pas possible en élevant un jeune enfant suivant certains principes hygiéniques de le faire parvenir à une taille gigantesque et il tenta cette expérience aux dépens d'un pauvre enfant orphelin nommé Mac Grath. L'expérience réussit complètement —

1. D'après une autre version de ce même fait rapportée dans les *Aménités littéraires* (t. II, p. 326), le nain, qui avait menacé plusieurs fois le géant, à la grande hilarité de celui-ci, de lui donner un soufflet, le força à se baisser en lui dénouant, sans qu'il s'en aperçut, les cordons d'une de ses chaussures, et profita du moment où Aymon les rattachait sans défiance, pour mettre sa menace à exécution.

pour le philosophe — car le pauvre Mac Grath, accablé au sortir de l'enfance de toutes les infirmités de la vieillesse, mourut à vingt ans, victime d'un essai que l'intention louable qui l'a dicté ne saurait faire pardonner à son auteur. Il avait sept pieds à seize ans et parvint à sept pieds huit pouces anglais (2m,328). On ne sait rien de positif sur la méthode employée par Berkeley, qui mourut avant Mac Grath; on croit qu'il employa surtout une nourriture et des boissons mucilagineuses. »

Nous ne croyons pas que cette accusation si grave, portée contre un des savants les plus estimés de l'Angleterre au siècle dernier, ait été réfutée en France; elle méritait cependant de l'être, et voici quelle est la vérité au sujet de ce Mac Grath dont le squelette est conservé aujourd'hui au *Trinity College* de Dublin.

Cornelius Mac Grath naquit en 1736 dans un des plus pauvres cantons du comté de Tipperary : ses parents, fort malheureux, n'offraient rien de remarquable sous le rapport de la grandeur et leurs autres enfants — ils étaient nombreux[1] — étaient d'une taille très ordinaire. Au mois de juillet 1752, Cornelius, alors âgé de seize ans vint à Cork où sa présence excita la plus vive curiosité et où le peuple le suivait en foule quand il passait dans les rues; sa taille mesurait alors six pieds neuf pouces (2m,049, mesure anglaise). L'année précédente, il avait été pris dans tous les membres de violentes douleurs rhumatismales pour le traitement desquelles on lui avait ordonné des bains d'eau salée. Ces douleurs lui étaient survenues à la suite d'une croissance exagérée qui s'était produite dans le cours d'une seule année, puisque jusque-là il n'avait qu'un peu plus de cinq pieds de haut.

C'est alors que le docteur Berkeley, évêque de Cloyne,

1. Nous ferons remarquer à ce propos que les nains et les géants appartiennent généralement à des familles où les enfants sont en grand nombre.

aussi distingué par son amour pour la science qu'estimé pour sa bienfaisance, le recueillit chez lui par charité, en recommandant qu'on l'entourât de tous les soins que nécessitait son état jusqu'à ce qu'il eût recouvré l'usage de ses membres. Mac Grath avait toujours bu et mangé très modérément; sa principale boisson ne se composait que de cidre et encore n'en buvait-il qu'à ses repas.

Ces détails, et bien d'autres que nous passons sous silence, sont empruntés au *London Magazine* de juillet 1752 et au *London Daily Advertiser* du 4 août de la même année. Dans ce dernier journal, c'est un habitant de Cork qui écrit à la date du 24 juillet : « Il y a maintenant ici, un enfant de quinze ans et onze mois, de la taille la plus gigantesque puisqu'elle n'a pas moins de sept pieds neuf pouces trois quarts (ces mesures ne sont pas tout à fait exactes) ; il est d'apparence disgracieuse, pas intelligent et parle d'une manière tout à fait enfantine. Il est arrivé ici, venant de Youghal où il est resté presque un an à prendre des bains d'eau salée, à cause de douleurs rhumatismales qui le rendent entièrement impotent et que les médecins croient avoir été causées par cette croissance prodigieuse qui fait qu'en un an à peine il a atteint cette grandeur démesurée.... »

A Cork on lui persuada de se montrer comme phénomène et à cet effet il se rendit à Bristol et ensuite à Londres, où il arriva au commencement de l'année 1753 ainsi que le prouve l'annonce suivante que nous lisons dans le *Daily Advertiser* du 31 janvier : « Il est arrivé dans cette ville, venant d'Irlande, le jeune homme dont nous avons parlé dans ce journal il y a quelques mois, et que nous avons considéré alors comme une des plus extraordinaires productions de la nature. Il est patronné par la noblesse et la haute société (*gentry*) qui se donnent rendez-vous tous les jours pour le voir et, bien que ce ne soit qu'un enfant, sa taille gigantesque et stupéfiante en fait un spectacle unique dans le monde. Il a sept pieds trois pouces (2^m,408) de hauteur sans chaussures, et son poignet mesure le quart d'un yard et un pouce (0^m,255). Il surpasse de beaucoup le géant Cajanus, le Suédois, et c'est véritablement le plus bel homme et le mieux proportionné que l'on ait jamais vu. Il a eu seize ans le 10 mars dernier et l'on peut le voir tous les jours à l'enseigne du *Paon*, à Charing-Cross, de huit heures du matin à dix heures du soir. »

Il vint ensuite à Paris et visita successivement les principales villes d'Europe. A Florence, un médecin, J. Bianchi, naturaliste distingué, l'examina en 1757 et publia les résultats de son observation dans une petite brochure intitulée *Lettere sopra uno Giante*.

En mars 1760, Mac Grath revint dans son pays natal; il était à ce moment dans un triste état de santé et souffrait surtout d'accès de fièvres intermittentes dont il avait ressenti les premières atteintes pendant son séjour dans les Flandres. Son teint était alors affreusement pâle et jaune, son pouls rapide et ses jambes enflées. Il mourut le 20 mai 1760; après sa mort son corps fut disséqué au *Trinity College* à Dublin; il mesurait alors exactement sept pieds huit pouces (2^m, 528, mesure anglaise).

Nous ignorons quel motif particulier a poussé Watkinson à défigurer comme il l'a fait un récit aussi simple; mais il y a loin, ainsi qu'on l'a vu, entre l'acte de charité exercé par l'évêque Berkeley et celui si froidement cruel que lui a prêté Watkinson.

III

Géants célèbres, géants montrés au public, géants de foires.

Avec Goliath, dont l'existence réelle ne peut faire aucun doute, le plus ancien des géants que mentionne l'histoire est un des rois Égyptiens de la deuxième dynastie *Nower-Ka-Sokar*, le Sesochris des listes de Manéthon[1] Comme presque tous les princes de cette époque à moitié fabuleuse, il ne nous a guère laissé que son nom que M. Maspéro cite dans son *Histoire des peuples de l'Orient*[2] en y ajoutant cette particularité « qu'il passait pour un géant. »

Jusqu'à Pline, nous ne trouvons dans les auteurs anciens d'autres géants que ceux qui appartiennent au domaine de la mythologie ou aux grandes épopées homériques; quant à ceux que cite Pline, malgré la petite exagération évidente qu'il apporte dans l'appréciation de leur taille, il n'y a aucune raison pour douter de leur existence malgré les rapprochements subtiles que quelques auteurs ont voulu établir entre les noms qu'il donne du premier d'entre eux et ceux des géants de la Bible. « L'homme le plus grand qui ait été vu de notre temps, dit-il, sous le règne du divin Claude, s'appelait *Gabbara*; on l'avait

1. Manéthon était un prêtre égyptien du temps des Ptolémées, qui a laissé une liste chronologique, écrite en grec, des anciens rois d'Égypte.

2. Un vol. in-16. — Paris, Hachette et Cie.

amené d'Arabie ; il avait neuf pieds, neuf pouces (2^m, 871). Sous le divin Auguste ; il y en eut deux qui avaient un demi-pied de plus (3^m, 015) ; on en conservait les corps par curiosité dans le tombeau des jardins de Salluste. Ils se nommaient *Posion* et *Secundilla*. »

Nous pouvons citer, à propos du premier de ces géants mentionnés par Pline, un exemple de la facilité avec laquelle certains esprits, plus ingénieux que précis, peuvent tirer des inductions d'un mot ou d'un fait souvent insignifiant. Pline ayant rapporté que Gabbara avait vécu du temps de Claude, sous le règne duquel la partie méridionale de la Grande-Bretagne fut érigée en province romaine que l'empereur vint visiter en l'an 43, un savant anglais du dix-septième siècle, le Dr Plot, auquel on doit une histoire très sérieusement écrite cependant et pleine de détails souvent intéressants, du comté d'Oxford (*History of Oxfordshire*, 1676) affirme « qu'il est fortement poussé à croire que les ossements gigantesques trouvés de son temps en Cornouailles, sont ceux de ce Gabbara qui aurait accompagné Claude dans son voyage et qui serait mort pendant son séjour sur la terre étrangère où il aurait laissé ses os[1]. » Malheureusement il ne nous donne pas les raisons qui le poussent à avoir cette idée.

Après les géants cités par Pline, nous en trouvons un autre que l'historien Josèphe nous dit avoir fait partie des otages que le roi de Perse envoya à Rome après la conclusion de la paix : « c'était, dit-il, un Juif, nommé *Eléazar*, qui avait à peu près sept coudées de haut (environ 3 mètres). »

Mais le plus étonnant de tous les hommes d'une taille gigantesque dont l'histoire ancienne nous ait laissé le

1. « I am rather inclined to believe that Claudius brought this Gabbaras into Britain with him, who possibly might dye and lay his bones there.... »

souvenir est certainement l'empereur *Maximin Ier* (*C. Julius Verus Maximinus*), qui régna pendant trois ans (de 235 à 238 après J.-C.) et sur lequel Julius Capitolinus nous donne dans l'*Historia Augusta*[1] des détails tellement extraordinaires que nous hésiterions à les rapporter ici si leur authenticité, au moins pour la plupart d'entre eux, n'avait pas été confirmée par d'autres écrivains.

Fils de parents barbares, Maximin naquit dans un village des frontières de la Thrace en l'an 173 ; dans sa première jeunesse il fut berger et se distingua de bonne heure parmi ses compagnons, dont il était devenu le chef et dont il préservait les troupeaux contre les déprédations des brigands, par sa taille colossale, son courage et sa mâle tournure. « Il était, dit Capitolin, de mœurs sauvages, farouche, arrogant, souvent juste toutefois. » Aux jeux que Septime Sévère donna à ses soldats à l'occasion de la naissance de son fils, le jeune pâtre thrace demanda à se mesurer avec les plus vigoureux lutteurs et en vainquit seize sans reprendre haleine. Cet exploit le fit remarquer par l'empereur qui lui donna une place dans l'armée et bientôt après l'admit au nombre des gardes

1. L'*Historia Augusta* est un recueil de trente quatre biographies (*vitæ*) d'empereurs romains (de 119 à 284 après J. C.) dont une grande partie est due à Capitolin ou Capitolinus, historien qui vivait vers la fin du troisième ou le commencement du quatrième siècle et sur la vie duquel on ne sait absolument rien de précis. Quoique écrite avec une très grande négligence de style et un manque absolu de méthode, l'*Historia Augusta* contient des détails extrêmement curieux, que l'on chercherait vainement ailleurs et qui caractérisent tout à la fois les hommes et les mœurs de leur temps. C'est ainsi qu'elle rapporte qu'Antonin le Pieux, qui était très grand, presque un géant (et c'est à cause de cette particularité que nous mentionnons ce fait), voyant sa taille se voûter à mesure qu'il vieillissait, avait eu l'idée de se garnir la poitrine d'une sorte de corset en tablettes de tilleul afin de pouvoir se tenir debout en marchant (*tiliaceis tabulis in pectore positis fasciabatur, ut rectus incederet*); d'où il résulte que le corset a été inventé par un des plus graves empereurs romains. L'*Historia Augusta* est rempli de détails semblables.

spécialement attachés à sa personne. Il conserva également la faveur de Caracalla, qui l'éleva au grade de centurion. Dans cette première partie de sa vie, il s'acquit l'estime de ses camarades et celle de ses chefs par sa vaillance et son exactitude à remplir ses devoirs militaires. Sa haute taille, sa force, la grandeur de ses yeux et la blancheur de sa peau, ce trait caractéristique des guerriers scandinaves, l'avaient fait surnommer par ses compagnons Milon, Hercule, Antée, etc. « Il était si démesurément haut, dit Capitolin, qu'il passait d'un doigt la taille de huit pieds; il avait le pouce d'une telle grosseur qu'il se faisait un anneau d'un bracelet de sa femme. Ce sont d'ailleurs des traditions vulgaires qu'il arrêtait un char avec la main, qu'à lui seul il mettait en mouvement une voiture chargée, que d'un coup de poing il fracassait la mâchoire d'un cheval et lui cassait la jambe d'un coup de pied. C'est un fait certain qu'il vida plus d'une fois en un jour une amphore capitoline[1], qu'il mangea souvent quarante livres de viande et même, suivant Cordus, soixante, et qu'il transpirait tellement qu'il recueillait dans une coupe jusqu'à trois setiers de sueur par jour, qu'il montrait à ses amis. »

Après la mort de Caracalla il quitta l'armée, ne voulant pas servir sous les ordres du meurtrier du fils de son empereur, et se retira dans son pays natal où il acheta des propriétés assez considérables.

Il ne reprit de service qu'après la mort d'Héliogabale, sous Alexandre Sévère qui le nomma tribun et le chargea de réprimer les soulèvements de plusieurs tribus germaines; c'est alors que, poussé par l'ambition et enorgueilli autant par ses succès que par l'influence qu'il exerçait sur l'esprit de ses soldats, il fomenta une ré-

1. L'*Amphore Capitoline* ou *Amphore légale* était appelée ainsi parce que c'était au Capitole qu'étaient déposés les étalons de tous les poids et mesures en usage dans tout l'empire. Elle contenait une mesure de $25^{l},895$.

volte dont le résultat fut l'assassinat de Sévère après a mort duquel il se fit nommer empereur.

Nous n'avons pas à retracer ici l'histoire des trois années du règne de Maximin qui se rendit bientôt odieux à l'armée par ses exactions, ses violences et ses cruautés. Il fit périr près de quatre mille personnes à propos d'un complot qui n'eut pas même un commencement d'exécution, et bientôt aux anciens surnoms qu'ils lui avaient donnés, ses soldats substituèrent les noms les plus exécrés que leur fournirent la mythologie et l'histoire : c'est ainsi qu'ils l'appelèrent successivement *Cyclope*, *Phalaris*[1], *Sciron*[2], *Typhon*[3], etc. Lui-même, du reste, disait que « le pouvoir ne peut se conserver que par la cruauté (*erat enim ei persuasum nisi crudelitate imperium non teneri*). » Il fut assassiné par ses soldats devant Aquilée qu'il assiégeait, vers la fin du mois de mars de l'année 238, laissant à l'histoire le souvenir d'un des plus vaillants soldats qui défendirent l'empire romain et, malheureusement aussi, d'un des plus cruels tyrans qui l'opprimèrent.

Nous rangerons également parmi les géants, un autre empereur romain, *Jovien*, bien que nous ne possédions pas sur sa taille des détails aussi explicites que sur celle de Maximin et que nous ne puissions nous appuyer que sur le seul témoignage d'Ammien Marcellin.

Jovien (*Jovianus Flavius Claudius*), né à Singidunum, dans la Haute-Mésie, en l'année 331, suivit l'empereur Julien dans son expédition contre les Perses; lorsque

1. Tyran d'Agrigente; il régna de 570 à 564 et périt dans une émeute soudaine du peuple irrité; rien n'est plus connu sur son compte que le taureau d'airain dans lequel il faisait brûler vivantes les victimes de sa cruauté.

2. Fameux brigand de l'Attique, tué par Thésée.

3. Monstre du monde primitif que l'on représente quelquefois comme un ouragan destructeur ou comme un géant vomissant des flammes.

celui-ci fut tué, le 26 juin 363, les soldats, ayant besoin d'un chef, procédèrent aussitôt à l'élection d'un empereur et choisirent Jovien. Ammien-Marcellin, qui servait dans les gardes de l'empereur et qui nous a laissé une histoire de l'empire romain embrassant une période de vingt-cinq ans (de 253 à 278), assistait à l'élection, et trace de Jovien le portrait suivant (XXV, 5-10) : «.... Il avait le regard agréable, le visage gai, la démarche noble, le corps robuste et sa taille était si haute que, parmi les ornements impériaux on en trouva difficilement qui pussent lui convenir. » Plus loin, il ajoute que c'était un homme inhabile et mou, ce qui confirme l'opinion généralement admise par les physiologistes sur les géants, opinion que nous avons rapportée dans le chapitre précédent.

Si nous nous en rapportions à ce que raconte Aventin (de son vrai nom Jean Tourmayer) dans ses *Annales de Bavière* (1554), recueil malheureusement trop rempli de fables, il y aurait eu dans l'armée de Charlemagne, un géant d'une force et d'une grandeur extraordinaires. Voici comment Ph. Camerarius, dans ses *Méditations historiques*, traduit le passage auquel nous faisons allusion. « Or de tous ceux qui ont esté nommez, nul ne peut estre parangonné au géant *Œnother*, natif de Turgaw, village de Souabe, lequel porta les armes au camp de Charlemagne. Il abatoit les hommes comme s'il eust fauché du foin, et quelques fois en portoit bon nombre embrochez de sa picque, et tous, sur son épaule, comme on porterait des oiseaux enfilés au bout d'un baston : ce dit Aventin en l'histoire de Bavière. Ie scay bien que quelques uns estiment que Roland, fils de Berte sœur de Charlemagne (duquel l'armée ayant été desfaite des Sarrasins, par la déloyauté des Gascons, il mourut de travail et de soif), estoit un géant[1] : ce qu'ils purent pouvoir prouver par

1. « Toutefois, ajoute Camerarius, i'ai maintes fois ouï dire à gens dignes de foy, que le Roy François Ier, curieux de savoir si ce que

les statues armées de desmesurée grandeur, qui se voyent es places de plusieurs villes de Saxe, pour marque de liberté, et encore aujourd'hui sont nommées *Rolands*.... » Ce qui est certain c'est que le peuple, au moyen âge, avait conservé, plus qu'à aucune autre époque, le souvenir des légendes qui se rapportaient aux géants. Nos vieilles *chansons de gestes* et les romans de chevalerie sont remplis de géants qui tantôt représentent la force brutale et sans intelligence au service d'une bonne cause, tantôt se font les champions des armées païennes et, comme autrefois Goliath, sont vaincus et tués par de nouveaux Davids, Garin, Guillaume au *Court-nez*, etc. Tels sont les géants *Robastu*, *Renouart*, *Narquillus*, qui marche à la tête des Sarrasins, *Corsolt* et tant d'autres dont les exploits merveilleux ou les défaites honteuses divertissaient les naïfs auditeurs des trouvères et des ménestrels[1].

C'est également aux géants — et quelquefois aussi aux fées et même aux nains, — que le peuple attribua l'érection de ces monuments informes que l'on rencontre à chaque pas sur le vieux sol gaulois et dont la destination lui était inconnue, ou de ces pierres gigantesques dont le culte était aboli depuis longtemps et dont il ne comprenait plus le sens symbolique. Le fameux *Gargantua*[2], im-

l'on publioit de Roland estoit véritable, fit ouvrir le sépulchre d'icelui, où l'on trouva ses os et son arc pourris : mais son harnois complet quoy qu'enrouillé, encore entier. Que le Roy vestit icelles armes, lesquelles lui venoyent si bien, qu'il apparoissoit assez que Roland n'avoit pas été plus grand que le Roy François, lequel quoy que de belle taille, n'estoit toutesfois guère plus grand que les hommes de moyenne stature. »

1. Cf. Léon Gautier, *Les Épopées françaises* (*passim*).

2. Rabelais n'est point l'inventeur du personnage mythologique de Gargantua. La tradition de ses exploits était répandue particulièrement en Touraine, en Anjou, en Poitou, en Normandie et dans le duché de Retz bien avant qu'il ne songeât à faire de ce héros gigantesque le prototype de son roman.

mortalisé par Rabelais, a surtout eu le privilège d'établir son patronage sur les pierres druidiques et principalement sur les pierres naturelles ou roches dont la forme singulière justifiait les commentaires les plus hardis et les légendes les plus merveilleuses. Il n'est pas rare de rencontrer des *tombeaux de Gargantua*, des *pierres de Gargantua* (entre autres le *menhir* de Cromesnil, dans l'Orne et celui de Neaufles, dans l'Eure[1]), des *palets de Gargantua*, des *chaises ou fauteuils*[2] *de Gargantua*, des *pierres gantes* (pierres du géant), des *monts Gargan*, etc. Une charte du onzième siècle, citée par de Caumont dans son *Cours d'antiquités monumentales* (t. Ier, p. 113), désigne une roche très élevée qui se trouve aux environs de Rouen, sur les bords de la Seine, sous le nom de *Curia gigantis* (chaise du géant).

Enfin, c'est à cette croyance qu'il faut rapporter la présence, dans le cortège des fêtes populaires célébrées autrefois, dans les Flandres et dans la plupart des villes du Nord[3], de ces mannequins gigantesques dont le fameux *Gaïant*, de Douai, était le plus célèbre[4].

1. Ce dernier était nommé *pierre à affiler* de *Guergintua* parce que le géant s'en servait, dit-on, pour repasser sa faux (*Cf.* Aug. Leprévost, *Notice archéologique sur le dép. de l'Eure.*)

2. Que l'on montre au voyageur entre la ville de Baume-les-Dames et le village d'Hyère, dans la vallée du Doubs.)

3. Cette coutume avait lieu également en Italie et en Espagne. Ainsi, à Padoue, la procession de Saint-Antoine était précédée par de grands mannequins d'osier dans l'intérieur desquels étaient cachés des hommes qui les faisaient mouvoir.

4. Jusqu'en 1743, les habitants de la rue aux Ours, à Paris, promenaient solennellement dans Paris tous les ans, le 3 juillet, un mannequin de six mètres de haut, tenant un poignard à la main, et le brûlaient ensuite. Ce *géant de la rue aux Ours*, ainsi qu'on le nommait, était destiné à rappeler le sacrilège commis le 3 juillet 1418 par un soldat suisse qui, plein de fureur après avoir perdu son argent au jeu, frappa d'un coup de couteau une statue de la vierge placée à l'angle de la rue Salle-au-Comte et de la rue aux Ours. — (Cf. Alf. de Nore, *Coutumes et traditions des provinces de France.*)

Il existait également autrefois, dans les églises et même dans les rues ou sur les places publiques, des statues colossales de Saint-Christophe, portant le Christ enfant sur son épaule, statues qui, dit-on, préservaient de tout accident pour la journée ceux qui les apercevaient le matin. Saint Christophe, du reste, passait pour un géant. « La légende et vie des saints, dit Louis Guyon, rapporte que saint Christophe estoit un personnage de très grande corpulence et qu'il n'y avoit homme de son temps qu'il n'excédast de beaucoup en hauteur et qu'il tenoit de la nature de géans, selon une sienne dent qu'on dit estre en l'église de Coria, et une partie d'une mâchoire qui est en l'église d'Astorgue, en Espagne, qu'on tient pour une précieuse relique.

« Selon ce que rapportent plusieurs pèlerins françois et autres qui fréquentent l'Espagne, il pouvoit estre aussi grand qu'une tour. Et pour ce que la dent est aussi grosse que le poing serré d'un puissant homme, en proportionnant le tout à icelle ou à la partie de la mâchoire, il est si grand que ceux qui le considèrent en sont esmerveillez[1]. »

C'est seulement à partir du seizième siècle que nous trouvons dans les historiens et surtout dans les polygraphes qui abondent à cette époque, des mentions de géants ayant réellement existé, mais ce qu'ils en disent se borne le plus souvent à une simple constatation de leur haute taille ou de leur formidable appétit. Les géants, en effet, n'étaient pas recherchés dans les cours à l'égal des nains, soit parce que leur étant inférieurs sous le rapport de l'intelligence, ils inspiraient moins d'intérêt et de curiosité, soit parce que les princes n'aimaient pas à se voir surpassés, même au physique, par des géants.

Parmi ces derniers, nous citerons ceux dont parle Simon Goulart, le Senlisien, dans son curieux livre :

Louis Guyon, *ouvr. cité*.

« L'an 1511, l'empereur Maximilien Ier estant à Augsbourg, en une iournée des Estats, on lui présenta vn homme de desmesurée grandeur et grosseur, lequel mangeoit en peu de morceaux et sans s'arrester, vne brebis ou vn veau, sans se soucier que la chair en fust cuite, disant que cela ne faisoit que lui aiguiser l'appétit. » A la même époque, « Joachim II, de ce nom, Electeur de Brandebourg, auoit vn païsan en sa cour nommé le *petit Michel* par antiphrase, car il auoit près de huit pieds de haut : qui est vne grande stature d'homme de nostre temps, mais médiocre et petite à comparaison des grandes de iadis.... » Il cite également un géant dont il est question dans un des premiers ouvrages qui aient été écrits sur cette matière : *Di gigantibus corumque reliquiis*, etc, par Joan Cassanione (1587). « Il y a eu de nostre temps, en Bordelois, vn homme de grandeur ou hauteur desmesurée, à raison de laquelle il estoit surnommé le *Géant de Bordeaux*. Le roy François, estonné de voir un si long corps, ordonna qu'il fust du nombre de ses gardes. C'estoit un païsan de grosse paste, au moyen de quoi ne pouvant s'accomoder à la vie de cour, au bout de quelques iours quitta la hallebarde et s'en retourna en son village. Vn personnage honorable, qui le vid archer de la garde m'a affermé qu'il estoit de telle hauteur qu'vn autre homme de stature ordinaire pouvoit passer tout droit et debout entre les iambes esquarquillées d'icelui. »

A cette époque, comme à présent, les géants se faisaient voir comme phénomènes et savaient tirer profit de la haute taille dont la nature les avait gratifiés. « L'an mil cinq cent septante-vn, dit le même auteur, fut à Paris un Géant, après lequel chacun couroit pour le voir. Il se tenait à *requoy* en vne hostellerie, et nul n'en avoit la veuë qu'en payant. Entrant dedans la chambre où il estoit enfermé, l'on voyait avec estonnement vn homme d'énorme hauteur assis en vne chaise. Mais l'estonnement redoubloit à tous, lorsqu'ils le voyoient se levant de sa chaise. Car lors il touchait de la tête le planché de la chambre, lequel estoit fort haut, à la coustume de la plupart des maisons françoises. On le disoit estre Polonnois ou Transsylvain. Ce géant avoit vne femme d'ample corsage et fort grasse, mais de petite taille à comparaison de lui, de laquelle leur estoit né vn fils lors ieune et qui avoit l'aparence de devoir estre vn jour à peu près aussi grand que son père. »

Goulart mentionne encore pour l'avoir vue « une jeune fille gigantale, qu'on menoit de ville en ville, pour la monstrer comme chose prodigieuse et pour laquelle voir grands et petits contribuoyent voulontiers leur pièce, de quoy sa mère qui la conduisoit et elle estoyent entretenues. Elle estoit dans vne chambre de loüage à part et s'y faisoit voir avec estonnement. Y estant allé, i'ay appris des responses d'elle et de sa mère aussi, qui estoit femme de moyenne taille, que le père de la fille n'estoit pas grand; qu'en tout leur parentage il n'y avoit aucun ni aucune qui surpassast en hauteur les aultres personnes : que la fille, iusques en l'aage de douze ans avoi' esté petite : mais qu'ayant en même temps esté saisie d'une fièvre quarte qui l'avoit tenue quelques mois, venant à la quitter elle commença lors à croistre, tous les membres correspondant par esgale proportion à ceste hauteur, tellement que quand ie la vis, elle avoit environ vingt-cinq ans, et ne remarquay en elle depuys la teste jusques à la plante des pieds disproportion quelconque en pas vn de ses membres : mais vne mesure continuë et convenable en chacun d'iceux.... Elle se portoit fort bien, vn peu laide de visage, noire, d'esprit simple et grossier et tout le corps pesant.... Au regard des causes naturelles de ceste grandeur extraordinaire par le moyen de la fièvre quarte, nous en laissons la décision aux médecins et n'en disputons avec eux : mais en vn mot, si vne personne de l'aage de douze ou vingt ans vient à prendre roissance par la maladie, ellement qu'en proportion de corps elle devienne deux fois aussi haute que les autres, il faut confesser qu'vn tel effort de nature est extraordinaire et admirable. »

Il cite enfin d'après « Marcel Douat, docte médecin, qui traite amplement des causes de cette hauteur gigantale, selon que sa profession le requiert » un jeune homme que ce savant avait vu « à l'hospital de Milan après la victoire que le roy Louis Douzième obtint en la iournée de Lodi. Ce jeune homme estoit si grand qu'il ne pouvoit se tenir debout, n'ayant sceu obtenir assez de na ture pour l'espaisseur de son corps et la proportion de ses forces. Pourtant estoit-il couché sur deux licts joincts en long l'un à l'autre, lesquels il emplissoit de sa longueur. »

De son côté, Louis Guyon parle de deux géants, dont un avait dix pieds, taille qui nous paraît tellement exagérée que, bien qu'il affirme l'avoir vu, nous nous permettrons de douter de l'exactitude de son appréciation. « Nous en avons veu un, dit-il, qui passoit par la France, lequel estoit Provençal, l'an 1576, qui avoit la hauteur de dix pieds. Le pape Jule, qui présidoit environ l'an 1554, fit venir à Rome vn homme Calabrois, qui peut estre encore vivant, lequel estoit si grand qu'il passoit en grandeur de beaucoup les plus hauts hommes de son temps et estoit chose merveilleuse de voir ce qu'il beuvoit et mangeoit. »

A la même époque, nous pouvons citer, d'après les mêmes auteurs, « un des archers du feu roy de Navarre, un Béarnois de si haute taille qu'il esgaloit son maître estant monté sur un grand cheval, tellement qu'il surpassoit en stature, depuis les épaules en sus, les plus grands qui fussent en tout le pays. C'estoit un beau personnage dispos et alaigre. »

L'Angleterre avait également ses géants légendaires dans lesquels on retrouve le souvenir de personnages ayant réellement existé, mais dont la haute taille et les exploits ont été exagérés et grossis dans les chroniques, les chansons ou les contes populaires. Tel est *Guy, comte de Warwick*, qui vivait au dixième siècle et dont il est question dans les légendes ainsi que dans un grand nombre d'auteurs anglais, dans Shakespeare entre autres[1]. Ce Guy, revenant de la terre sainte, se présenta vêtu de ses habits de pèlerin au roi Athelstan, au moment où le pauvre prince attendait avec la plus vive anxiété un champion qui consentît à se mesurer contre Colbrand, le monstrueux géant danois. Guy, qui était doué d'une taille et d'une force colossales, accepta le combat et il est presque inutile de dire qu'il en sortit vainqueur[2].

Nous mentionnerons encore un autre personnage, une géante, très populaire en Angleterre, mais dont l'existence a donné lieu à un certain nombre d'hypothèses. Nous voulons parler de la *Long Meg*, littéralement *Longue Margot* (abréviation de Marguerite), nommée aussi *Long Meg of Westminster*. Il existe une rarissime plaquette intitulée *The Life of Long Meg of Westminster* (*la vie de la Longue Margot de Westminster*), publiée en 1635 sans nom d'auteur et dans laquelle sont relatés les hauts faits « d'une jeune fille née sous le règne de Henri VIII et nommée à cause de sa taille excentrique la *Longue Meg*. On y raconte comment Meg quitta son village pour venir à Londres, comment en route elle rossa un voiturier, la façon dont elle en usa avec le vicaire et le bailli de Westminster, son combat comique contre un chevalier espagnol, sa victoire sur des voleurs, sa lutte contre un Français à Boulogne, comment elle

1. « Je ne suis pas un Samson, ni un sir Guy, ni un Colbrand pour les abattre tous devant moi ! » (*Henry VIII*, sc. XXIII.)

« Le fils du vieux sir Robert ! Ce nouveau géant Colbrand ! cet homme si vigoureux ! (*Le roi Jean*, sc. I.)

2. Dans le douzième chant du *Polyolbion*, de Drayton, se trouve une longue description de ce combat qui eut lieu en présence du roi Athelstan (925-940).

se battit avec des bateliers de Lambeth et trouva un mari, etc., etc. »

Dès la fin du seizième siècle, une chanson populaire célébrait les exploits de cette terrible virago et il était passé en proverbe de dire : *Longue comme Meg la Longue*, en parlant d'une personne « grande et mal bâtie ». Ben Jonson l'avait mise en scène dans son divertissement des *Iles fortunées*, représentée en 1624 devant la cour, et disait d'elle :

« Ou Meg de Westminster
Avec ses longues jambes,
Longues comme celles d'une grue;
Ses pieds comme des rabots,
Avec une paire d'éperons
Aussi larges que des roues[1].

Fuller, qui dans ses *Worthies* (1651) cite le proverbe que nous avons donné plus haut, prétend que Meg n'a jamais existé et que toute la légende se rapporte à une longue pièce de canon, aujourd'hui à la *Tour de Londres*, et qui, pendant les troubles qui ensanglantèrent la Grande-Bretagne à la fin du seizième siècle et au commencement du dix-septième, aurait été chargée de défendre le Parlement à Westminster. Cette hypothèse n'a pas été admise par tous les auteurs, et beaucoup ont pensé, peut-être avec raison, que ce nom n'avait été donné à la pièce de canon qu'en souvenir de la géante qui avait vécu dans la première moitié du seizième siècle et dont le souvenir était encore vivant parmi le peuple anglais. Nous n'avons pas à nous prononcer à cet égard, mais nous ferons observer en faveur de l'opinion émise par Fuller que l'on peut voir aujourd'hui encore, sur une petite place de Gand, une grande pièce de canon datant du seizième siècle et que le peuple appelle *Marguerite* (ou *Margot*) *l'enragée*.

1. « *Or Westminster Meg.*
With her long leg... etc.

Un géant qui nous paraît moins légendaire, mais sur lequel nous ne savons rien de précis, est celui qui portait la gigantesque armure, l'épée et la lance que l'on voit à la Tour de Londres. Bien qu'elle offre tous les caractères d'un travail du commencement du seizième siècle, la tradition attribue cette armure à *Jean de Gaunt*, duc de Lancastre, qui vivait au quatorzième siècle,

Nous ne croyons pas utile de citer toutes les légendes — et elles sont nombreuses — qui se rapportent aux autres géants anglais et qui ont trouvé une forme, pour ainsi dire vivante, dans les deux statues colossales de *Gog* et de *Magog* qui, depuis le seizième siècle, ornent les angles de la grande salle du *Guildhall*, à Londres.

Les souverains anglais auprès desquels, ainsi que nous l'avons vu, les nains étaient en si grande faveur, recherchaient également les géants, mais c'était pour leur donner la place de portier dans leur palais. Tel était celui dont on voit le portrait dans la chambre des gardes à *Hampton-Court* et que Zucchero a peint vêtu à l'espagnole. C'était, dit le catalogue, un Hollandais dont la taille mesurait sept pieds six pouces ($2^{m},278$, mesure anglaise).

Nous citerons encore *Walter Parsons*, le portier de Jacques Ier. Fuller, dans ses *Worthies*, nous apprend qu'il était né dans le *Staffordshire* et qu'il avait commencé par apprendre le métier de forgeron, mais qu'il devint si grand que l'on avait été obligé de creuser un trou à l'endroit où il travaillait afin qu'il fût à la hauteur de ses compagnons d'atelier. Il était bien proportionné et, si nous en croyons Fuller, « sa force égalait sa hauteur, son courage était en rapport avec sa force et la douceur de son caractère aussi grande que son courage. » Il avait sept pieds sept pouces de haut ($2^{m},303$) suivant certains auteurs et sept pieds deux pouces ($2^{m},178$) suivant d'autres. Son portrait a été gravé en 1636, plus de dix ans après sa mort, par G. Glover.

Il continua ses fonctions de portier sous Charles Ier et eut pour successeur dans sa charge *Guillaume Evans*, né dans le comté de Montmouth, et dont nous avons déjà parlé à propos de Jeffery Hudson. Evans avait deux pouces de plus que Parsons, mais il était loin de l'égaler en vigueur.

Cromwell eut également pour portier un géant nommé *Daniel* qui avait sept pieds et demi de haut, mais dont le cerveau fut troublé par les événements de l'époque à laquelle il vivait et surtout par la lecture des livres de fausse philosophie religieuse et de mysticisme exagéré qui inondèrent alors l'Angleterre. Il devint tellement exalté qu'il prêchait en public avec une ardeur enthousiaste; on prétend même qu'il s'attribuait le don de prédire l'avenir et qu'il annonça plusieurs événements importants, entre autres le grand incendie qui détruisit une partie de la Cité. On fut obligé de l'enfermer à Bedlam, mais par une singulière faiblesse, on laissa à sa disposition les livres qui lui avaient tourné la tête, ce qui ne contribua pas peu à l'empêcher de se guérir.

A la même époque, nous trouvons un autre géant qui eut une certaine célébrité. Il se nommait *Antoine Payne* et était fils d'un fermier de sir Beville Granville de Stowe, dans le comté de Cornouailles. De bonne heure, Antoine Payne se fit remarquer par sa haute taille et sa force prodigieuse; il était tellement large que l'on raconte que son maître d'école s'amusait souvent à se servir de son dos comme d'un tableau sur lequel il écrivait à la craie les exemples qu'il donnait aux autres élèves. Il était d'une vigueur et d'une adresse peu communes à tous les jeux et, ce qui n'est pas moins extraordinaire, son intelligence et son esprit se développèrent en même temps que son corps. Il prenait un grand plaisir à choisir deux de ses plus robustes camarades qu'il appelait « ses petits chats » et en emportant un sur chaque bras, à gravir une falaise voisine afin de « leur faire voir le monde, » suivant son expression. Son souvenir s'est conservé dans le pays et aujourd'hui encore, les enfants de la Cornouailles quand ils veulent donner l'idée d'une chose de grande dimension, disent : « C'est grand comme le pied de Tony Payne. »

A l'âge de vingt-et-un ans il entra au service de sir Beville qui lui donna la direction de ses chasses; il avait alors sept pieds quatre pouces ($2^{m},228$). Parmi les exemples plus ou moins dignes de foi que l'on donne de sa force prodigieuse, nous n'en citerons qu'un. Un soir de Noël on avait envoyé un jeune garçon chercher, avec un âne, une provision de bois; comme il tardait à revenir, Payne se mit à sa recherche et, l'ayant rencontré qui s'amusait en route, il prit sur ses épaules l'âne et sa charge de bois et rentra promptement à la maison.

Dès le commencement de la révolution, sir Beville rassembla une petite troupe et prit parti pour le roi contre le parlement. Antoine se constitua le *garde du corps* de son maître et montra dans toutes les circonstances un courage et une bonne humeur qui ne se démentirent jamais. Après quelques rencontres dans lesquelles la petite troupe eut le dessus, elle rejoignit l'armée royale et prit part à la bataille de Lantdown où sir Beville fut tué. Payne, qui n'avait cessé de combattre à ses côtés, voyant le découragement s'emparer des soldats privés de leur chef, fit monter sur le cheval de son père le jeune fils de sir Beville, alors âgé de seize ans, et, se mettant près de lui, ramena la troupe au milieu de la bataille. On conserve encore à Stowe la lettre qu'il écrivit à Lady Beville après la bataille, lettre par laquelle il exprime dans un langage assez élevé les regrets et la douleur que lui causa la mort de son maître.

A la Restauration, le jeune sir Beville fut nommé par Charles II gouverneur de Plymouth, et Payne eut alors un grade dans l'artillerie. Le roi, qui l'avait en grande estime, fit peindre de lui, par Kneller, un portrait qui après être resté pendant longtemps dans la grande galerie du château de Stowe, devint la propriété de l'historien Gilbert, qui le fit graver en tête du second volume de son *Histoire du comte de Cornouailles.*

Payne conserva aux Stuarts une fidélité qui ne se démentit jamais. On raconte qu'un sous-officier de son régiment, le jour de l'anniversaire de la mort de Charles Ier, fit servir à table une tête de veau en commandant qu'on la mît dans un de ces plats en faïence, si communs alors, et sur lequel étaient peints les portraits de Guillaume III et de Marie. Quand Payne entra dans la salle et qu'il se fut rendu compte de l'allusion grossière qu'avait voulu faire son camarade, il prit le plat et son contenu et jeta le tout par la fenêtre. Il s'ensuivit un duel dans lequel après un court engagement Payne blessa légèrement son adversaire en disant gaiement : « Maintenant voici la sauce pour la tête de veau. »

Quand il devint vieux, il quitta le service et se retira dans son pays natal où il mourut quelques années après; il fut enterré dans un caveau de l'église de Stratton.

Si la vie de Payne, ainsi que nous venons de le voir, offre des particularités relativement intéressantes; il n'en est pas de même de celle des nombreux géants que nous trouvons mentionnés après lui; à quelques exceptions près, ce sont des phénomènes plus ou moins grands et montrés avec plus ou moins de luxe dans la mise en scène, ou d'intelligence et surtout d'audace dans les *réclames* qui les annoncent au public. Nous ne croyons pas utile de citer ici tous ceux dont nous avons trouvé les traces, cette longue énumération ne pouvant avoir que la sécheresse d'un catalogue ; aussi nous bornerons-nous à parler seulement de ceux auxquel leur grandeur ou un détail particulier donne un intérêt quelconque.

On montrait à Londres, en 1664, un géant qui était annoncé sur une sorte de prospectus ou avis, portant en tête son portrait et celui de sa femme avec la légende : « Véritable portrait du *géant allemand* que l'on voit maintenant au *Cygne*, près Charing-Cross, dont la stature est de neuf pieds et demi de haut (2^m,888, mesure anglaise). Il va de ville en ville accompagné de son épouse qui est d'une taille ordinaire et qui reçoit l'argent que l'on donne pour voir son mari. »

Parmi les soldats de l'armée turque, qui assiégea Vienne en 1683, se trouvait un géant dont la haute taille attirait tous les regards; blessé dans une sortie et fait prisonnier, il fut recueilli dans un couvent de Franciscains de la ville, soigné avec la plus vive sollicitude et converti au christianisme. Le comte Hunyadi, qui le vit pendant sa convalescence, le prit à son service comme heiduque et en fit ensuite le portier de son palais de Vienne.

Au commencement du dix-septième siècle nous trouvons à des distances assez rapprochées l'une de l'autre deux géants, tous les deux *fils de rois*, et qui étaient annoncés au public londonnien avec un luxe inouï de détails fantaisistes.

Le premier, que l'on montrait dans *Fleet Street*, était le *Prince Giolo, fils du roi de Moangis* ou *Giolo*; on l'appelait également le *Prince peint* à cause des dessins finement exécutés dont tout son corps, à l'exception de la figure, des pieds et des mains, était tatoué. On rapporte même qu'il portait sur son large dos la carte des États de son auguste père et des pays environnants, en tout un quart de l'univers entier. Il était « âgé de trente ans, très bien fait, élégant et bien proportionné, gracieux, extrêmement modeste et poli, quoique ne parlant pas anglais. » Il se rendait en voiture au domicile des personnes qui lui faisaient l'honneur de demander sa visite et on pouvait acheter à sa demeure son portrait gravé par Savage.

Ce fils du roi de Moangis pourrait bien être le même que « le *Prince Indien*, surnommé le *Grand Noir* », exhibé un peu plus tard au *Lion d'or* dans Smithfield, moyennant deux pences (20 centimes) ; suivant l'avis distribué au public, « ce malheureux prince indien avait été traîtreusement livré à un pirate anglais, traité avec la plus grande barbarie par le capitaine Waters et les hommes de son équipage et mis aux fers. On l'avait conduit à la Jamaïque où il avait été vendu comme esclave et racheté quelque temps après par un négociant de Londres qui l'avait ramené avec lui en le traitant suivant son rang. Mais à la suite de circonstances malheureuses, il était obligé de se montrer en public dans son costume de prince indien, et, du reste, on n'avait jamais vu son semblable en Angleterre, etc.... »

Nous citerons encore un autre géant nègre surnommé, lui aussi, le *Prince Noir* et qui, en 1686, faisait partie de la domesticité de la famille Clifton; il avait été converti au christianisme et s'appelait Joseph. Une inscription, accompagnant une *marque*, qui se voyait sous le porche de l'église de Clifton, près Nottingham, constate qu'il avait sept pieds de haut.

Un des plus beaux géants qui aient jamais été vus en public est certainement *Maximilien Christophe Miller*, dit le *Géant allemand*. Dès son enfance, il se faisait remarquer par sa haute taille et sa force, et aussitôt qu'il eut atteint à peu près toute sa croissance on le montra comme curiosité, d'abord dans son pays natal et, ensuite, dans toutes les principales villes d'Europe. On conserve au *British Museum* l'avis suivant qui annonce son arrivée à Londres.

G. R[1].

« Ceci est pour donner avis à tous les gentlemen, ladies, et autres, qu'il vient d'arriver de France et que l'on peut voir au *Grand Verre*, près Charing-Cross, un géant né en Saxe, qui a plus de huit pieds de haut et qui

1. *Georgius Rex.* — Georges II (1727-1760).

est en tous points bien proportionné; son semblable n'a pas été vu en aucune partie de l'univers depuis de bien longues années. Il a eu l'honneur de se faire voir à la

Fig. 36. — *Maximilien-Christophe Miller*, d'après une eau-forte du temps.

plupart des souverains de l'Europe, et, particulièrement au défunt roi de France (Louis XIV), qui lui fit présent d'un magnifique cimeterre et d'une massue d'argent.... »

Un autre avis rédigé à peu près dans les mêmes termes, mais annonçant qu'il est visible à l'*Éventail*, près *Temple Bar*, contient le *nota bene* suivant : « On peut le voir de dix heures du matin à huit heures du soir sans interruption ; mais son séjour sera de très courte durée, car il doit partir incessamment pour la Hollande. »

Miller se montrait vêtu d'un costume hongrois, armé du « magnifique cimeterre » et tenant à la main la massue d'argent que lui avait donnée Louis XIV. C'est ainsi que l'a représenté Boitard dans la gravure que reproduit la figure 33[1]. Hogarth l'a peint également dans sa « Foire de Southwark ».

Miller, qui avait exactement sept pieds huit pouces de haut (2m,328) et dont la main avait, dit-on, douze pouces de longueur (0m,300), mourut à Londres en 1734, âgé de soixante ans. C'est un des rares géants qui aient atteint un âge aussi avancé.

Les hommes de taille gigantesque qui avaient tant de succès en Angleterre, étaient encore plus estimés et surtout plus recherchés en Allemagne, où les souverains en faisaient des soldats. Joachim, électeur de Brandebourg, mort en 1571, avait dans sa petite armée un soldat nommé *Michel*, qui mesurait huit pieds de haut. Le premier roi de Prusse, Frédéric Ier (1657-1713), comptait, parmi ses gardes un Suédois qui avait huit pieds six pouces.

Mais c'est surtout son fils et successeur, Frédéric-Guillaume Ier, qui, plus qu'aucun souverain d'Europe, poussa cette recherche à un point tellement exagéré qu'elle

1. On remarquera que par une sorte de supercherie assez commune dans les gravures représentant des géants, la coiffure et les pieds dépassent le filet d'encadrement. On remarquera également que les géants portent toujours des chapeaux ou bonnets à hautes plumes afin d'augmenter aux yeux des spectateurs l'apparence de leur grande taille.

dégénérait en manie. Tous les *Mémoires* du temps sont remplis d'anecdotes à ce sujet. « .... C'est dans cet équipage, dit Voltaire[1] après avoir décrit le costume du roi, que Sa Majesté, armée d'une grosse canne de sergent, faisait tous les jours la revue de son régiment de géants. Le régiment était son goût favori et sa plus grande dépense. Le premier rang de sa compagnie était composé d'hommes dont le plus petit avait sept pieds de haut (2m,268). Il les faisait acheter aux bouts de l'Europe et de l'Asie. J'en vis encore quelques-uns après sa mort. Le roi, son fils (Frédéric II), qui aimait les beaux hommes et non les grands hommes, avait mis ceux-ci chez la reine sa femme en qualité d'heiduques. Je me souviens qu'ils accompagnaient un vieux carrosse de parade qu'on envoya au-devant du marquis de Beauvau, qui vint complimenter le nouveau roi au mois de novembre 1740. Le feu roi Frédéric-Guillaume, qui avait autrefois fait vendre tous les meubles magnifiques de son père, n'avait pu se défaire de cet énorme carrosse dédoré. Les heiduques qui étaient aux portières pour le soutenir en cas qu'il tombât, se donnaient la main par dessus l'impériale. »

Dieudonné Thiébault, dans ses *Souvenirs de vingt ans de séjour à Berlin*[2], nous donne sur ces géants des détails plus étendus dans le chapitre qu'il a consacré à Guillaume Ier (2me partie, chap. II) : « Tout le monde connaît sa manie pour les hommes grands, manie qui, même sous son successeur et jusqu'à présent, ne s'est

1. *Mémoires pour servir à la vie de M. de Voltaire, écrits par lui-même.*

2. Dieudonné Thiébault, né à La Roche, dans la Lorraine, en 1733, excellent latiniste, fut appelé à Berlin en qualité de professeur de grammaire générale à l'École militaire que Frédéric II avait fondée dans sa capitale. Il devint plus tard membre de l'Académie de Berlin et chargé d'y lire plusieurs ouvrages du roi qui l'avait en très haute estime. Il revint en France en 1784 et mourut en 1806, proviseur du Lycée de Versailles.

qu'affaiblie. Guillaume faisait enlever les hommes d'une taille extraordinaire partout où il pouvait en découvrir. J'ai encore vu l'abbé *Bastiani* qui, étant moine en Italie, avait été enlevé à l'autel tandis qu'il disait la messe dans un village du côté du Tyrol[1]. J'ai connu un aubergiste, rue de la Poste, nommé *Pouzzano,* autre Italien qui avait été enrôlé par surprise dans son pays et qui avait servi pendant trente ans dans les gardes. J'ai vu le plus bel homme de tous, qu'on appelait le *grand Anglais* et que Guillaume n'avait pu avoir qu'à force d'argent : cet homme, ayant eu son congé comme invalide, s'était établi marchand épicier à Berlin, où il a vécu jusqu'à près de cent ans, toujours le plus grand et le mieux fait de la ville. J'ai connu un M. d'Archambaud, de famille française, vieux colonel d'un régiment de garnison, qui avait été employé dans sa jeunesse à ces sortes d'enlèvements. Il m'a raconté les peines que lui avaient données quelques-unes de ces expéditions, et les dangers que d'autres lui avaient fait courir. Je me rappelle en particulier qu'il suait encore d'angoisses lorsqu'il parlait d'un menuisier, père de famille à Saint-Mihiel, en Lorraine, ayant plus de sept pieds et fait au tour. Guillaume avait appris l'existence et la taille de cet homme et ordonné à deux de ses enrôleurs, savoir à d'Archambaud et à un

1. L'abbé BASTIANI, malgré son apparence lourde, sa figure ignoble et épaisse et sa taille de géant, était fin et rusé. Arrivé à Berlin, il fut fait soldat; mais son aventure parut plaisante et devint publique. Le prince royal (plus tard Frédéric II) fut curieux de voir comment cet homme accoutumé au froc portait l'uniforme, et cette entrevue commença une liaison qui tarda peu à faire la fortune de cet ex-moine. Dès que Frédéric fut sur le trône, il le retira de son régiment et le nomma bientôt après chanoine à Breslau, avec quinze mille livres de rentes. On raconte que le roi, qui le savait très ambitieux, lui ayant demandé un jour comment il le recevrait quand il serait pape, si lui, Frédéric, allait le voir à Rome, il répondit : « *Sire, je dirais, ô puissant aigle, couvre-moi de tes ailes, et surtout sauve-moi de ton bec!* »

autre, d'avoir cet homme et de le lui amener à quelque prix que ce fût. Les deux embaucheurs firent dix fois le voyage de Saint-Mihiel, toujours déguisés en voyageurs marchands, et venant tantôt de Suisse, tantôt de Liège : à chaque voyage, ils avaient quelque chose à dire à cet homme ou à lui faire faire; ils causaient et déjeunaient ou soupaient avec lui, et le payaient bien. Ce fut après avoir ainsi tout employé pour gagner sa confiance, qu'on en vint aux compliments sur ses bonnes qualités et ses talents, plus encore que sur la beauté de sa taille. Que ne fit-on pas pour lui persuader que, dans tout autre pays, on serait trop heureux de l'avoir et qu'il y ferait sa fortune! Le menuisier les écoutait d'un air bénévole, et de bonne foi : peu à peu on en vint à des propositions, mais sous la loi du secret le plus inviolable. Enfin, on se donna parole pour un prochain voyage et on se sépara. A une quinzaine de là, le jeune d'Archambaud fut envoyé seul à Saint-Mihiel pour terminer cette négociation et emmener l'homme. Mais celui-ci avait parlé : la maréchaussée prit M. l'officier en flagrant délit d'embauchage; on l'arrêta, on le garrotta et on le fit partir pour Metz, où il devait être pendu. Il parut si résigné et si tranquille les premiers jours de marche, qu'on finit par le surveiller moins rigoureusement : il n'était même plus entre les mains de la maréchaussée, des grenadiers étaient chargés de le conduire aux prisons militaires de Metz; il marchait assez mal attaché, causant avec ses gardes, de manière à les confirmer dans la sécurité la plus entière, lorsqu'arrivé à peu de distance d'une auberge isolée, sur une hauteur à cinq lieues de Metz et nommée les *Quatre-Vents*, il brise ses liens, part comme l'éclair, arrive à l'auberge, et crie : « *déserteur, sauvez-moi!* » On lui montre une porte de derrière, par laquelle il saute dans le jardin, en tirant la porte sur lui ; du jardin il traverse un bout de pré et gagne un bois voisin, tandis que les grenadiers, courant après lui, fouillaient cette maison où on leur avoua avoir vu un homme traverser la cuisine si rapidement, qu'on ne savait pas s'il avait monté au grenier ou était descendu à la cave. Quand les grenadiers, après une recherche aussi scrupuleuse que vaine, eurent fait attester leur diligence et furent partis, on en avertit le prétendu déserteur, qui, après avoir pris quelques aliments, regagna comme il put le pays de Liège.

« Guillaume ne tenait pas sans doute tout ce qu'il faisait promettre à ces beaux hommes ; cependant il en tenait une partie et les traitait assez bien pour qu'ils n'eussent pas envie de déserter. Le *grand Anglais* avait un ducat par mois de haute paye ; d'autres avaient un écu ; d'autres moins, mais le tout formait une somme assez forte ; et c'est pour l'épargner que Frédéric II a été si facile à donner les Invalides à ceux qui ont survécu à ses premières guerres : il a toujours désiré avoir de grands hommes dans ses troupes, et surtout dans ses gardes ; mais il voulait les avoir sans leur donner de hautes payes. »

Le baron de Poëllnitz, chambellan de ce roi ,dit dans ses *Lettres* ou *Mémoires*, que ce que coûtait le premier bataillon des gardes, que l'on nommait *le bataillon des grands grenadiers*, était considérable. « Presque tous les souverains de l'Europe, ajoute-t-il, lui envoyaient des hommes extraordinaires par leur taille, mais il s'en procurait, outre cela, à prix d'argent, et, dans le nombre de ces derniers, il en a eu qui lui ont coûté jusqu'à quinze cents écus d'engagement, et jusqu'à deux florins de haute paye par jour : d'où il est résulté que ce bataillon lui coûtait autant que six régiments. »

Frédéric-Guillaume, qui s'imaginait qu'il pourrait établir dans ses États et y perpétuer une race d'hommes extraordinaires, ne laissait échapper aucune occasion de marier ses gardes avec les plus grandes femmes qu'il pouvait rencontrer. L'anecdote suivante, dont la véracité ne peut être mise en doute et qui a été racontée bien souvent, du vivant même du roi qui était le premier à en rire, montre jusqu'à quel point il poussait son désir d'avoir des géants en même temps qu'elle donne une idée exacte de son despotisme. C'est encore à Dieudonné Thiébault que nous en emprunterons le récit.

« Dans un voyage que le roi fit de Postdam à Berlin, dit-il, il aperçut une fille presque gigantesque, et d'ailleurs jeune, assez belle et très bien faite; il en fut frappé. Il fit approcher cette fille, et apprit d'elle-même qu'elle était Saxonne, non mariée, qu'elle était venue, pour affaires, au marché de Berlin et qu'elle allait s'en retourner. « En ce cas, dit Guillaume, tu passes « devant la porte de Postdam; et si je te donne un billet « pour le commandant, tu pourras le remettre sans te « détourner. Charge-toi de ce billet que je vais écrire : « promets-moi que tu le donneras toi-même au com- « mandant, et tu garderas pour ta peine cet écu. » La fille, qui connaissait le caractère de ce roi, promit tout ce qu'il voulut : le billet fut écrit, cacheté et remis avec l'écu. Mais la Saxonne, inquiète du sort qui l'attendait, n'entra point dans Postdam. Elle trouva près de la porte une pauvre femme petite et vieille, à laquelle elle remit le billet et l'écu, lui recommandant bien de faire la commission sans délai, l'avertissant que c'était de la part du roi et qu'il s'agissait de choses importantes et pressées. Ensuite notre grande et jeune héroïne continua sa route, faisant, comme on peut le penser, la plus grande diligence. La vieille, de son côté, se hâte d'arriver chez le commandant qui ouvre le billet de son maître et y trouve l'ordre très précis de faire, sur-le-champ, épouser la commissionnaire à tel grenadier, qui y est nommé. La pauvre vieille, veuve depuis longtemps, fut très surprise de ce résultat, mais elle se soumit aux ordres de Sa Majesté; tandis qu'il fallut employer l'autorité, les menaces et les promesses les plus flatteuses pour vaincre la répugnance extrême et calmer le désespoir du soldat.

Ce ne fut que le lendemain que Guillaume, venu à Postdam pour admirer le couple brillant qu'il avait fait marier, sut qu'il avait été joué et que son soldat était inconsolable de ce malheur : il ne resta au roi d'autre ressource que d'ordonner le divorce entre ces deux époux. »

Les soldats géants n'étaient pas appréciés seulement en Prusse. Pierre-le-Grand, lui aussi, recherchait les plus grands hommes de son empire pour les incorporer dans son régiment de *Préobrajenski* qui devint le noyau de l'armée régulière russe et a de tout temps formé la garde particulière des czars pour lesquels il professe un dévouement voisin du fanatisme[1]. Aujourd'hui encore, surtout dans la 1re compagnie du 1er bataillon — dite *compagnie de l'Empereur* — de ce régiment d'élite, les soldats sont tous d'une taille gigantesque et lors des cérémonies du couronnement de l'empereur actuel, on admirait surtout le premier sergent dont la taille mesure $2^{m},15$[2].

En France, à l'exception des anciens tambours-majors qui marchaient si fièrement à la tête du régiment en faisant tourner leur grosse canne à pomme d'argent, et dont quelques-uns pouvaient passer pour de véritables colosses, nous ne voyons à signaler dans l'histoire de notre armée qu'un seul géant, *Charles Gruel d'Indreville*, qui mourut près de Rouen, en 1860, dans le village de Nesle où il avait fondé et dirigé pendant quelques années une verrerie d'une certaine importance. Dans sa jeunesse,

1. On voit au *Musée Tussaud*, à Londres, la représentation en cire d'un tambour-major du régiment de Préobrajenski, nommé *Louskin*, qui n'avait pas moins de huit pieds cinq pouces de haut ($2^{m},557$, mesure anglaise). A côté de la figure, sont des moulages en plâtre de son fémur et de son tibia, ainsi qu'un moulage de sa main.

2. Lord BYRON, dans *Don Juan* (IX-XLVI), dit, en parlant des gardes de Catherine : « C'étaient, pour la plupart, de robustes gaillards de six pieds de haut, tous faits pour rendre jaloux un Patagon.... »

sous le premier empire, il s'était engagé comme simple soldat, mais n'avait pas tardé à obtenir le grade de sous-lieutenant. Il assista à plusieurs batailles, entre autres à celle de Wagram. Fait prisonnier pendant la campagne de Russie, il tomba assez gravement malade et fut envoyé à l'hôpital de Königsberg. Les Russes s'étant emparés de cette ville, l'hôpital fut saccagé et d'Indreville, avec d'autres malades français, dut passer une nuit tout entière couché dans la neige et n'ayant qu'une mauvaise couverture pour se préserver du froid. Il se guérit cependant et retourna en France où il fonda, ainsi que nous l'avons dit, une verrerie que le roi Louis-Philippe visita plusieurs fois; pendant une de ces visites il s'éleva un violent orage, qui força le roi à accepter le repas que lui offrit le vieux soldat. D'Indreville était chevalier de la Légion d'honneur et remplit à plusieurs reprises différentes fonctions municipales. Sa taille mesurait environ 2^{m},287.

Dans l'armée anglaise nous en trouvons deux qui, par une coïncidence singulière, ont été tués l'un et l'autre à Waterloo. Le premier fut un Écossais, *Mac Pherson*, dont on pouvait voir à Édimbourg l'épitaphe en vers :

John Mac Pherson
Était un merveilleux personnage.
Il avait six pieds deux (pouces)
Sans ses souliers,
Et il fut tué
A Vaterloo.

Le second était un garde du corps (*life-guardman*) nommé *John Shaw*, né à Wollaston dans le comté de Nottingham. Après avoir été d'abord menuisier et ébéniste, il s'enrôla et fut tué, ainsi que le dit l'épitaphe, à Waterloo, dans une charge de cuirassiers français.

Si nous reprenons l'ordre chronologique que nous avons interrompu à propos de ces soldats géants, nous trouvons dans une lettre adressée par Horace Walpole à

Georges Montagu la mention suivante qui montre combien la société anglaise aimait ces sortes d'exhibitions : « On assure que mardi dernier (9 janvier 1752), la femme géante s'est fait voir chez la comtesse d'H..., devant une assemblée de personnes du premier rang, et cette semaine les deux nains joueront au *brag* chez mistress Holman. — *N. B.* Le *colosse* qui devait se faire voir chez Mme N.... est indisposé[1]. »

La femme géante dont parle Horace Walpole, est sans aucun doute celle qui, un peu plus tard, se faisait annoncer ainsi qu'il suit dans le *Daily Advertiser :* « Ceci est pour prévenir les gentlemen, ladies et autres, qu'il est arrivé dans cette ville, et que l'on peut voir en s'adressant à la boutique du marchand de chandelles, près la porte du pâtissier, au coin de *Spring gardens*, à Charing Cross, une surprenante jeune géante, du comté de Surrey. Bien qu'elle ne soit pas encore âgée de vingt ans, elle surpasse en grandeur tout ce qui a été jusqu'à présent montré au public; elle est parfaitement droite, très bien faite, et elle a eu l'honneur d'être vue par un grand nombre de personnes de distinction, à la satisfaction générale, et on peut dire, en vérité, qu'elle fait l'étonnement et l'admiration du temps présent, ayant six pieds sept pouces. — Le prix pour les gentlemen et les ladies sera laissé à leur propre satisfaction quand ils l'auront vue. Elle se montre de dix heures du matin à huit heures du soir. »

Quant au colosse qui était indisposé au moment où Horace Walpole écrivait, nous le trouvons également annoncé dans le même journal, le 9 décembre 1752 : « Ceci est pour informer les curieux que *M. Blocker*, le *moderne colosse vivant*, ou le *géant merveilleux*, qui donne une satisfaction générale, est à voir dans un commode

1. Lettres d'Horace Walpole de 1736 à 1770, traduites en français. Paris, Janet, 1818.

appartement, dans la *cour de la Demi-Lune* (*Half-Moon-Court*), près Ludgate. Ce phénomène de la nature a déjà eu l'honneur de se montrer chez un grand nombre de personnages de la noblesse, et d'être vu par plusieurs membres de la *Société Royale* et par beaucoup de gentlemen et de ladies qui sont amateurs des curiosités de la nature; tous ont été surpris de sa hauteur et affirment que c'est l'homme le mieux proportionné parmi les hommes de sa taille qui ont été vus jusqu'à présent. — On peut le voir sans interruption de neuf heures du matin à neuf heures du soir. »

Ce Blocker, qui avait sept pieds quatre pouces anglais (2m,228), était effectivement mieux fait que la plupart des autres géants, il était né à Cuckfield, dans le comté de Sussex en 1724. Carpenter a gravé son portrait en 1751, en faisant figurer, parmi les spectateurs, le duc de Cumberland, et on publia également, de lui, une caricature assez amusante.

A cette époque, du reste, les géants paraissent avoir été assez communs. Outre celle que nous avons mentionnée tout à l'heure, il y avait une *géante italienne*, de sept pieds de hauteur, et pesant 425 livres, qui voyageait en Europe et qui avait « fait l'admiration de l'empereur d'Allemagne, de huit rois de l'Europe et même du grand czar de Moscou ainsi que du reste des grands princes de la chrétienté.... »

Il y avait également *Daniel Cajanus*, le fameux *géant suédois*, nommé, lui aussi, le *colosse vivant*, dont la vie a été publiée en Angleterre ainsi que le constate l'avis suivant daté du 23 septembre 1742 : « Aujourd'hui est mise en vente, au prix de quatre pences, élégamment reliée, l'*Histoire de Cajanus*, le géant suédois, depuis sa naissance jusqu'à présent, lequel Cajanus est vivant et que l'on peut voir vis-à-vis de *Mansion-House*, à Londres. — Par l'auteur des *Histoires gigantesques*, imprimé par Thomas Boreman, libraire, dans Guildhall, Londres, etc. etc. »

Ce Cajanus, qui suivant quelques auteurs avait huit pieds quatre pouces, et suivant d'autres seulement sept pieds huit pouces, était, dit-on, le fils d'un pasteur protestant d'un village de Finlande. Il mourut à Haarlem le

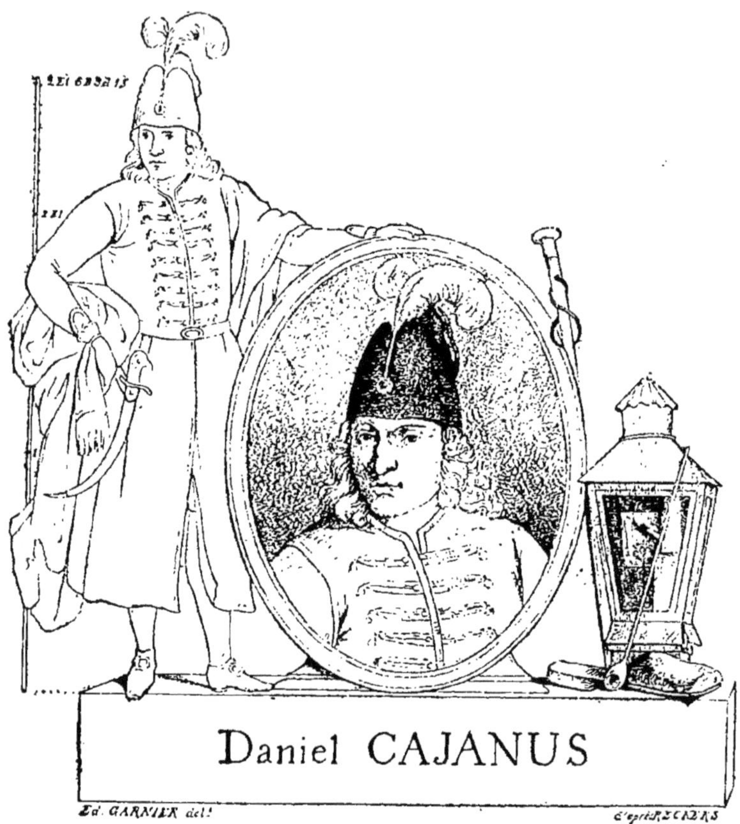

Fig. 37. — *Daniel Cajanus*, d'après un dessin de Reckers.

28 février 1749 ainsi que le constate une inscription qui se lit sur une plaque de marbre placée sur le pilier d'une chapelle dans la cathédrale de Haarlem[1]. Dans une vente

1. Ainsi que nous l'avons dit, page 191, une autre plaque de marbre est consacrée à la mémoire de Simon Paape le nain.

Fig. 38. — *Bernard Gigli*, d'après un dessin de Millington, gravé par Fougeron.

publique qui eut lieu à Haarlem, le 9 mai 1760, on vendit plusieurs objets qui avaient appartenu à Cajanus et au nain Paape, entre autres la pantoufle gigantesque que l'on voit dans le portrait que représente, d'après un dessin du peintre Reckers, notre figure 57.

Nous citerons également à la même époque le fameux géant italien *Bernardo Gigli* ou *Gilli* dont parle Schreber dans son *Histoire des quadrupèdes* et qui avait huit pieds de haut. Ce Gigli, sur lequel on sait fort peu de chose, paraît avoir beaucoup voyagé ; en 1755 et 1756 il était à Londres et nous le retrouvons à Vienne en 1765, âgé de vingt-sept ans. Son portrait fut gravé par Fougeron, d'après un dessin de Millington ; c'est celui que reproduit notre figure 58 ; mais, comme dans toutes les représentations de géants, particulièrement dans celles publiées afin d'attirer le public, il y a une exagération évidente, surtout dans la taille relative des différents personnages.

A la foire Saint-Laurent et à la foire Saint-Germain[1], à Paris, on voyait arriver tous les ans des géants plus ou moins dignes de l'admiration des visiteurs et dont la présence était annoncée, suivant l'intelligence et les ressources pécuniaires de leurs impresarios, avec un luxe plus ou moins grand de *réclames*. Du reste, à part ce qu'en disent les annonces, qui paraissaient sous forme d'affiches, d'avis distribués au public ou publiés dans les journaux, nous ne savons rien sur leur compte et c'est à peine si nous pouvons mentionner ici : *Mathieu Thomick*, né en Dalmatie, âgé de trente-six ans et haut de sept pieds quatre pouces (2^m,576), qui « paraissait en public, habillé à la hongroise et vêtu d'un riche manteau turc ; » il parlait plusieurs langues très facilement, et, suivant l'affiche, « montrait dans ses discours une éloquence qui

1. Mme de Sévigné, écrit à la date du 13 mars 1671 : « Nous avons été voir à la foire une grande diablesse de femme, plus grande que Riberpré de toute la tête... C'est une grande femme tout à fait. »

sympathisait fort bien à sa grande taille[1] ; » — le géant *Roose*, natif de Westphalie, « âgé de vingt huit ans, quatre mois, grand de huit pieds un pouce (mesure de Hollande), et très bien proportionné[2]; — la *grande géante algérienne* et mise à *la sultane*, demoiselle *extraordinaire* qui a six pieds huit pouces de haut (2^m,160), âgée seulement de dix-neuf ans et bien proportionnée dans sa taille[3]; » — ou cette autre géante que l'on montrait à la foire Saint-Laurent en 1783 et qui, suivant le rapport ci-dessous, adressé au commissaire Delaporte par Tulot, un des exempts chargés de maintenir le bon ordre dans la foire, « joignait à une excessive insolence le défaut de s'enivrer perpétuellement[4]. »

« (27 juillet 1783.) Un page de M. le duc de Cossé est venu se plaindre de ce qu'étant entré chez la géante, il en avoit été insulté devant plusieurs personnes ; qu'entre autres mauvais propos, elle lui avoit répété plusieurs fois qu'elle lui faisoit grâce lorsqu'elle vouloit bien le laisser entrer. Je suis allé chez la géante avec le page ; la femme avec qui elle demeure m'a dit qu'elle étoit malade. En effet, je l'ai vue sur un grabat, hors d'état de pouvoir me rendre la moindre réponse. On m'a dit que cette géante étoit très sujette à se prendre de vin et qu'elle insultoit tout le monde. J'ai su aussi à n'en pouvoir douter que le page n'avoit donné lieu en aucune façon aux mauvois propos qui lui ont été tenus[5] .»

Cette géante, qui était si « sujette à se prendre de vin » et qui couchait sur un grabat, ne nous fait pas l'effet d'être une véritable géante et c'est probablement à elle que le *Chroniqueur désœuvré ou l'Espion du bou-*

1. *Almanach forain*, 1776.
2. *Journal de Paris*, 3 février 1777.
3. *Les spectacles des foires et des boulevards de Paris*, 1777.
4. Cf. Émile Campardon. *Les spectacles de la Foire*, 2 vol. in-8°.
5. Cette pièce curieuse est conservée aux Archives nationales : *Arch. des Comm.* n° 1508.

levard du Temple[1], fait allusion quand il dit : « Portez-vous vos pas chez la géante? Vous n'êtes pas peu surpris de ne rencontrer qu'une femme d'une taille grande, à la

Fig. 39. — La géante *Abeltie*, d'après une gravure hollandaise.

vérité, mais ordinaire; et toute la magie qu'elle emploie

1. Recueil très méchant mais plein de renseignements intéressants, publié par un comédien, MAYEU SAINT-PAUL, en 1782.

pour paraître un colosse se réduit à des talons de cinq pouces de haut et à une coiffure qu'on appelait jadis *monte-au-ciel*.. » C'est la coiffure que porte la géante *Abeltie* que représente notre figure 39 d'après une rarissime gravure, et sur laquelle nous ne savons rien si ce n'est qu'elle était née à Gröningue[1].

Londres, à la même époque, possédait un géant bien autrement authentique et qui fit du bruit, surtout après sa mort. Il se nommait *Charles Byrne* et était né en Irlande vers 1761. Au mois d'août 1780 il mesurait huit pieds, et, de cette époque à sa mort, arrivée en 1783, il grandit encore de quatre pouces et atteignit la taille respectable de 2m,532. Il se montra à Londres à différentes reprises et toujours avec un grand succès, malgré le prix élevé d'une *demi-couronne,* la première fois qu'il parut en public, en 1782, et de 2 schellings 6 pences l'année suivante. Il faut dire aussi que les avis publiés dans les journaux pour l'annoncer au public étaient bien faits pour attirer les amateurs. Voici celui du 6 mai 1782 : « Quoi que l'on fasse pour exciter l'attention du public, il est généralement bien difficile d'y parvenir; mais ce n'est pas le cas avec le moderne colosse vivant, ou le merveilleux *géant irlandais.* Les curieux de toute espèce, en sortant de le voir, déclarent que jamais ils n'ont admiré rien de semblable; et ceux qui sont plus observateurs déclarent franchement que jamais la langue de l'orateur le plus éloquent et la plume de l'écrivain le plus ingénieux, ne seraient capables de décrire l'élégance des formes, la symétrie et les remarquables proportions de ce merveilleux phénomène de la

1. Mercier, dans son *Tableau de Paris*, dit également en parlant de la Foire Saint-Germain : « Là, des hommes de six pieds, montés sur des brodequins, coiffés comme des sultans, passent pour des géants. Une ourse rasée, épilée, à qui on a passé une chemise, un habit, veste et culotte, se montre comme un animal unique, extraordinaire. etc... (t. III, ch, ccxv.)

nature, de même que toute description ne pourrait donner la satisfaction que l'on éprouve en l'observant judicieusement, etc.... »

Byrne maintint son prix de 2 schellings et demi, prix élevé pour l'époque, et ne fit de diminution qu'aux enfants et aux domestiques, qu'il admettait moyennant 1 schelling; mais en homme pratique et pour prévenir toute supercherie, il avait bien soin d'ajouter à ses annonces : « *N. B.* Afin d'éviter tout malentendu, personne ne sera admis pour 1 schelling, à l'exception des enfants et des domestiques *en livrée.* » Aussi amassa-t-il assez promptement une somme assez importante, dont la plus grande partie, une bank-note de 700 livres et une autre de 70 (environ 20,000 fr.), lui furent volées un soir du mois d'avril 1783. Cette perte l'affecta tellement qu'elle hâta sa mort, causée également par l'habitude fâcheuse qu'il avait prise de boire outre mesure; il mourut au mois de juin suivant, âgé de vingt-deux ans. A ses derniers moments, il demanda instamment que son corps fût jeté à la mer, afin que les médecins ne pussent avoir son squelette. Néanmoins, et malgré la volonté expresse du pauvre géant, les savants de Londres mirent tout en œuvre pour posséder son corps, et cela avec un tel acharnement, que les journalistes de l'époque écrivirent à ce sujet des articles, dans lesquels, sous une forme satirique peut-être un peu lourde, ils flétrissaient leur conduite. « Les chirurgiens, dit l'un d'eux, sont tellement désireux de posséder le corps du géant irlandais qu'ils ont offert aux fossoyeurs de le leur céder moyennant une rançon de 800 guinées. Leur offre ayant été rejetée, ils sont décidés à investir le cimetière; ils espèrent, au moyen de travaux souterrains, et en creusant des terriers, arriver à pouvoir le déterrer. »

Quoi qu'il en soit et bien que, suivant des documents authentiques, Byrne ait été enterré au cimetière de Saint-Martin, son squelette est aujourd'hui dans le *Hunterian*

Museum du *Royal College of Surgeons* et d'après la tradition, son corps aurait été cédé au célèbre anatomiste William Hunter, moyennant une somme considérable (500 livres suivant quelques auteurs, 800 suivant d'autres).

Un autre géant irlandais se montra à Londres quelques années après, en 1785. Il se nommait *O'Brien* et prétendait être de souche royale : « Le géant irlandais qui a changé de domicile et reste actuellement au numéro 333 dans *Saint James street*, est à voir de 11 heures du matin à 7 heures du soir. *M. O'Brien*, du royaume d'Irlande, sans aucune contestation possible l'homme le plus grand du royaume, est en droite ligne le descendant de l'ancien et puissant roi Brien Boreau et offre dans toute sa personne l'apparence et l'aspect d'un grand et puissant potentat. Ce qui est remarquable, c'est que malgré les vicissitudes qu'ils ont éprouvées, et malgré leurs différentes alliances, les descendants en ligne directe du roi O'Brien ont été gratifiés par la Providence de la haute taille qui semble avoir été de tout temps l'apanage de leur famille.... Les personnes de la noblesse et les gens comme il faut voudront bien observer que beaucoup d'individus se montrent comme géants en employant des artifices et des subterfuges, mais M. O'Brien peut affirmer au public que le plus grand parmi ceux qui se montrent actuellement ne lui arrive pas à l'épaule. »

D'après le docteur Robert Bigsby, c'est cet O'Brien, ou mieux *Patrick Cotter*, ainsi qu'il se nommait véritablement, qui, à un banquet d'une loge maçonnique à Nottingham, tira de sa poche un nain, qui n'était autre que le fameux comte Borulawski.

Malgré le lyrisme des annonces publiées dans les journaux et des affiches qui vantaient sa taille parfaite, son élégance, sa symétrie, etc., O'Brien nous paraît avoir confirmé de tous points ce que les physiologistes disent du tempérament général des géants ; c'est au moins ce qui ressort d'un article du docteur W. Blair. « J'ai visité, dit-il, l'Irlandais, le 5 mai dernier; il est vraiment d'une très haute stature, mais il est mal conformé. Comme il n'a pas voulu supporter une minute d'examen attentif, il m'est impossible d'en donner autre chose qu'une courte description. Il a refusé de marcher devant moi dans son appartement et je pense que c'est parce qu'il avait peur de me découvrir son extrême faiblesse. Il a l'aspect général d'un individu faible et imbécile, avec le front entièrement bas; autant que j'ai pu le remarquer, l'espace compris entre ses sourcils et le haut de la tête, en ligne perpendiculaire, n'excède pas deux pouces.... Il m'a fait l'effet d'un énorme enfant malade qui aurait grandi trop vite; sa voix était faible, son pouls, languissant et lourd. Quant à sa grandeur réelle, j'étais très désireux de m'en rendre compte, abstraction faite des subterfuges qu'il emploie pour paraître avoir, vis à vis des spectateurs, une hauteur de presque neuf pieds; or, en élevant mon bras aussi haut que possible, je touchais ses sourcils avec mon petit doigt; en ajoutant deux pouces ou deux pouces et demi à cette hauteur, il en résulte qu'il peut avoir tout au plus sept pieds dix pouces (2^{m},378, mesure anglaise). L'opinion généralement admise sur la hauteur de sa taille me paraît donc exagérée.[1] »

A la même date, nous lisons dans le *Wonderful Museum* de Kirby, sous la signature de Caufield : « Il y a quinze ans à peu près, au moment où O'Brien se montrait à la foire Saint-Barthélemy, il lui arrivait souvent de sortir dans les rues désertes de deux à trois heures du matin, afin de respirer l'air et de prendre un peu d'exercice. J'ai eu la chance de le surprendre dans une de ces promenades nocturnes; il marchait péniblement, les mains appuyées sur les épaules de deux hommes assez comme il faut, et de grandeur ordinaire, absolument comme nous voyons quelquefois des convalescents

1. *Gentleman's magazine*, 1804.

se soutenir sur les épaules d'enfants de huit à dix ans.... M. O'Brien a huit pieds sept pouces de haut ($2^{m},607$) et sa grosseur est en rapport avec sa taille; sa main mesure exactement douze pouces ($0^{m},30$) et sa figure, du bas du menton au sommet du front, a juste la même dimension; son pouce est à peu près de la grosseur du poignet d'un homme ordinaire; et son soulier n'a pas moins de dix-sept pouces de longueur ($0^{m},425$).... »

Nous citerons enfin ce qu'écrivait sur son compte un correspondant des *Notes and Queries*[1] le 18 mai 1861 : « Je possède la montre d'or de Cotter (autrement dit *O'Brien*); elle est d'une taille peu ordinaire et pèse une livre avec la chaîne et le cachet. C'est un chronomètre à répétition qui a été fait exprès pour lui, et bien en rapport avec sa taille, par Jamison. Son nom est gravé sur la cuvette : *Patrick Cotter*, *Kinsale*, *Irlande.* Cette montre est extraordinairement bonne; je la prends quelquefois pour sortir, et elle va toujours très bien. J'ai connu un peu Cotter à Bristol où je me souviens qu'il se fit voir en public avant de se retirer à Hotwells, où il est mort. Mon père était très lié avec lui et le voyait souvent. C'est à la vente qui eut lieu après la mort de Cotter qu'il acheta cette montre dont il me fit présent, et je connais à Bristol plusieurs de ses amis qui conservent comme curiosités des objets qui ont appartenu à ce géant, tels que ses chaussures et une paire de bas. Il était d'humeur douce; sa voix était faible et, malgré sa large structure, il manquait de force et de vigueur. Il se tenait le plus habituellement assis sur une table et souvent appuyait son bras sur le haut de la porte. Il s'aventurait très rare-

1. Le recueil intitulé *Notes and Queries* paraît périodiquement et sert d'intermédiaire entre les savants, les chercheurs et les curieux, qui posent sur des sujets variés des questions auxquelles on répond souvent de plusieurs côtés à la fois. Un recueil à peu près semblable, mais moins important, existe en France sous le nom de l'*Intermédiaire*.

ment à sortir en public et quand il se promenait à pied, c'était toujours la nuit. Une fois, à Bath, pendant une froide nuit, il terrifia un veilleur de nuit, qui le vit prendre tranquillement un reverbère de la rue et en soulever le couvercle pour allumer sa pipe. Il se retira avec une fortune assez considérable et se fit faire, exprès pour son usage, une belle et commode voiture. Il avait une très grande peur de la mort, mais ce qu'il craignait par dessus tout, c'est que son corps ne fût enlevé et disséqué ; aussi prit-il à ce sujet les plus grandes précautions, en faisant construire un caveau voûté, avec des murs en fortes briques et fermé au moyen de barres de fer. Et quelques années après sa mort, le bruit ayant couru que son corps avait été dérobé, on fit une enquête et on ouvrit ce caveau que l'on trouva parfaitement intact et tel qu'il avait été fermé au jour de la sépulture. »

Patrick Cotter, dont les journaux de l'époque se sont beaucoup occupés, mourut le 18 septembre 1806, âgé de quarante-six ans ; il fut enterré un samedi matin, dans la chapelle catholique de *Trenchard-street*, à Bristol. On avait choisi cette heure matinale afin d'éviter autant que possible une grande affluence de population ; néanmoins la foule, qui assista, par curiosité, à ses obsèques, fut si considérable que l'on dut appeler les constables pour dégager les alentours de la maison dans laquelle était le cercueil. Une plaque commémorative, placée sous le porche de la chapelle où il fut enterré, porte l'inscription suivante : « Ici repose le corps de M. Patrick Cotter O'Brien, natif de Kinsale, dans le royaume d'Irlande. C'était un homme d'une taille gigantesque, excédant huit pieds trois pouces de hauteur, et large en porportion. » Les mesures portées sur cette plaque ne s'accordent pas avec celles qui sont inscrites sur son cercueil même et qui accusent seulement huit pieds et un pouce. Des emblêmes de l'ordre de la franc-maçonnerie sont gravés sur ce cercueil.

A la fin de 1815, on présenta à l'empereur de Russie et au roi de Prusse, alors à Londres, un géant nommé *James Toller* qui mourut en 1819, âgé de vingt-quatre ans et qui mesurait alors huit pieds six pouces de haut (2^m,582, mesure anglaise). Il avait deux sœurs qui toutes les deux étaient également d'une taille gigantesque, bien que leurs parents fussent d'une stature ordinaire. Lorsqu'on le montra au public on publia une annonce en vers dont voici la traduction.

« Tous les jours pour le voir, des centaines de personnes se pressent
Et cela parce qu'il fait sa résidence, d'un endroit à un autre;
Son habitation est incertaine, car c'est futile d'imaginer
Qu'un seul lieu puisse contenir une merveille si haute.
Sa proportion en tout en droite est bien perpendiculaire;
C'est véritablement huit pieds et demi de hauteur.
Quoiqu'il ne montre pas beaucoup d'âge, son corps est net
Suivant sa taille, et ni gras ni maigre. »

Son portrait fut gravé par plusieurs artistes, entre autres par Cruickshank, et suivant ce que rapportent ses biographes, il était agréable à voir, d'un excellent caractère et avait conservé l'apparence d'un garçon un peu campagnard.

Parmi les géants qui se sont montrés de nos jours, nous nous bornerons à citer comme étant particulièrement remarquables, *Joachim Eleicegui*, géant espagnol, haut de 2^m,307, qui attira la foule à la salle Montesquieu en 1845. *L'Illustration* publia, dans son numéro du 26 juillet de cette même année, le portrait que reproduit notre figure 40, en l'accompagnant des quelques lignes suivantes : « Ce personnage, qui figure ici en tambour-major, est visible tous les jours dans la salle Montesquieu. Sa taille est de sept pieds; l'on sait peu de chose de son esprit qui ne paraît pas contredire l'opinion commune touchant l'esprit des géants. Le genre de spectateurs qu'il attire est très différent de celui des admirateurs de *Tom Pouce*, et il ne pourrait pas se vanter, comme faisait, au nom de ce vilain petit monstre, M. son cornac, d'avoir embrassé plus d'un millier de

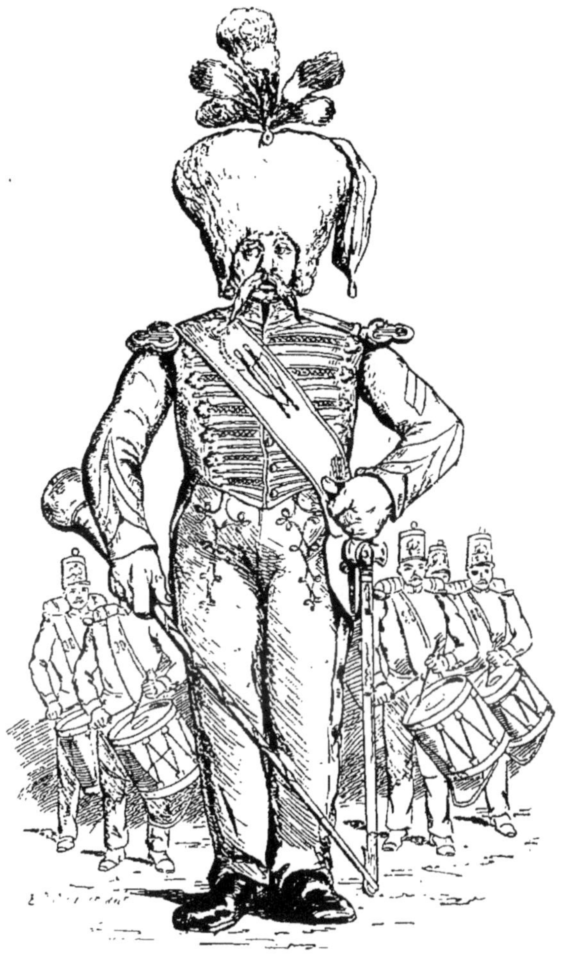

Fig. 40. — Le géant espagnol *Joachim Eleiceigui*, d'après une gavure de l'*Illustration*.

dames. Cependant l'état de géant a aussi ses agréments; on disait autour de nous l'autre jour que celui-ci est *un bel homme*. Si le géant avait pu entendre cette exclamation et voir d'où elle partait, il n'aurait pu qu'en être extrêmement flatté. Du reste, quoique mal bâti, ce géant a des mains d'une proportion et d'une beauté remarquables; on les a moulées, leur faisant par là le même honneur qu'aux mains de M. Litz, et MM. Susse, qui sont à l'affût de toutes les curiosités, les ont exposées dans leur beau magasin de la place de la Bourse. Ses pieds ont une longueur de 42 centimètres, et son poids est de 195 kilogrammes. En un mot, comme disait cette dame : *c'est un bel homme!* »

Nous ne savons rien de plus sur ce géant, si ce n'est que, malgré sa vie sédentaire, il avait un vigoureux appétit et qu'après avoir épuisé la curiosité des Parisiens, il voyagea dans toute l'Europe; nous le retrouvons à Londres vers 1850, à la salle du *Cosmorama* dans *Regent's-street*.

Nous en savons encore moins, nous devons l'avouer, sur *Arthur Galley* (fig. 41), le géant « né en Angleterre » dit la légende de son portrait lithographié et peint en couleurs, que l'on voyait un peu plus tard à la salle Bonne-Nouvelle; il y paraissait vêtu d'un costume hongrois et accompagné de deux danseuses et d'un enfant habillé en *amour*, qui dansaient et tournoyaient autour de lui et dont la légèreté et la grâce formaient un contraste singulier avec sa lourdeur et son apathie.

Nous pourrions multiplier ces exemples, mais en réalité, tous ces géants n'offrent rien de bien intéressant; nous rappellerons seulement que pendant de longues années (vers 1852), il y en avait toujours un en permanence dans un grand café-concert de l'ancien boulevard du Temple, qui avait pris, à cause de cette particularité, le nom de *café du Géant*. Tous les phénomènes de ce genre qui vivaient à cette époque ont passé par ce café, géants polonais et géants chinois, russes ou américains; leur exhibition se bornait à monter pendant quelques minutes sur l'estrade, ou théâtre du fond, en costume plus ou moins riche et, surtout, à se promener dans la salle et à passer entre les rangées de tables, en tenant maladroitement par la main une des chanteuses qui faisait la quête et que l'on choisissait parmi les plus petites de la troupe. Quand le géant était fort, les garçons du

Fig. 41. — *Arthur Galley*, le géant de la *salle Bonne-Nouvelle* d'après une lithographie de l'époque.

café s'arrangeaient toujours de façon à produire sur un point de la salle une sorte d'encombrement factice et le géant enlevait alors dans ses bras et faisait passer pardessus une table la quêteuse qui poussait de petits cris effrayés; mais on trouvait rarement des géants capables d'exécuter ce tour de force et la plupart se traînaient gauchement, ahuris par les lumières, la foule des spectateurs et semblant, pour ainsi dire, embarrassés et comme honteux de leur grandeur[1]. Ils n'étaient pas toujours très bien accueillis, du reste, par le public et surtout par les amateurs de musique, leur apparition étant le signal du *renouvellement des consommations;* quand on avait vu le géant, il fallait quitter le café ou demander une autre consommation dont le prix était relativement assez élevé, et le géant se montrait trois ou quatre fois au moins dans la soirée, ce qui devenait assez coûteux pour les spectateurs venus seulement pour entendre chanter.

Après la disparition de ce café où les hommes de grande taille étaient certains de trouver toujours un *engagement,* et qui en montrait quelquefois deux ensemble, les géants s'exhibèrent un peu partout, dans les salles de concerts, aussi bien qu'au Cirque ou à l'Hippodrome ; nous y avons vu défiler successivement *Joseph Brice,* né à Ramonchamp, dans les Vosges, qui fut présenté aux Tuileries vers 1862, et qui avait 2^{m},201 ; la comtesse *Lodoïska,* née à Varsovie, une géante doublée d'un hercule, le géant chinois *Chang* et son épouse également d'une haute taille, etc., etc..., qui tous ont passé sans exciter une bien grande curiosité.

On en vit paraître également sur différents théâtres, dans des pièces écrites — ou plutôt machinées — exprès pour eux, mais leur rôle se bornait à se faire voir simplement et leur peu d'intelligence forçait les auteurs et directeurs à en faire des personnages muets et peu actifs. Déjà au mois d'août 1780 on avait représenté au théâtre de l'Ambigu une sorte de féerie intitulée : *le Géant désarmé par l'Amour,* dans laquelle paraissait un homme de sept pieds deux pouces (2^{m},222), à côté de la petite Bonnet, jeune et intelligente actrice, presque naine, qui

1. C'est au moins l'impression qui nous est restée de ce spectacle auquel nous avons assisté une fois dans notre enfance.

fit à elle seule le grand succès de la pièce, si nous en croyons le *Journal de Paris*.

Il nous semble peu intéressant de mentionner ici toutes les pièces plus ou moins ingénieusement construites qui, depuis cette époque, ont servi de prétextes à de semblables exhibitions et nous nous bornerons à citer seulement la féerie intitulée *Babil and Bijou* que nous avons vue à l'*Alhambra Theatre* de Londres, au mois de septembre 1882, et qui obtint un succès tel qu'elle fut représentée plus de deux cents fois. Ce succès était dû, non pas à la pièce en elle-même qui était un tissu d'*extravagances*, ainsi que le disait le programme, mais à un luxe inouï de mise en scène et surtout à la présence de la *Reine des Amazones*, *Miss Marian*, jeune géante d'une figure assez jolie, bien que très insignifiante, âgée de dix-huit ans à peine, et qui mesurait $2^{m},45$ de haut. Il est vrai de dire aussi que jamais la *réclame*, dans laquelle les Anglais sont passés maîtres, n'avait été poussée plus loin. Les murs de Londres, les gares de chemins de fer, les lieux publics étaient tapissés d'affiches colossales, hautes de trois mètres, tirées en lithographie coloriée sur neuf feuilles de papier, juxtaposées au collage, et représentant la jeune miss vêtue de son étincelante « armure d'argent », ayant à ses côtés son impresario habillé d'un *complet* irréprochable, la moustache bien cirée et dont le sommet de la tête atteignait à peine le coude de sa gigantesque voisine (fig. 42). Tous les journaux avaient été mis en réquisition et l'on distribuait partout d'élégants *prospectus*, tirés avec luxe sur beau papier vergé, et contenant un article du journal *Le Globe*, du 28 juillet 1882, dans lequel on faisait l'historique des géants et géantes afin de prouver que miss Marian ne le cédait en hauteur à aucun des géants connus anciens et modernes, y compris même Junon qui, « sans contestation possible, était une géante de même que ses frères ». L'annonce citait également l'opinion d'un rédacteur l'*Illustration* anglaise qui disait : « Malgré sa taille colossale et sa force, Marian est très bien proportionnée et décidément belle, possédant — la remarque a été faite par un *esthétique* ami qui a pu l'examiner de près — le véritable angle maxillaire préraphaélique. » Il y avait certainement là de quoi piquer la curiosité du plus indifférent, et pour lever tous les scrupules, l'avis donnait même l'*acte de confirmation* de « cette remarquable personne, aussi belle qu'elle est grande, » ainsi que le disait le *Morning Post :*

« CERTIFICAT DE CONFIRMATION.

« *Pauline-Marie-Elisabeth* WEDDE, née à Benkendorf[1], le 31 janvier 1866, s'est présentée aujourd'hui à la confirmation dans l'église évangélique, à Holleben.

« Holleben, le 21 mars 1880.

« MULLER, *pasteur.* »

Et l'annonce ajoute : « Tout ce qui précède n'est pas une tromperie faite en vue d'une réclame mensongère, c'est un fait réel, reconnu, prouvé par la presse entière, et tous les soirs on peut entendre sortir de la bouche des milliers de spectateurs qui quittent le théâtre : « Certainement, l'affiche ne ment pas; c'est bien véritablement « la chose la plus merveilleuse que l'on puisse voir! »

Nous ne savons pas ce qu'est devenue, en quittant *l'Alhambra*, la belle *Reine des Amazones ;* peut-être la verrons-nous un jour paraître sur un de nos théâtres, plus haute encore qu'elle ne l'était à Londres, puisque les annonces ajoutaient qu'elle « grandissait toujours ».

Miss Marian termine la série des phénomènes véritablement remarquables par leur hauteur, sur lesquels

1. Benkendorf est un village situé en Allemagne près des montagnes de la Thuringe.

Fig. 42. — Reproduction d'une affiche de 3 mètres de haut.

il nous a été donné de recueillir quelques renseignements. Il ne nous reste maintenant qu'à dire un mot sur les géants que nous pourrions appeler de second ordre, et que l'on voit journellement paraître dans nos foires populaires. Il est à remarquer que ce sont plutôt des femmes, *géantes* ou *colosses*, qui sont ainsi exhibées dans les baraques à bon marché, et que les hommes y sont tellement rares que, pour notre part, nous ne nous souvenons pas en avoir jamais rencontré dans les fêtes des environs de Paris. Cela tient surtout, croyons-nous, à la difficulté que ces derniers éprouveraient, s'ils n'étaient pas vraiment géants — et ceux-là ont des visées plus hautes que les *loges* foraines — à donner le change au public, généralement si crédule cependant et si facile à tromper. Ce que disait en 1782 *l'Espion du boulevard du Temple* que nous avons cité plus haut est toujours de notre temps, et nous ne pouvons mieux faire que d'emprunter le passage suivant à un livre humoristique, publié sur les saltimbanques par un écrivain qui les a étudiés de près : « Le matin, dans les rues, vous rencontrez une femme qui, tout en étant assez grande, tout en dépassant la taille moyenne, ne vous paraît cependant pas pour cela une géante.

« Eh bien, quelques apprêts, une robe habilement drapée, des échasses d'environ vingt centimètres, terminées par un pied imitant la nature à la perfection et admirablement chaussé, une coiffure tant soit peu pyramidale, et voilà un phénomène naturel « vivant » qui rapportera quelques cents francs à l'exhibiteur.

« La représentation se fait lorsque la loge est remplie de badauds.

« Naturellement la soi-disant géante raconte sa petite histoire.

« Elle est née en Normandie, mesure deux mètres quarante-sept centimètres et a été visité par les plus grands médecins de la capitale.

« Après le petit boniment, elle présente un plateau aux assistants, libres qu'ils sont d'y déposer depuis un sou jusqu'à vingt francs, c'est pour l'entretien de sa toilette.

« La représentation se termine là.

« On sort de la loge, discutant sur les charmes et la taille de la géante, et l'on recommande à ses *amis* et *connaissances* d'aller voir ce phénomène.

« L'impresario qui exhibe cette *merveille naturelle* est généralement riche. Il s'habille convenablement, porte des bagues, des chaînes et des épingles. Songez que l'exhibition ne dure pas plus de cinq minutes, et que, dans la journée et la soirée, la loge se remplit au moins cinquante fois. A quinze centimes par personne et admettant qu'il en entre vingt-cinq à chaque *représentation*, cela fait, une fois la journée terminée, un total de quatre-vingt-sept francs cinquante centimes ; beau denier ! Combien de grands artistes ne gagnent pas autant !

« La géante est généralement la femme de l'impresario. Heureux mortel de posséder une femme remplie de si hautes qualités !

« Dans ses moments perdus, la femme décroche ses jambes, fait sa cuisine, soigne ses moutards, balaye la loge, et, à un signal donné, redevenant géante, offre une nouvelle série de représentations.

« S'il y a des filles dans le ménage, elles seront géantes ; c'est une vocation de famille. Et s'il y a des garçons, ils montreront des géantes[1]... »

Telles sont : la *Belle Arlésienne*, la *Jolie Vénitienne*, « colosse géante extraordinaire, la plus belle femme de l'univers, qui se montre accompagnée du plus petit homme du monde entier » ; la *Belle Jeanne*, « surnommée la *Reine des Bergères*, géante hors ligne ; » la *géante colosse Suisse*, « la plus belle que l'œil humain puisse voir » ; et

1. Léon Escudier, *Les Saltimbanques, leur vie, leurs mœurs ;* un vol. grand in-8 illustré de 500 dessins. Paris, 1875.

tant d'autres dont les annonces vantent « les proportions sculpturales qui ont inspiré plusieurs fois nos plus grands artistes, et dont la beauté antique, réunie dans toute leur personne, peut encore défier le ciseau de Phidias ». Bien souvent même la géante offre une somme importante, 10 000 francs, « à la personne qui pourra *la rivaliser* dans tout son ensemble ; car elle n'a rien de commun avec ce qui a été vu jusqu'à ce jour ». Et le bon public qui n'a jamais entendu parler de Phidias, émerveillé par ces grands mots, attiré par ces belles phrases et aussi par les portraits peints au dehors sur la toile et représentant généralement la géante entourée de spectateurs qui paraissent des nabots à côté d'elle, et parmi lesquels figure toujours un tambour-major, donne ses rois sous et va grossir ainsi le nombre des admirateurs.

FIN

INDEX ALPHABÉTIQUE

A

B

C

D

E

F

G

H

I

J

K

L

S

T

U

V

W

X

Z

FIN DE L'INDEX ALPHABÉTIQUE

TABLE DES GRAVURES

FIN DE LA TABLE DES GRAVURES

TABLE DES MATIÈRES

LIVRE I

LES NAINS

LIVRE II

LES GÉANTS

FIN DE LA TABLE DES MATIÈRES

9299. — Imprimerie A. Lahure, rue de Fleurus, 9, à Paris.

www.ingramcontent.com/pod-product-compliance
Ingram Content Group UK Ltd.
Pitfield, Milton Keynes, MK11 3LW, UK
UKHW020306230726
13925UKWH00001B/247

9 782016 135969